胡大一 主编

一路同行

胡大一医生与年轻同行共勉

华夏出版社
HUAXIA PUBLISHING HOUSE

编写者名单

主　编　胡大一

编　委（以姓氏拼音为序）

丁荣晶　高文根　胡大一　史旭波　孙艺红
汤楚中　田新利　仝其广　王　显　吴　彦
吴永泉　于　波　张建军　张立晶　张守彦
朱天刚

前言
曼德拉：抓紧时间，干正确的事

■ 胡大一

我很高兴看到大家对我的心意、对学科的理解和对专业的追求。抛开所有的光环，我们当医生，本职工作就是"救死扶伤，治病救人"，我们并不能因为做了自己分内的事而认为对人世间施舍了恩惠。换句话说，医生这个职业是神圣的，而医生执业应该胜任和做好我们的职业赋予我们的职责。"白衣天使"，多么美好的称呼，我们应该对得起身上的白衣。

人类的生命、寿命、健康和生活质量才是我们需要面对、担当和解决的问题。正是为了完成这一使命，医学界的所有研究和突破才被赋予了意义和生命力。在我们付出每一分努力和取得每一分进步的同时，我们要清醒地意识到：这一切的起始和终点都是"为人民服务"，而不是为自己身上又增添了一根羽毛；我们的竞争对手是疾病，而不是同行；我们的工作对象是人，利用我们的知识和技能，在可能的范围内帮助他们的机体和精神心理适应生活，而不是自身的工作业绩和学术成绩。千万不要迷失在中途的探索中，忘记了自己为什么出发，特别是当我们被别人称为专家，甚至我们也称自己为专家的时候。

究竟应该如何评定医生和医学生呢？现在大家的学历都很高，但给我的感受是：大家很喜欢读书，却并不喜欢实干。研究生学完专业课，一到需要去比较偏远的地方做课题时，我的耳边就有不少"上有老、下有小"等的理由，这些声音是从无到有的，且呈越来越响亮的发展趋势；有些人辛辛苦苦一路读到博士后，只是为了一个北京市户口；有刚毕业的住院医生疾呼"我什么时候才能出头"……当工作与生活、预想、习惯或者喜好发生冲突时的处理态度，对改善生活条件的希冀和对未来的憧憬与期望，都没有统一的标准，只是这些与我们迈出校门成为一名医生时心中的理想太不一样了。医生是一个"活到老，学到老"的职业，医生的一生是学习的一生，要刻苦读书、坚持实践、善于思考、笔耕不辍、自强不息、锲而不舍，不断遇到各种各样的患者和疾病，不断将课本上的文字与实践结合，不断从其他人那里汲取经验，不断钻研和论证处理方案；要注意系统观察、随访患者疾病的全过程（开始是怎么想的？后来是怎么想的？中间发生了哪些变化？变化的根据是什么？），从中找出规律性的东西来，这样的医生一定可以有所成就。张建军提出"我们继承前人的智慧，同时也将传授给下一代"，我很同意，然而你们现在遇到的问题和我那时不同，要根据实际情况，为我国医学和医疗事业得以持续发展探索出可行的路径。

医生须时时考虑患者的利益，一切为了人民健康。不是我们在患者身上能做什么，而是患者最需要什么。我们一定要坚持"四面旗帜"（公益、预防、规范、创新）和"三个回归"（人文、临床、基本功）。我们有必要进行医学与哲学的反思，组建心血管病防控的广泛联盟和全面防线，反对过度医疗，适应生物－心理－社会医学模式对我们提出的新要求。

我记得在上海世博园逗留的三天，最让我心灵震撼的是南非馆外墙上用大字书写的曼德拉先生的人生箴言——抓紧时间，干正确的事。我感悟到正确的事有两条标准：一是符合广大人民群众的利益，二是符合事物发展的规律。作为一名医生，就要坚持患者与公众健康利益第一，同时努力探索促进人类健康与疾病防治的规律。

目录
contents

第一部分　讲医生的故事
001

一、看病，还是看病人？
- 003

二、看病，还是看病人？（续）
- 028

三、双心？双心！
- 036

四、上医治未病
- 056

五、生命网
- 072

六、闲话心脏
- 087

七、初探谨防过度（不当）运动
- 092

八、关于医院职工无烟与健康管理的畅想
- 098

第二部分　医生讲故事
105

一、标准化和规范化的诊断是治疗患者的科学依据
- 107

二、起搏电生理二十五年回顾
- 110

三、我们和介入心脏病学共同成长
- 115

四、心肌梗死的溶栓治疗：坚持循证，恰当时机，恰当患者
- 122

五、难以忘怀的十六年外科医师经历
- 129

六、救助先天性心脏病患者是一件超越技术本身的事
- 135

七、药物治疗的临床意义
- 143

八、心血管疾病从经验医学到循证医学的转变
- 155

九、心脏五环
- 170

十、贯彻循证医学的原则，做好我国心血管疾病的预防
- 175

十一、转变理念，做实我国心血管疾病的预防，实现健康理想、理想健康（心血管疾病防控"4+4"策略）
- 194

十二、疾病预防，宣传先行
- 208

十三、控烟，医疗系统可先行
- 210

十四、中国心血管医生控烟工作介绍及展望
- 215

十五、胡大一医生与有氧代谢运动
- 224

十六、中国高血压防治的经历与思考
- 238

十七、中国胆固醇教育计划（CCEP）
- 243

十八、社区是持续性医疗和预防工作的主战场
- 251

十九、探索三级医院如何在社区医疗服务体系中发挥作用
- 254

二十、心血管紧急医学救助模式的探索
- 256

二十一、胸痛中心在中国的建设与发展
- 263

二十二、疾病的完整性干预——疾病管理
- 267

二十三、构筑心脏病的最后防线
- 269

二十四、心血管疾病防治的综合管理——糖代谢异常
- 281

二十五、双心医学和医疗从明确疾病的全貌和关心患病的人开始
- 288

二十六、21 年长城会对中国心血管学科建设的影响
- 306

二十七、我为什么发起医生志愿者服务？
- 312

二十八、我的新长征——中国心血管学科发展之思考
- 324

二十九、落实科学发展观，领跑健康中国，开创心血管疾病防控新局面
- 328

第一部分
讲医生的故事

年轻的医（学）生朋友们，这是写给你们的故事。若干年后，你们是否也会把自己的故事娓娓道来呢？还是在职时成天苦恼太辛苦，退休后只能回忆说"做医生很忙，我每天都在看病人"？

现在，请大家走近主人公们绚烂的医生生涯！

一
看病，还是看病人？

■ 顾问：胡大一（2021年9月）

看 病

（一）我的个神啊

老鹰近段时间异常郁闷，前些日子因为发热不退住院，结果被诊断为肺炎，肺炎好了，出院前检查发现肺部有阴影。医生担心是肺癌，认为需要进一步确诊，可那家医院没有相应的检查设备，便建议他到某家医院就医。

老鹰出院了，然而另寻他门实属不易。万幸，在被多家医院拒收之后，老鹰总算"托上了关系"，不过不知道要等到什么时候才能住进去。

肺癌！太惊悚了！即便确定是噩耗，也比瞎猜强。老鹰转换了思路，再次"四处求援"，希望"朋友圈"里有人认识能帮忙看病的医生。

于是老鹰见到了诺羽。诺羽看了老鹰的若干检查结果，当即告诉他"不用担心，那个阴影就是肺炎好了留的疤"。

老鹰的心放下了一半，总算是好消息，可是……毕竟之前的那些医院和医生们如临大敌。还有就是……诺羽是心脏科医生，介绍人说她很全面，人又好，即便不知道怎么回事，也能给指条明路，结果一句话就结束了。

谁说福无双至？很快老鹰就接到了住院通知，住进了相关专业科室。主任看了他的检查结果，附议了诺羽的诊断。这回老鹰彻底放心了，愉快地办理了出院，一扫往日内心的阴霾，继续幸福人生。

老鹰没再去找诺羽看病。本来嘛，还去干吗呢？

倘若世间真有神明，医生倒也落得清闲。就算传说中的神农，也要亲尝百草。胡大一医生（胡大夫）曾在文章中明确："很多老医生（如北大医院的张树基教授）被人们传颂为名医、神医。在大家困惑不解和一筹莫展的时候，他们常常能够一语惊四座，点破疾病的本质。他们绝对不是天生就是这样的'神医'，也一定是经过了不断学习积累的过程。"广阔的医疗视野可以帮助医生更好地处理临床问题；如果只盯着本专业，往往连本专业都很难做好。接下来的故事"知之为知之"能说明一些问题。

随便聊几句，我希望大家关注问题的可解决性，不要执着于阶段性的曲折经历。因为每个故事都不尽相同。譬如，胡大夫就会帮助患者安排会诊或转诊，收治疾病终末期的患者。诺羽也是如此。

秀芝带父亲来到诺羽的门诊，看前列腺炎。我也是无语了，但诺羽还是欣然公事公办。询问过情况和看了检查结果后，诺羽说："没什么大事。"秀芝如释重负，这才道出找诺羽的原因：她的父亲在北京某三甲医院看病，诊断是明确的，医生力荐手术，父亲和家里人都很犹豫，毕竟她的父亲80多岁了。诺羽继续道："先不用手术，我再请我们医院泌尿科的常医生看看，给出进一步的医疗建议。"

洛祺曾经带阿姨去诺羽的门诊，那时还能通过传统渠道挂号。阿姨总是小腿疼，不能久站，但不知道去哪个科室看病。阿姨最终被诊断为一种骨科疾病，诺羽就给她们介绍了本院的骨科主任。

总之，注意力别离开我们的主人公。

（二）知之为知之

与老鹰不同，瑞露的就医之路一帆风顺，可她还是不开心。

瑞露这段时间血压控制得不好,她慕名到一位全国知名的心脏病专家的门诊看病。专家和蔼可亲,诊室宽敞明亮,就诊井然有序(每次请一位患者及其家属进入诊室,其他患者和家属在诊室外走廊等候)。瑞露满怀信心,照方吃药,结果血压降得太低了,自行停药后再挂那位专家的号,被告知专家近期不出诊,出诊时间另行通知。

病总是要看的,瑞露挂了另一位医生的号,据说是前面那位专家的学生。学生春风满面,与瑞露相谈甚欢,问诊结束时告诉瑞露,她的血压不是问题,需要转去精神或心理科就医。

瑞露没有放弃,这一次她住进了医院,出院时却被停用了治疗高血压的药物,全部替换成了精神科用药。瑞露回忆,整个住院过程,医生和护士非常有服务意识。

血压控制不住,身体自然不舒服,觉也睡不好。瑞露"碰"到了诺羽。诺羽首先肯定地说:"血压确实高。"她调整了专家治疗高血压的药物处方,明确每天最多量3次血压(早中晚各一次),介绍了血压波动的相关知识(目的是帮助患者在生活中逐渐缓解焦虑情绪),开具了中医处方干预睡眠障碍,建议了复诊周期(以跟进患者的健康演进)。

不过瑞露没去复诊,她说"吃原先那位专家开的药又管用了"。

专家的处方本也没有不妥,症结在于一次问诊不能解决患者的全部问题。瑞露的高血压是明确的,70多岁的她从更年期开始血压升高,本轮就医不论门诊还是住院期间测量血压也都高出正常值;由于过度关注,瑞露在家每天测很多次血压,越测血压越高,血压越高她越紧张,越紧张越测血压……如此这般,她的睡眠质量大打折扣。

患者选择相信知名度更高的医生在情理之中,但专家的处方从失效到奏效绝非无缘无故,诺羽对几个关键点的把握是破局的关键,比如只言片语的针对性科学知识普及就具备人们乐见的疗效。

说句题外话，大家认为瑞露在看专家之后、见诺羽之前的两段"愉快"的就医经历是医学人文吗？是"看病人"吗？严格说，连"看病"都算不上。

看病（基本功）是一切的前提。不会看病，后话是没有机会表达的。退一万步说，专家已经明确诊断高血压，开具了降血压的药物。最优的捷径就是沿着专家的思路研判疾病。

胡大一医生讲"五个处方"：循证用药、戒烟、营养均衡膳食、科学规律的有氧代谢运动和关注精神心理卫生。

看病！不止检查手段、药物和手术。

程枫因为高血压和高血糖就医，单纯依靠药物治疗，血糖得到了控制，却始终不达标。之后诺羽和他谈戒烟和减重。在积极践行戒烟、合理饮食和规律运动等健康生活方式后，配合药物治疗，程枫的血糖终于达标了。上次见面他还春风得意地"汇报"："我前些天去复诊，一切指标都挺好，药也减量了。"

我们尝试了解患者关心的健康知识，曾多次制造机会请大家自由提问。"出镜率"最高的是对支架或搭桥术后低密度脂蛋白胆固醇（LDL-C）和总胆固醇（TC）的关切。

不必多说，低密度脂蛋白胆固醇是医生最重视的指标之一。总胆固醇就涉及"加减法"了，也就牵出了高密度脂蛋白胆固醇（HDL-C）。有患者反映，医生看指标时不关注高密度脂蛋白胆固醇（降低），即使被问到了，也给不出明确的解答，只说没有对症的药。

"无药可医"，医生便陷入尴尬境地了？其实，除了药物，刚刚提及的其他四个处方均对升高高密度脂蛋白胆固醇有贡献。

（三）别样人生

路文近期血压升高了。他以前也有类似情况，一段时间血压上升，过段时间血压又正常了，多方诊治，没有找到原因。这一次，路文有信心战胜这个"顽疾"，因为他挂到了胡大一医生的号。

胡大夫经问诊发现，路文每次血压升高期间工作量都有大幅度增加，而且他平时缺少运动，脂肪和盐也摄入过多。

胡大夫先是开了降压药物，解决现阶段血压升高的问题；接着对路文讲他的血压升高和工作压力有关，还开导了他一番；最后指导路文采取健康的生活方式，从源头控制高血压。

路文很高兴自己没有真正意义地得病，他鼓励自己："原来我的血压高是可逆的，医生没有诊断高血压，从现在遵循健康习惯，我还是健康人。"

临床决策有时候能够决定病情的进展方向，是帮助患者回归0级预防（无危险因素防危险因素），还是使其真正进入1级预防（有了危险因素防发病，如急性心肌梗死或脑卒中）。

（四）仁心仁术（1）

知秋看着眼前这位80多岁的急性冠脉综合征、心源性休克、呼吸衰竭的患者，用着大剂量的相关药物、主动脉内球囊反搏（IABP）和呼吸机，但仍端坐呼吸、血压和血氧饱和度进行性下降，如果不开通缺血相关血管就不可能阻止病情进展。可是，这样高危的高龄患者上手术台的风险太高，他完全可以用患者不能躺下、手术没法进行等正当理由推掉手术。老人极度痛苦的表情和急切的求生目光令知秋不忍。他深知高风险的医疗活动已然成为了挽救老人生命的唯一途径，假使他放弃了，老人自然失去了生的希望。

老人戴着呼吸机、用着IABP和各种管路上手术台。知秋和同事们用几床棉被垫着让老人几乎是坐在导管床上，用几个很不规范的投照体位为其做完造影，用球囊扩张罪犯血管后老人症状立即减轻，植入支架后老人平稳康复。

故事到此远未结束。后来，这位老人每次复诊时进门诊的第一个动作就是顽皮地高高举起右手向知秋行礼。直到知秋退休前，老人除了神经系统功能退化明显外，其心脏的情况一直都很稳定。

（五）仁心仁术（2）

知秋被紧急呼叫到医院，一位 40 多岁的男性因急性大面积心肌梗死就诊。知秋到医院时心肺复苏就已经进行了 1 个多小时，除颤后虽心律转为窦性但血压不能维持，并很快又转为室颤，心肺复苏不能停止，估计不做再灌注治疗就不可能有抢救成功的机会，但是再灌注治疗几乎没法实施，因为总要有人按压和除颤，并且复苏 1 个多小时都没有良好反应的患者抢救成功的可能性太小。

从医务人员的角度看，就这样抢救而不做手术最安全，做介入的结果可能就是增加手术死亡率和后续的许多麻烦。

可是……患者很年轻，发病后耽误的时间并不长，应该还有大量存活的心肌，到达医院发生猝死后有不间断的心肺复苏使大脑等重要生命器官没有遭受长时间的缺血缺氧性损害，假如能够解决导致恶性循环的主要矛盾、开通梗死相关血管使心脏和循环得以稳定，也并非毫无希望。

最后知秋和同事们决定在心肺复苏的同时做经皮冠状动脉介入治疗（PCI），先上 IABP，只要恢复窦性心律即静脉推注去甲肾上腺素，并视血压情况 1~2 分钟重复给药以维持适当的灌注压，给予胺碘酮预防室性心律失常复发，再发室颤就再按压再除颤，并立即快速行冠状动脉造影和介入治疗开通梗死相关血管。经过艰难的抢救和术后的精心管理，年轻的生命奇迹般地复苏了。

1 年以后，因为药物难以控制的心绞痛，医生对他的另外一支严重狭窄的血管进行了干预并一直坚持二级预防。

（六）菩提本无树

以下是我接触到的胡大一医生撰写的第一个双心医学病例和他本人的一段认识进程。

1967年，患者36岁，是一名老师，因和一些领导发生口角，心情郁闷，不想上班，而去学校医务室开假条医生为他做心电图发现他有室性早搏，但他毫无自觉症状。医务室的医生根据当时权威的心电图书发出报告：异常心电图，室性早搏。患者还被告知室性早搏可能导致猝死，原因可能是心肌炎。

患者被转到西安的大医院检查。因为没有找到心肌炎的任何证据，医生将其诊断为"心肌炎后遗症"，解释说这是心肌炎恢复后心肌上留下的一块疤痕。从此，患者再没上过班，再没上过讲台，到处寻医问药，反复住院、静脉输液，5年后就卧床不起了。

直到1987年7月，患者的儿子看到了胡大夫写的一篇科普文章《室性早搏不等同心脏病》。胡大夫在文章中强调无明显器质性心脏病的室性早搏预后良好，不能仅据此诊断心肌炎，"心肌炎后遗症"更是既无明确定义，也无诊断标准的"莫须有"帽子。

于是，患者写信问胡大夫他的室性早搏是否为良性，胡大夫看了信中寄来的多年的检查资料，除心电图上显示室性早搏外，一切正常，于是回信告诉他，他没有器质性心脏病，20年的时间就是预后良好的最好证据，给他做了详细解释，鼓励他打消顾虑，逐渐恢复日常活动。

2个月后患者来信讲，接到胡大夫的回信后自己顾虑全消，精神振奋，逐渐恢复行走，病情明显好转。半年后患者又来信讲，他已完全恢复体力，能给家里挑水了。

★ **这个病例的启发分成 3 个阶段：**

第一阶段：见山是山，见水是水。胡大夫最初看到患者来信时，直接的想法就是患者没有器质性心脏病，应该向他解释清楚，鼓励他重新享受健康。

第二阶段：见山不是山，见水不是水。随着接触的类似病患越来越多，胡大夫开始意识到这位患者卧床 15 年是精神心理原因导致的。

第三阶段：见山又是山，见水又是水。纵观事件的整个过程有以下 3 个要点：

①患者卧床不起是由于心内科的错误诊断（胡大夫讲，1985~1987 年他在美国做访问学者期间经历了 CAST，即心律失常抑制试验，这是个震惊医学界的试验，它改变了全世界医学界治疗室性早搏的策略）。

②问题解决的关键是胡大夫从心脏病的角度向患者进行了讲解。

③胡大夫意识到患者伴有（发展成为）精神心理疾患已是若干年后的事情了，但是，这依旧是一个非常典型的并且是成功干预的双心医学病例。

（七）童言无忌

叮当还上幼儿园的时候每年不定期咳嗽，每次就医治疗后经常复发，多次就医不能明确病因，医生只说是"神经性的"。由于每次就医均抽血检查，叮当得了"白大衣恐惧症"。

第一次去诺羽的门诊，叮当赖在姥姥身旁候诊，频繁询问："抽血吗？"姥姥答："不抽血。"由此，叮当被顺利带进了诊室。

姥姥抱着叮当坐在诺羽对面，于是诺羽的白大衣映入了叮当的眼帘。原本懒洋洋舒适地依偎在姥姥怀里的叮当突然哭着奋力挣脱，冲出诊室。姥姥好不容易把叮当哄回来，整个问诊过程他一直在哭着挣扎。

诺羽按照中医的思路进行了问诊（好在有姥姥的回答就够了）和检查（尽管孩子不配合，总算勉强完成了），并开了中药方。考虑到孩子可能吃不了中药（因为苦），所以告诉孩子的姥姥可以先试试在中药里加糖，如果孩子实在不吃，再去找她。

叮当还是很乐意吃中药的。

到了复诊的日子，叮当依旧懒懒地靠在姥姥身上，却没再关心抽血的事儿，而是专心地摆弄着手里的玩具。孩子进入诊室看到仍然身穿白大衣的诺羽，竟然不哭不闹了，还挺有精神头儿。姥姥告诉诺羽发作性的那种咳嗽已经没有了。后来的一两次复诊也都皆大欢喜，那一年叮当与咳嗽的"战争"宣告结束。

关于为什么找诺羽看小儿咳嗽，姥姥解释说是经朋友推荐。朋友以前在中医诊所打过工，发现去那里就诊的患者所患疾病不致命、不凶险，却可给生活带来很大困扰，譬如皮肤红疹瘙痒，经数次西医诊治没什么太好的效果，转而看中医，效果却很好。因而，这次西医找不到原因的小儿咳嗽，孩子家属希望按照中医的思路诊治，看看效果。那时的诺羽刚刚拿到中西医结合专业的博士学位，而且治疗咳嗽是她的专长。

接下来的两三年，叮当转为了定期咳嗽，每到夏秋之交，叮当的咳嗽还会再犯，那时的他进出满是白大衣的诊室已是"如入无人之境"。

再后来，叮当没再因为相同的咳嗽去过医院，因为即便在夏秋之交咳嗽也不发作了。

如今叮当已经上小学好几年级了，他再次驾轻就熟地走进了诺羽的诊室。为什么？说来也是小孩子脆弱。本来他的手风琴拉得好好的，父母跟他商量考级。可能是因为抵触考试，此后他只要拉手风琴就频繁眨眼，再后来似乎落下了"毛病"，平时有事儿没事儿总眨眼。

（八）玻璃心

糟心！女儿天天的血压高了！之所以能发现，是由于洛祺血压高，每天早晚各量一次，女儿跟着凑热闹，本来就偏高的血压，现在彻底高了。在这之前，女儿好几个月没有来月经了。原本天天的月经就经常推迟，今年春节刚过，洛祺因传染病住院，天天很着急，明明不能探视，还是每天往医院跑，她觉得"尽管在医院外，距离近些也好"，这期间天天的月经就停了。无解的是天天休息不好，她也没法儿休息好，因为夜里要上网课，白天又不愿意睡太多错过陪伴妈妈的时间。最难办的是天天拒绝上医院，她说怕吃药。

洛祺想："先看中医调调月经吧，天天的抵触总会小一点儿吧，一样儿一样儿来。"可朋友跟她讲："不能'先一样儿一样儿来'。天天的月经不调可以基本确定与内分泌有关，她的体形偏胖就是佐证；现在又发生血压升高，这可能是一系列相关联的症状（有些需要进一步检查）。你不是在固定医生处看高血压吗？心血管专业的医生应该也懂中医，再合适不过了。反正天天陪你去复诊，顺道看病，她也就不那么害怕了。"

过了不久，洛祺告诉朋友："诺羽太牛了！吃了诺羽开的中药，第九天，天天来月经了。"

"前几天我还发现天天在网上挂诺羽的号，可惜没挂上，只能现场请大夫加号了。话说回来，能在网上预约成功才新鲜呢，诺羽的号秒空。我每次放号的第一时间，提前十分钟举着手机准备抢号，偶尔赶巧能抢到。最可恶的是时间到了，手也点在手机上了，网络卡顿了！幸亏除非特殊情况（特殊情况很少），诺羽从不限号，还安排了随诊的一个学生专门负责加号。找她看病的人太多了！"

洛祺滔滔不绝，"跑题了，言归正传。我问天天怎么又愿意看病了。她说，之前整天精神不好，总感觉没力气，照方吃了几天药，精神好了，也有劲儿了。真的，这几天她晚上还出去跑步呢！虽然第一次见，我感觉天天挺……"憋了半天，"欣赏诺羽的。"洛祺的语文从来都不好，"欣赏"这个词不太恰当，不过朋友明白她的意思。

过了段日子，洛祺又向朋友"汇报"："天天吃药呢，颗粒剂，大口大口、咕咚咕咚地。她还真行！我挺意外的，没想到她吃药这么痛快，她原本是抵触吃药的。不过有件难事儿，诺羽说天天是'糖尿病体型'得减肥，正在尝试治疗，视疗效维持或升级治疗方案。减肥可不容易！"眼见着女儿身体状况和精神状态好转，最关键的，生活愈发积极，洛祺尽可能详尽地分享着自己的感慨，"原来天天称体重都背着我，不让我看。上次复诊，她居然主动和诺羽讨论自己前年减肥和反弹的过程。还有！还有！以前天天恨不得一天排八百回大便，那天她惊奇地跟我说，吃了这个药，自己发现每天上厕所的次数减少了。那天我还听她抱怨呢，抱怨自己怎么没早去看病……"

（九）我就相信你！

秀芝其实是洛祺的朋友，是洛祺向她推荐的诺羽，原因是秀芝的母亲心脏不舒服。检查发现，秀芝的母亲血压高、血脂高，心脏状况良好。诺羽给她开了降压药和降脂药，配合中药调理。

一年半后停用中药，因为达到了治疗效果，维持降压和降脂治疗。

前些日子，秀芝带母亲去看病。母亲要去海南，临行前来问问医生自己的健康状况合不合适出行，需不需要"加固"一下，有没有注意事项（这是人们乐见的自我健康管理和良好的医患互动）。

一同前来的还有被确诊了前列腺炎的父亲，在前面的故事"我的个神啊"中已经登场。秀芝说："我知道'驴唇不对马嘴'，可我就相信诺羽。"她接着补充道："我也到了女性心脏健康由安转危的年纪，也应该让诺羽看看，'上医治未病'嘛！而且很方便，一家三口，集体行动。"

看病人的病

（一）量体裁衣

芳菲 36 岁，刚刚生完第一胎，还在哺乳期。一天夜里，凌晨 3 时许，她刚刚喂完宝宝，突然感觉胸痛非常严重，伴有出汗。当时，她含服了速效救心丸，效果不好，随后拨打 120，被 120 送到了诺羽面前。心电图提示前壁 ST 段抬高，怀疑急性心肌梗死。芳菲随即被安排进绿色通道做了冠状动脉造影，发现前降支近段完全闭塞，开通罪犯血管后，医生为她放入了一枚支架，把她转入了冠心病监护治疗病房（CCU）。

诺羽事后说："这个病例确实特殊，芳菲的性别、年龄和哺乳期都是冠心病的保护因素，但她的急性心肌梗死的诊断是明确的。"

芳菲在上手术台之前就开始哭，因为她觉得很倒霉，孩子这么小，自己这么年轻，就装了支架，以后的日子怎么过？她爱人也跟着一块儿哭："孩子怎么办，还在家。"由此一目了然，疾病给患者和家人带来了实实在在的心理压力和精神负担。而在疾病的这个阶段，抢救患者的生命是第一位的，诺羽和同事们立即给芳菲进行常规的心肌梗死治疗，包括冠心病的二级预防，双联抗血小板等规范化治疗。术后第 7 天，诺羽为芳菲检查了血小板的聚集率，发现她存在氯吡格雷抵抗，于是将氯吡格雷换成了替格瑞洛；再复查，药效还是可以的。

芳菲出院后继续康复治疗，比如增加运动量、复查心脏超声等。虽然胸痛症状缓解，但她一直感觉胸闷、心悸。在规范化西医治疗的基础上，诺羽考虑如何为患者进行更深层次的治疗。她采用中医思路，认为患者的血瘀证非常明显（血瘀证的评分也很高）。精神心理卫生也是一个思路，她给芳菲做了抑郁评估，评分不低。然而诺羽认为此时加抗抑郁药，可能患者将来也会很麻烦。所以，除了对芳菲进行思想疏导外，她加用了中药，是她的博士导师的一个活血化瘀方子。活血化瘀法在冠心病的治疗中非常常见，重点的一个方子是王清任的血府逐瘀汤，在心血管病和脑血管病的血瘀证中都很常用。

芳菲在服用中药7天后，自认为效果还可以，胸闷缓解了，心情也舒畅了一些。诺羽对药方做了调整，加了中医理气和平肝的药物。两周以后，芳菲感觉效果非常明显，觉得有力气了，也不那么想哭了，很多情况都改善了。

根据治疗效果，芳菲不愿意吃汤药了，所以医生把处方改为血府逐瘀胶囊（中成药）。又经过一段时间的治疗，芳菲感觉症状消失得很明显，运动量也逐渐增加，能够正常上班、上下楼。大概3个月以后复查超声心动图，芳菲的心肌收缩力、射血分数（EF）都有明显改善，因此她希望进一步减药，诺羽将中成药改为三七粉，服用方法很简单，患者每天喝一支三七粉，进一步改善血瘀证。

很多临床医生问过诺羽，在双联抗血小板治疗的基础上加用活血化瘀的中药，会不会增加出血的风险。诺羽答："我们一直采用中西医结合治疗，通过凝血功能及其他的一些检查，都没有发现在双联抗血小板治疗基础上加用活血化瘀药有增加出血的倾向。所以我认为，在双联抗血小板治疗的基础上加用活血化瘀的中药安全、有效，并可明显改善患者植入支架后的胸闷、气短等症状，（从中医的角度）舌象、脉象也都有明显改善。"

至于情绪障碍，由于芳菲自觉症状改善，心情自然就开朗了。这时候再做量表评估，评分没有达到抑郁症的诊断标准。芳菲和她的爱人心情都很好，那次看病还带来了孩子。并不是说三十多岁做完支架，这一辈子就结束了，或者以后的日子都是愁眉苦脸地度过。现在芳菲正常生活，正常上班，正常相夫教子，只是出院后不能继续哺乳。另外，在用双联抗血小板和活血化瘀中药治疗后，芳菲月经的量和周期都没有受到太大影响。

从这个病例来看，无论西医还是中医，哪种治疗方式适合患者就采用哪种。诊断治疗不能机械化，而是需要根据患者的个体差异，具体问题具体分析。例如，也有一些患者坚决不吃中药，或者植入支架后自觉没有任何不适，这些患者就可以不用配合中医药治疗。此外，中药也存在药物冲突的问题。洛祺非常希望吃中药调养，今年年初因为患某种传染病住院，本来身体就不好的她，出院后身体只能用糟糕形容了。但诺羽告诉她只能等停用了治疗该传染病的药物后再吃中药。

（二）胸中成竹知多少？

胡大一医生的一个同事是一位老教授，他有稳定型心绞痛，诊断明确。但是，这位老教授明确表示自己不愿意放支架，也不愿意搭桥，希望接受药物治疗。而很多医生却一味劝他说："你这个病变就得做搭桥或者放支架。"后来，胡大夫跟他谈。他觉得自己现在已经80多岁了，在快步走路出现胸疼、胸闷（劳力性心绞痛）时，过三五分钟，不吃药也能好转；平时工作和活动，如果不走太快，没有任何症状。他认为，植入支架后长期吃阿司匹林、氯吡格雷两种抗血小板药物，万一出血，风险更大。

有一次北京同仁医院心脏中心内外科一起讨论某个病例的时候，大家备感为难。内科医生说："病变太弥漫，你们外科做搭桥吧！"外科医生说："患者年龄大，多脏器功能受损，还是你们做介入吧。"最后胡大夫总结说："大家的意见都有道理，缺点是都把注意力集中在技术上了，为什么就不能想想技术以外的东西呢？药物治疗怎么样，大家考虑了吗？技术有时是可以挽救生命、延长寿命，但邵耕、许玉韵教授那个年代没有技术也不是束手无策。"

知秋回忆起在米兰学习的经历，她由一位非常严谨负责的老师带教。在每次使用导引导丝的时候老师都会按照当时教科书技术指导要求的那样强调，把导丝送得"尽可能远"（as far as possible）以获得良好的支撑并避免导丝和所载器具的不经意滑落。有一次知秋作为助手在和带教老师一起为一个左侧锁骨下动脉闭塞的患者做治疗时,在顺利完成了预扩张后,开始支架定位,但在接近病变部位时怎么也无法把支架向前推送到位,想撤回重新塑形调整也拉不动,支架卡在那儿,他们反复尝试都无济于事。因为担心支架脱载,所以老师让知秋穿刺对侧血管再进一根导丝和球囊做进一步扩张以增大调整空间。从荧光屏上可以看到老师依然是恪守"将导丝送得尽可能远"的原则,并且顶到远端还在血管内产生了一定的张力从而使导丝远段变得弯曲。知秋提醒他是否因为导丝张力太高将支架顶在了血管壁上而不能移动,建议他适当撤回导丝后再调整支架。老师轻轻撤回导丝后发现支架进退自如,很快就成功完成了定位和释放。仔细观察和思考后的一个简单动作就解决了这个看似巨大的麻烦,也避免了更多的复杂操作,老师也如释重负并感到十分欣慰。

大家做临床决策时也是同理,做出判断前须通盘考虑:还有没有其他的选项?什么才是更适合患者的?抑或心中没有更多选项,只能一条道儿走到黑?

(三)条条大路通罗马

沐林在 2016 年分享过一个病例。这位患者长期找他诊治,2016 年时已经 80 岁了,身体状况很好。

20 年前,沐林在冠心病监护治疗病房工作,遇到了这位当时正 60 岁的男性患者。患者因为胸痛 3 天,心电图显示胸前导联 ST 段抬高而被诊断为急性前壁心肌梗死,心肌酶学检查结果也符合心肌梗死的诊断。患者不愿意采用冠状动脉介入治疗,住院期间沐林采用阿司匹林(抗血栓)、硝酸酯(扩张血管)以及倍他乐克等治疗。该患者有高脂血症,但当时他汀类药物剂量普遍较低,仅用辛伐他汀 5mg 治疗。患者做超声心动图发现心脏扩大,射血分数降低,故又被诊断为心力衰竭。当时的治疗理念还是利尿、扩血管、强心,以对症治疗为主。

患者病情稳定后出院，每月定期来门诊复查。患者经常出现活动时胸闷，体力活动也受限，医生在其一侧后背总能听到湿罗音。

两年后患者再次出现胸痛，被诊断为急性下壁心肌梗死而住院，医生仍采用药物治疗，增加辛伐他汀剂量至20mg，并给予福辛普利。二次心肌梗死加重了心肌损伤，使心力衰竭的治疗更加困难。

庆幸的是，在2000年前后，心力衰竭规范化治疗方法已逐渐形成，特别是胡大一医生将其成功申报为卫生部（现国家卫生健康委员会）十年百项计划推广项目而大力推广。沐林对规范的药物治疗有了更深刻的认识。

尽管患者的血压、心率早已控制在正常范围，沐林仍然努力增加β受体阻滞剂（美托洛尔）和血管紧张素转化酶抑制剂（福辛普利）的剂量。2001年改为比索洛尔（加大剂量至10mg/d）和福辛普利（20mg/d）。从此以后，患者病情出现转机，不仅症状逐渐消退，超声心动图检查显示他的心脏也缩小到正常范围，射血分数达到60%以上。

截至2016年，这些治疗已经坚持10余年。该患者一直在沐林的心力衰竭门诊随诊，心腔大小和心功能均恢复正常，近些年查血显示心力衰竭指标脑利尿钠肽（BNP）也正常了，日常活动时没有症状。患者感觉如同没有发生过心肌梗死和心力衰竭。

虽然通过冠状动脉造影评估该患者的血管是否需要支架有其必要性，但由于宗教信仰，患者不接受有创甚至微创检查和治疗。胡大一医生曾经在文章中指出："掌握患者相关信息，包括患者对治疗的预期（这很重要），医生不能一厢情愿……任何医疗干预都需要结合患者诉求（如担忧、期望）……临床水平的标尺是'为患者带来了什么'。"沐林分享的临床效果是大家喜闻乐见的，患者的冠心病得到了稳定和二级预防，心力衰竭预后良好，也蕴涵了医学人文、医学伦理等深层次的内容。

看病人

（一）峰回路转

洛祺的舅舅植入支架后出院两个多月了。他在原来做手术的医院复诊、康复。在舅舅住院期间，洛祺第一次去探视，舅舅见到亲人眼泪顿时就流下来了，于是洛祺被"轰出去了"，理由是她让患者过于激动。舅舅出院后复诊，询问能否在同一位医生处定期复诊，得到的答复是"很难，因为医生们都太忙了"。

洛祺不明白："为什么舅舅出院后总是查血生化全项？前后复诊的处方不一样，应该以哪张处方为准？"舅舅说："我一直都在固定大夫处就诊，那些大夫的病人可多了，他们可忙了。"洛祺说："医生不得给人看病吗？没时间看病人，他们在忙什么呀？"

最让洛祺担心的是舅舅情绪逐渐变差了，时不时地会因为就医和疾病与家人争吵。她又看到了一组问答。

问：心肌梗死后患者在规范服药的情况下，心力衰竭可以延缓多少年才出现？

答：心肌梗死后心室重构大约要一年时间，但并非人人都会发生，如果没有发生，将来再出现心力衰竭的可能性较小。心肌梗死后的规范化治疗就是为了减少重构的发生。

于是，洛祺带舅舅来到了诺羽的门诊。两人事后感慨，诺羽把舅舅的病从头到尾都讲清楚了，包括每项检查的目的是什么，他们心里就不着急上火了。其实，舅舅见到洛祺就哭，也是因为吓得——他自行到医院就诊，被告知"你不能回家了，必须立刻住进CCU，否则后果自负"。诺羽的处方还综合考虑了舅舅的免疫系统疾病。

总之，结果皆大欢喜。舅舅虽然还是一贯的急脾气，但转诊之后将近两个月除了按医嘱检查、服药和复诊外，他不再把疾病和就医挂在嘴边儿了。其实，诺羽基本上沿用了上一家医院最后的那张处方，同样的处方带来的是截然不同的疗效。

转眼间时间到了植入支架后一年，满怀希望可以减药的舅舅却沮丧地迎来了"噩耗"——药没减成。诺羽当然对此做了解释，可是舅舅没太听明白，好像是支架内有血栓。

"没关系，我自己感觉还是不错的，没有不舒服。"舅舅说："听医生的，没错！"

洛祺聊起舅舅的就医"轶事"总是津津乐道："舅舅每次找诺羽看病后总会向我'报告'，然后愉快地聊几句。他看别人吃中药自己也想吃，前前后后开过好几回中药，每次都因为药苦半途而废了。现在看天天的治疗效果这么好，他又准备吃中药了。"

（二）你在听吗？

洛祺忐忑地看着诺羽，心里嘀咕："医生会搭理我吗？"

几个星期之前，洛祺去住院的那家传染病医院复诊，医生问了她很多关于眼睛、视力有无不良反应的问题，然后毅然决然地减掉了一种药。

洛祺回家后一直不踏实，她心想，上次复查距离出结果还早呢，过早减药会不会造成病情反复？于是洛祺第二天又跑去医院找医生，说自己的眼睛没有不良反应，老花眼早就有了。

洛祺的车轱辘话说了多少遍，医生就维持了多少次"原判"。洛祺非常沮丧："我也不好意思再问了，反正医生只说不吃那种药了，我还是不明白减药是不是因为眼睛的不良反应。"

在不安了几个星期之后，洛祺决定趁着看高血压的机会咨询一下诺羽。

诺羽一如往常说："当前你的病就适合这个用药原则，不用担心，医生不会胡乱减药的。"

洛祺说："我瞬间就踏实了，这几句话就是我希望听到的。"尽管诺羽并没有讲解减药和眼睛的关联。洛祺继续说："候诊的时候也经常听到患者附和诺羽：'大夫，我就是想知道这个。'我还听大家私下聊天儿说诺羽有决断力，病情和治疗方案（获益与风险）交代得明白，不让他们自己'猜'。"

洛祺停了一会儿，骤然感觉心情有些沉重："这次因为传染病住院、复诊，我才体会到什么是医疗服务质量。深刻体会！还有由此给患者带来的精神压力和负担，对我们的负面影响真的很大。"她叹了口气，"更气人的不说，就说最简单的。诺羽门诊的患者特别多，那次我加号，已经是加 26 号了，保不齐我之后还有人加号，我到得挺早的。不论多少患者，诺羽总是不疾不徐。帮我治传染病的那位医生，她已经是在那家医院里我认为最好的医生了，每次我去看病，门诊患者不会超过 20 人，却总是把'忙'挂在嘴边。"这不禁让人联想到胡大夫一个上午看 40 多位患者依然情绪饱满。

（三）为什么呢？

卡拉带了一摞检查报告请诺羽给医疗意见："家属不敢告诉患者实情，医院通知检查结果是肺癌，需要立即手术。家属吓坏了，更怕吓坏患者。"

诺羽看了检查报告，明确了肺癌的诊断，但疾病尚属早期（还没有扩散），而且是周围型肺癌（手术容易操作），及早做手术的预后很好，并建议告知患者实情，以帮助其戒烟。

后来卡拉说："家属听了以上讲解的复述不那么紧张了，同样的诊断和治疗方案，不知道为什么之前的医生可以令家属那么慌乱。这也是一种医疗硬技术的软着陆吧！把医学专业知识转化为临床经验，提供有效合理的治疗方案,继而转化为患者或家属能理解的知识,帮助其更好地配合治疗、增强信心、避免或减少不必要的精神压力。"卡拉饶有兴致地继续说:"噢,对了!患者顺利接受治疗后还回复'医生说得真准!'看来你内外(科)兼修不是假的。"

番外篇——欢乐颂

诺羽的诊室外,候诊的人总是不会寂寞,因为他们经常结伴同行,还总能碰到熟人,甚至有多年未见的老邻居;也不会太悲伤,因为他们总能分享一些就医的欢乐,相互鼓励。正是大家的乐于分享,才有了这个故事集锦。

诺羽的诊室内,好几位医生同时接诊,也没有专人维持秩序(如同先前故事中专家诊室的良好就医环境),患者或家属随进随出,反正诊室里满是人。不过很少有人抱怨,来就医的人怀揣着希望(相对满意的健康指标)和愉悦(最大限度的社会功能恢复与生活质量提升),享受着和谐。

诊室内的诺羽,屏蔽着外界的一切喧嚣,沉浸于自己热爱的日常工作。

番外篇小剧场——我的医生,你在哪儿?

离开诊时间还早,医院诊室外的走廊上,空位很多。秀芝陪同母亲走了进来。

"妈,坐这儿。别着急,还早呢。"秀芝扶母亲坐下,自己坐在母亲身旁,摘下肩上的大背包,拿出水杯,"喝点儿水。"

秀芝自己也喝了口水,然后收起杯子,重新戴好口罩,环顾四周。看到坐在旁边的俩人也像是一对母女,健谈的秀芝打开了话匣子:"您什么病?"

魏芬不会搞错,秀芝在问自己:"我这小腿站久了就疼。"

秀芝愕然:"大姐,这是心内科门诊。"

魏芬拉过身边的洛祺的手说:"我知道,我外甥女带我来的。我外甥女说诺羽全面,人也好,不会介意帮我看看这种情况到底应该挂哪个科的号。"

"您也看诺羽？！"秀芝挺兴奋，"我也是别人推荐来的，我妈老是胸闷，看了（诺羽）说心脏没事儿，现在吃中药调节，效果挺好。这次来，看需不需要调调药方。"她挎上母亲的胳膊，头靠在母亲肩头，"老太太愿意来，出来走走，也能像现在这样聊聊天儿。是吧？妈。"

秀芝妈慈爱地瞅着秀芝，笑道："就听你聊了。"

秀芝坦诚地说："我是挺爱聊的。"转向洛祺，但胳膊始终挎着母亲，"你怎么认识诺羽的？"

洛祺似乎习惯了倾听，冷不丁被问到，先是一愣，然后腼腆地说："我本来是免疫系统疾病，前年复诊，免疫科大夫建议我来心内科治疗高血压，朋友推荐了诺羽，说她全面，会兼顾我的基础疾病。"

秀芝有些吃惊："你是来看病的！这么年轻！我还以为你和我一样陪家里人来的呢。"

洛祺坦诚地说："也是陪家里人来的，我还带了三个亲戚来看诺羽，两个在别家医院放了支架，术后康复不理想，我就带他们来这儿了，剩下的一个见兄弟们'无一幸免'，就赶紧来看，果然也有冠心病，好在不严重，吃药就行。"说到这儿，洛祺叹了口气，"他们家的基因可真强大！"

此时坐在对面的团团加入了讨论："还有谁是经人介绍来找诺羽看病的？"随手把文件袋交给身旁的小伙子，利索地说："你之前的检查结果，一会儿要用，拿好。"旋即继续兴致勃勃地加入对面的"八卦阵"："前阵子我同事在这家医院住院，回来就跟我们说，这儿有位诺羽，特好。我第一次来的时候真是吃惊，从没见过这么漂亮的女医生。"

洛祺若有所思，她一反常态地发言："说实话，我刚开始没觉得她漂亮，后来越来越觉得她漂亮。"最后还郑重地加了一句，"反正我现在觉得她挺漂亮的。"说完坚定地点了点头。

秀芝兴致高昂地说："她总是冲我笑。"

"诺羽爱笑吗?"团团一向直爽。

洛祺想了想,态度极其诚恳:"其实她没笑,但我就是感觉到了微笑。"

热聊继续,当然大家没有忘记控制音量。

普通人之间每时每刻都在发生实实在在的温暖的故事。本故事绝非虚构,就是把几段分散的几乎未被加工的诊室外的闲聊串在了一起。

这当然是大家乐见的医患关系,但我们今天并不涉猎这个大课题。

诊室里、病房内的医生不知道诊室外、医院外的口口相传,然而这样的口口相传却为需要帮助的人提供了真实的帮助——当遇到切实解决了自己健康问题的医生,推荐给身边有需要的人,帮别人少走弯路。

胡大一医生说:"快乐、幸福与阳光无处不在,尽管这些美好常常默默无声,去发现,然后,传播。"

励志篇——寻踪

无论是古龙的《多情剑客无情剑》还是张艺谋的《英雄》,里面都有一段关于"手中刀(剑)、心中刀(剑)"的对白。不管是刀还是剑,就说剑吧。

★ 手中有剑,心中无剑

医生刚毕业走进医院时,知道的绝大部分知识都"停留"在书本上,不知道怎么用那些白纸黑字,不知道用过后效果如何……

知秋讲述自己在骨科实习期间的一段经历。他们(实习生们)跟着老师查房看一个做了股骨骨折开放复位内固定手术的患者,老师示意知秋先检查。在询问了有无伤处疼痛等症状并征得老师同意后,知秋打开了敷料,仔细查看后汇报——手术切口干燥,无明显肿胀,切缘轻度发红,无出血和脓性分泌物,建议消毒更换敷料。接下来是老师的检查过程——看过体温单上的生命体征后,接着了解患者的进食、睡眠及二便情况、有无发热,尤其是认真检查了远离手术区的小腿和足部的皮肤颜色及张力变化、足背动脉搏动情况,并进行了感觉和运动功能测试。"差距啊！"知秋感慨，"老师的查房让我意识到，要做一个好的骨科医生，只管损伤、手术和手术区域是远远不够的，还需要对损伤和手术过程可能造成的远端肢体动脉血供、静脉回流和神经功能以及全身情况负责任。"

★ 手中有剑，心中有剑

随着临床经验的积累，明确了什么情况需要什么检查、怎样的检查结果意味着怎样的诊断和治疗，大家进入了不断学习和积累的过程。

胡大一医生曾在一篇文章中警示大家："不注意过程，简单做加法，即便看了一千、一万个病例，水平也不会提高。注意过程，不断总结，随着见过的病例数量的增加，越看病越有经验，越看病心里越有底。"

简而言之一句话：一定要关注预后！

★ 手中无剑，心中有剑

经验积累到一定程度，大家容易形成思维定式或心理满足，不再进取，如同前面讲到的那个导丝被送过头儿了的故事。

胡大一医生讲他带学生的经历时曾提到，以射频消融为例，前面122个患者都很顺利，第123个患者出现了并发症，并且出现了Ⅲ度房室传导阻滞，最后安了起搏器。主要是大家开始做的时候都非常谨慎，因为没有经验，反而对每一个患者都分析得很全面、准备得很充分，把手术当中可能出现的意外和补救措施都考虑得比较到位，为手术顺利进行奠定了基础。到了第123位患者，第一大家觉得经验越来越多了，而且看到是左侧旁道，认为患者左侧旁道出现房室传导阻滞的可能性很小，但恰恰在这儿出现了问题。

★ 手中无剑，心中无剑

胡大一医生讲："医生是活到老学到老的职业。"医生一生注定都在学习的过程中，因为医学的进步没有终点，疾病的共性在人类的个性中演绎得如万花筒般变化万千。

医生见到患者不做预设，根据问诊及客观检查结果选择相对较好的临床决策，跟据患者预后完善其健康情况。大家的临床经验越丰富，越能帮助更多不适应生存的人回归生活。

尾声——生命之书

故事中的人名，除了胡大一医生，其他都是虚构的；故事，全部真实。

现如今胡大夫和知秋已经退休；沐林和诺羽依然坚守岗位，人们总能在已知的时间和地点找到他们获得医疗帮助，知秋退休前亦是如此。

不得不承认，他们付出的代价是巨大的。知秋身体不太好，沐林已经是重症康复患者了。诺羽呢？洛祺感叹："诺羽变化太大了，她现在出诊穿手术服，鬓角都能看见白头发了。这才几年啊！"回想起初见诺羽的情形，清爽的午后，她细品一壶清茶悠然自在……后来她换了工作，再见时大家只感觉她要双脚"起飞"……后来大家不再"打扰"她了。对生活情趣高的人而言，不断地"抹去"自我是莫大的悲哀。诺羽选择了舍己为人。

实话实说，医生不一定"舍己"。为什么不能拥有丰富多彩的人生呢？尽心尽力，从善如流，就无所谓失败。毕竟，还能会诊或转诊。不过切记：金子迟早发光，镀金的意思就是假金；"丑小鸭"本身就是天鹅，插了一身羽毛的是鸡毛掸子。

然而，医生一定"为人"。人们若不是别无选择，不会舍得把金不换的健康乃至生命交给别人打理。大家看"仁心仁术"（1）（2）和"峰回路转"里的故事（其他故事同理，只是不如它们典型），临床决策里的生杀予夺可能发生于当时当地或不知道什么时候的未来。

因此，从善如流是所有故事的开头，然后，写你自己的故事……

未完待续——点灯的人

至此，我忽然想起《小橘灯》里"这朦胧的橘红的光"帮忙照明归路。主人公们，无论医生还是患者，仿佛一盏盏小橘灯，在我眼前亮了起来；同时我还看到了他们把这点点光亮传得更远、更广。有首歌的歌词这样写道："点起千灯万灯，点灯的人，要把灯火传给人。"

二
看病，还是看病人？（续）

顾问：胡大一（2021年10月）

（一）一位自身免疫病患者的就医路

没有任何疾病比自身免疫病更凶险了。自身免疫病会慢慢侵蚀患者的身体，导致功能损伤，常常难以治愈。堡垒最容易从内部攻破，人的身体内也存在着攻击自身组织的武器，那么在这场与疾病的斗争中，患者失败的命运基本上早已注定。

洛祺在2000年迎来了宿命的降临，那些年我总听到她病情反复的消息。原因倒也简单，洛祺在病程初期拒绝激素治疗，只看中医，疾病控制得一直不好。后来经人介绍，洛祺见到了常医生，常医生是一名中医医生，兼具西医基本功，告诉她一定要做哪些西医检查、进行激素治疗，这些是中医治疗不能替代的，中医在红斑狼疮治疗上的重大突破是最近的事。

于是洛祺再次经人介绍遇到了免疫科的徐医生。由于经济条件不允许，洛祺放弃了中医治疗，坚持在徐医生处随诊，现在的激素药量已经降到了维持剂量。洛祺说，徐医生门诊的患者很多，经常是下午上门诊的医生来了，她还在认真工作，她总是耐心作答从来不催促患者，每每还会因为患者等候时间长而向患者表示歉意。那次洛祺去晚了，请徐医生加号，徐医生对她讲："今天的患者多，你得等到中午以后了。"洛祺当然是不怕等的，没料到徐医生补充了一句："要不，你先去吃点儿东西。"洛祺心里过意不去，看着面前这位瘦弱的女医生忙得连口水都顾不上喝，却记得嘱咐自己吃东西，原本想让徐医生可以早些下班，可是自己住得太远，来一趟实在不易，算了……徐医生两年前因为癌症病休，好多病友都很担心，不知道该找谁看病了。好在，徐医生又回来上班了！

这期间洛祺读《胡大一医生浅谈心脏健康》，知道自己的病可能引起心脏相关的并发症，也了解到疾病/健康的全局观，不能头痛医头、脚痛医脚，因为这么看病往往顾这儿没顾那儿，也常常治标不治本。洛祺又经人介绍找到了诺羽进行咨询。

果然，2019年初，徐医生初诊了洛祺的高血压，告诉她到专业科室进一步确诊。由于之前就咨询过诺羽，所以她接下来的就医之路比较顺利。

还是2019年，洛祺陪表弟去找常医生（之前的那位中医医生）看病，常医生在明确了这位表弟的皮肤问题源于过量饮酒后，转而关注洛祺的身体状况，详细问诊后开具了中药汤剂处方。常医生说："你吃不吃再说，我先把方子开给你。"刚好另一位表弟好心承担了药费，洛祺也因此开始了中西医结合治疗。

洛祺说："常医生知道我拮据，每次给我开药，都先权衡几种功效相近的药材的时价。我已经好久没见她了，她居然还记得我和我的病情。还有……"洛祺不好意思，"常医生告诉我不用挂号，只要等到她接待完最后一位患者……诺羽对我的健康状况有一个全局的掌控，不仅治疗我的心血管相关疾病，还指导我在需要的科室就医并回来汇总。"洛祺顿了顿，语气中透出焦虑，"诺羽太忙了，她可千万别生病，我真担心……"

还有一个插曲，洛祺带舅舅到诺羽处就医，因为舅舅的超声心动图和洛祺的一样显示肺动脉高压，因此她看了舅舅的中药处方，发现和自己的中药处方有不少相同的地方。她说，因为机缘巧合自己才又能吃中药，虽然说不出（具体哪里有好转），但是吃后感觉好受了。她还高兴地问："你看我的脸是不是好多了，原来的红斑淡了吧？本打算请诺羽看看处方，看和现有治疗有没有冲突，毕竟我的病是以西医治疗为主的。本来她也建议我吃中药的，但为了省钱才算了。可惜这几次都是陪我舅舅看病，看到那么多病人，就没好意思多嘴，不过现在对比了两个处方，多少放心了些，等我下次复诊再请她看。也快了，我的肺动脉高压半年复诊一次。"

那个阶段的洛祺，用她自己的话说"感觉自己的身体状况越来越好"。我从话里话外能听出她对生活充满了信心和期许。

洛祺还特别谈到另一个医院急诊科的李医生。（本来洛祺对那家医院是敬而远之的，原因是她女儿同学的妈妈在那家医院上班，据说生病了都不在本院看病。）一次洛祺高烧，就她自己（身边没有其他人），实在没有力气去更远的医院了。李医生为她明确了发烧的原因，综合考虑了其免疫系统的基础疾病，开药时很慎重（因为把给常人退烧的方法，搁在洛祺身上会适得其反），并建议她多喝柠檬片泡的水补充维生素 C，每天喝一瓶富含维生素的运动饮料补充电解质，慢慢调节身体状况。

不过，毕竟是注定失败的"战役"，洛祺的抵抗力随时可能出现"破口"。2021 年春节刚过，洛祺就因为传染病住进了医院。再听到她的消息，已经是大半年之后了。她说，这段时间，除了诺羽，她谁也没联系，因为担心别人嫌弃，她特别感谢诺羽给她的鼓励，原话是"不然都撑不下去了"。

那段时间感觉洛祺的状态非常不好，她总是重复同一个话题，而且颠三倒四地喋喋不休，闲聊总是从由衷感叹胡大一医生对患者的关爱开始，还说经历了这次住院、复诊，她才体会到什么是医疗服务质量。她说："我现在真切地感受到关爱患者太重要了。深刻体会！疾病带来的精神压力和负担对患者的负面影响真的很大。"转而控诉首诊的门诊医生不尊重她和家属，住院时主管医生多么不负责。我问她："后来呢？"她说："有一位上级医生也是几乎天天查房，挺好的，后来，住院期间和现在复诊我都找她，她确实是和先前的医生不一样。"此时，洛祺的呼吸和语气平缓了一些。我问："护士呢？"洛祺的精神状态彻底放松了，她说："小姑娘们都挺好的。"随即话题就转入了她出院之后。她精神再度紧张起来开始讲述脏乱差的住院环境，尤其是厕所，且厕所在病房的外面，有的病房男女混住，有的患者在病房内抽烟，更糟糕的是那家医院一号难求且床位紧张，患者常有不合时宜的被出院经历。她还说住院期间遇到了几位平时在同一家综合医院看病的病友，大家都极度怀念那家综合医院的干净整洁。

"我现在不吃降压药了，（否则）需要吃的药太多了，反正血压还可以。"洛祺继续，"也不知道现在能不能吃中药，我问那家传染病医院的医生了，她让我问中医。"

没过多久，洛祺说她的血压有些高上来了，但仍然没有吃降压药，也没去诺羽处复诊。我告诉她一定要去复诊。她问："不开药为什么要复诊？"我说："聊聊。"

不久后，洛祺去复诊了，诺羽让她继续服用降压药物，并告诉她只能等停用治疗传染病的药物后才能吃中药。洛祺说："我终于明白定期复诊的重要性了。"她听说一位自身免疫病的患者，比自己年轻得多，由于没有随时监测，最终小病演变成了重大疾病。

无论如何，现在的洛祺又逐渐地开朗乐观了，她说她有一个指标始终是阳性，尽管不传染，但她始终不放心，尤其担心同住的女儿。这次检查那个指标终于呈阴性了，她特别高兴。她说："其实当拿到结果时，我没那么高兴，直到把这个好消息告诉诺羽……"

（二）同理心

好医生的标准，患者会告诉你！不是靠说的，不过你自然会知道。

良性的医患关系，发展到最后是半个朋友。注意！是"半个"朋友。

每每听到患者和家属谈论诺羽，都好像在说隔壁邻居，语气中透着亲切和热络。那天洛祺说秀芝告诉在外地的哥哥自家的就医经历，哥哥随即表示要谢谢诺羽，好在兄妹俩因礼品没能达成一致，此次善意就此作罢。无独有偶，程枫也问我怎么谢谢诺羽，被我挡了回去。程枫认为，因为诺羽认识他，所以他才有愉快的就医体验。洛祺客观得多，她总是留心观察周围的患者或家属，总能寻找到共鸣或者有同等"待遇"的人。

秀芝说诺羽总是对她笑，一位介入术后的患者感谢诺羽和同事救了他一命，随即附上了一句"诺羽的笑让他的病好了一半"。我一直困惑于诺羽笑了没有。洛祺思考得很认真，其实诺羽没笑，但自己就是感觉到了她的微笑。

患者因为自觉症状或检查结果不正常而就医，家属当然因为亲人健康的回归或改善而欢欣鼓舞，这些都是私事；医生做的却是工作。

看着诺羽出诊，我不禁想起了胡佩兰医生，只不过胡老太太的诊室更温馨。胡老太太的诊室还真热闹，但不乱。热闹！一进诊室就能看见靠墙扎堆聚集了一群女同志（胡老太太是妇科医生），还有呈放射状的"散兵游勇"；患者（家属）间、患者（家属）和陪诊护士间，大家时有互动，进行着必要和非必要的交接。站定后再瞧，才发现人群中一头白发、一丝不苟、慈眉善目的胡老太太，我终于找到了不乱的根源，胡老太太的"该干吗干吗"是这间诊室的内在秩序。

有一次因为患者情况紧急，又赶上春节假期，胡老太太就请患者来家里进行医疗咨询。患者到了，本着患者优先的原则，本来正在接待亲朋的胡老太太立刻接待了患者，态度和神情与刚刚闲话家常时有了些许改变，多了认真和严谨，其实就是摆明了应公事公办，然而既不刻板还彰显出医疗的温度，我当即想到了张孝骞教授的那句名言："医生在终生的医疗实践当中都应怀有如临深渊、如履薄冰的态度……"

我始终困惑于一丝不苟的严肃态度之中蕴含着温和的微笑是怎样做到的，当然，胡老太太明显"道行"更深，还有慈眉善目。洛祺在徐医生和常医生的脸上也见到了类似的神情，她一边说一边思考："说不上她们有什么表情，挺严肃的吧，却也不是紧绷着，没什么所谓的笑脸相迎，当然也绝不苦大仇深，更没有表现出刻意的殷勤、热络，温和是必然的，但就是让人感觉舒服，能够很真切地体会到医生对自己的关心，而且这种关心完全出于公心。"她说自己也经历过一些医生出于私心的所谓关心，不在此处详述，只是想说明"公心"是可以被明确识别的。

后来我终于想明白了，那是医生对工作的热爱、对职业的敬畏和对患者的尊重，是浑然天成的。

一次看朋友圈，一位心内科主任说，每当看着逝者已矣，亲人悲伤，自己都无法释怀。这让我联想起日本电影《海街日记》，剧中的大姐是临终关怀病房的护士，妹妹问大姐对即将死去的人是否不能太感情用事，姐姐回答，自己还是免不了会动感情，不会忘记他们。妹妹释然："这样就好了，不是习惯了就好了。"

胡大一医生一直担忧疾病终末期患者的抢救问题。胡大夫有时会收治经人介绍的非心脏病的危重患者。同事们开始认为是碍于人情，有一次胡大夫讲："这位患者多脏器受损，很难有科室愿意收治，我先把她收进重症监护室，这里的抢救设备没问题，再请各相关科室会诊，综合施治。"不幸的是，这位患者没能走出医院，而是走到了生命的尽头。但患者家属不仅感激医生和医院，而且很心安，他说虽然明知结果不可逆，但是总希望做生（还）的努力，至少不忍亲人无助凄惨地离去，由于投医无门找到了胡大夫，亲人在临走前得到了最好的照顾。

再来说说程枫认为的"他（她）认识我"。"认识人"真的管用吗？认识胡大一医生，如何？这是一组清晰而"亲密"的人物关系，事情发生在胡大夫退休后。一位在本系统护理部工作了一辈子的老人，临终前来医院，被收进急诊，当天上午正好胡大夫出门诊，家属便来找胡大夫，明确表示，知道老人快不行了，没指望发生奇迹，只是希望做最后的努力，但急诊的条件之于一位临终的老人太不充分了。整个上午，胡大夫利用出诊的间隙一直在联系 CCU 的负责医生，他的学生。十二时许，胡大夫下门诊疾步赶到 CCU。刚进 CCU 的门，胡大夫立刻在走廊里用自己的手机给急诊打电话，听电话的内容——急诊处理失当，听胡大夫焦急的语气——急诊不买账。放下电话，胡大夫立即找到 CCU 的负责医生，问将患者收进 CCU 办得怎么样了（一个上午已经过去了）。插一句，胡大夫对在医疗战线上奉献一生的同志们非常有感情。这位学生回复老师，已经向现任领导请示，尚未收到回复。说完，就以和护士长商量为由，把胡大夫抛在一边，进了一个办公室，把门关得严严的。胡大夫不明白，她们商量什么呢？于是，让我去听听到底怎么回事。我敲门进去了，门是打开了，可医生说不能听她们的密谈，还煞有介事地说，我要是不出去，她们就不说了，也不管那位患者了。原话我已经记不得了，当时我的理解就是这样的。

事情是怎么了结的呢？我立马走出了那个办公室，绝非灰溜溜地，因为我刚一来到走廊就给诺羽打了电话，问能不能帮她老师这个忙。诺羽干脆利落地同意了说："行，患者或家属自行叫救护车，来了我收。"于是我回复胡大夫："您这儿的学生把我轰出来了，说我不出去她就不管那位患者了，根据现在的病情患者不做大的挪动最好，但如果确实无法解决，诺羽愿意接收，您看着安排吧。""诺羽愿意接收？"胡大夫语气有点儿吃惊，但也松了口气。大概 15 分钟以后，我因为别的事儿给胡大夫打电话，听他说患者已经住进了开始那家医院的 CCU。

无论如何，我们还是寻到了一处"港湾"，帮助即将走到尽头的人望见温暖的彼岸，这个"港湾"不假思索、没有条件。人在离开的时候还能感受到温暖，可能是人生最后的幸福。胡大一医生讲："医患和谐的关键在于'人心'，并不是要求医生无所不能。"

同理心！我第一次见"同理心"这个词是在知秋的文章中。由于每每提及医疗卫生行业便是铺天盖地的"同情心"，我在第一时间就不假思索地把"同理心"改成了"同情心"，还以为是知秋的笔误。然后转过头，我就发现不对了，当然是"同理心"！怎么会是"同情心"呢？

医学人文绝不是"我"说"你"听就能完成的。它犹如太虚幻境，有谁真地可以诠释得清楚吗？即便是主人公中最年轻的诺羽，已经从医30年，更不用说年轻的医（学）生了。

也许，一切可以从区分"同理心"与"同情心"开始……

三
双心？双心！

——闲聊双心学科是心脏学科体系的有机构成

■ 顾问：胡大一（2021年11月）

（一）你看到了什么？

1. 一则有关医闹的新闻

几年前，中央电视台（央视）新闻频道报道，某地方医疗卫生机构的急诊收治了一名胃疼的老年男性（也不太老），抢救过程中患者突发意识混乱，最终不治身亡，引发医闹。

初听这则新闻，我便有了一些联想。

第一，多年来胡大一医生努力普及"有胸痛上医院"和"时间就是心肌，时间就是生命"，同时指出"身体健康的人突发胸痛时，常以为是胃疼"。

我有两个熟人，都不在了。一位以为是胃疼，拖了好几天；另一位也说胃疼，就没去就医……这样的事情居然发生在身边！我做科普这么多年，真是汗颜！

第二，谵妄综合征（delirium syndrome，简称谵妄）。这是一组表现为广泛的认知障碍尤以意识障碍为主要特征的急性脑器质性综合征，急性起病，病程短暂，病变发展迅速，表现为意识水平改变、认知功能障碍、注意力不集中、睡眠形式变化（觉醒周期紊乱）。引起谵妄的原因分为脑源性（各种器质性脑病如脑动脉硬化）和非脑源性（包括感染、中毒、躯体疾病、精神创伤，如"无症状"性肺炎、尿道感染、心力衰竭、电解质紊乱、贫血等）。高龄是最肯定的危险因素，因为老年人最容易出现低氧血症，大脑低灌注，低血糖症，高血压脑病，颅内出血，中枢神经系统感染、中毒。上述6种情况是最常见的谵妄的诱因。此外，手术（手术中出现大脑缺氧、氧饱和度降低）、药物因素（如使用抗胆碱能药、精神活性物质或药物相互作用）和睡眠剥夺也会引发谵妄综合征。

2. 一次误诊置换的人生

大约10年前，*Achives of Internal Medicine* 报道了一个不恰当冠状动脉CT致冠状动脉左主干撕裂的病例。一名48岁的美国女性，因为胸痛去看病，先做了冠状动脉CT，发现心脏冠状动脉有些似是而非的病变，又做冠状动脉造影，还做了心脏搭桥手术（冠状动脉旁路移植术，俗称搭桥），术后，桥血管出现血栓，冠状动脉左主干撕裂，患者出现休克，最终只能做心脏移植手术。其实，这个人只是得了焦虑症。

我联想到了胸痛中心的启示。2009年在北京有一项"急诊胸痛注册研究"，连续入选北京市17所二、三级医院急诊患者5666例。结果显示，胸痛患者占急诊就诊患者的4%；在这些胸痛患者中，急性冠脉综合征（ACS）占27.4%，主动脉夹层占0.1%，肺栓塞占0.2%，非心源性胸痛占63.5%；急诊胸痛患者收住院比例为12.3%，未收住院的胸痛患者在本次就诊30天后随访的无事件率为75%，其余25%包括院外死亡、再次入院和失访等可能为漏诊、误诊的情况。该研究结果提示，急性胸痛常见原因为非心源性的，而ACS在急诊致命性胸痛疾病中占绝对多数；在急性胸痛患者中，可能漏诊、误诊包括ACS在内的胸痛疾病的比例非常高。

精神心理问题多表现为躯体症状，与心血管疾病相似，需要鉴别诊断。有文献报道，64.5%~75%的急性焦虑发作（惊恐发作）患者首次就医是到心内科或急诊科，31%~65%的心内科患者有惊恐发作，就诊于急诊的胸痛患者超过50%是非心源性因素导致的，其中16%~25%是急性焦虑发作（惊恐发作）。

3. 二次"忘我"的阅读理解

最近，我请两位女士阅读了一个更年期女性良性室性早搏的病例，她们一位多年从事健康类图书出版，另一位是长期病号，年龄均临近更年期，心脏都时有不适。然而，她们都表示那个病例太专业，看不太明白。原来，她们的注意力全部在患者曲折的就医经历上，不明白的是各个阶段的医生诊断，全然没有意识到自己存在和病例中患者类似的情况，是否可以得到一些借鉴，比如室性早搏的良性与恶性，心脏科基本的检查项目和可能的合理流程。于是，诺羽的视频科普讲座"更年期可能引发的各种错觉"应运而生，扼要、明确、通俗，就事论事，希望帮助大家更好地度过人生的这个特殊阶段。

其实不只更年期女性，经常有女性体检发现非特异性心电图 ST-T 改变和/或平时有胸痛、胸闷症状，来心脏科就医，最终被排除了心脏病。

（二）双心？

1. 打铁还需自身硬

病例 1 1967 年，患者 36 岁，是一名老师因和一些领导发生口角，心情郁闷，不想上班，而去学校医务室开假条，医生为他做心电图发现他有室性早搏，但他毫无自觉症状。医务室的医生根据当时权威的心电图书发出报告：异常心电图，室性早搏。患者还被告知室性早搏可能导致猝死，原因可能是心肌炎。

患者被转到西安的大医院检查，因为没有找到心肌炎的任何证据，医生将其诊断为"心肌炎后遗症"，解释说这是心肌炎恢复后心肌上留下的疤痕。

从此这位患者再没上过班，再没上过讲台，到处寻医问药，反复住院、静脉输液，5年后就卧床不起。

直到1987年7月，患者的儿子看到了胡大夫写的一篇科普文章《室性早搏不等同心脏病》。胡大夫在文章中强调，无明显器质性心脏病的室性早搏预后良好，不能仅据此诊断心肌炎，"心肌炎后遗症"更是既无明确定义，也无诊断标准的"莫须有"帽子。

于是，患者写信问胡大夫他的室性早搏是否为良性，胡大夫看了信中寄来的多年的检查资料，除心电图上显示室性早搏外，一切正常，于是回信告诉他，他没有器质性心脏病，20年的时间就是预后良好的最佳证据，给他做了详细的解释，鼓励他打消顾虑，逐渐恢复日常活动。

2个月后患者来信讲，接到胡大夫回信后顾虑全消，精神振奋，逐渐恢复行走，病情明显好转；半年后来信讲，他已完全恢复体力，能给家里挑水了。

病例2 2000年，胡大一医生到北京同仁医院工作，在门诊遇到一位坐在轮椅上自感痛不欲生的中年女性患者诉说，她12年前因体检发现心电图上有ST段下移和T波低平，被诊断为心肌缺血、"隐性冠心病"，经过长期的休假治疗，直到2年后坐上轮椅，体验了"赵本山小品卖拐效应"，患上重度抑郁。经治疗，这位女性患者3个月后下地行走，半年后登上八达岭长城，安全恢复了正常生活。

病例3 患者为一名，73岁男性，发现心电图异常20余年，胸前导联广泛T波倒置，ST段下移，平素间断有胸闷症状，与活动无关，一直被诊断为冠心病，给予抗心肌缺血药物治疗，症状没有改善。老人多次因为同样情况就医，每次都被留院观察或住院，最终被诊断为急性冠脉综合征，医生告知家属患者病危。

医生下了病危通知之后，才行冠状动脉 CT、冠状动脉造影（并无必要），结果均为阴性，在虚惊一场之后，终于排除了冠心病。

但医生对他的心电图异常仍然没有结论，甚至就此在当地进行了全市病例大讨论。患者反复进行超声心动图检查没有发现异常，最后经核素心肌显像检查确诊为心尖部肥厚型心肌病。

由于疾病的折磨，诊断的变更，中途被宣判"死刑"，然后又"绝处逢生"……患者心情的起落可想而知。患者忧虑，睡眠质量极差，情绪低落，觉得自己已经是一个废人了。

确诊后，为了了解肥厚型心肌病，患者看了一些医学书，结论是"肥厚型心肌病最后多发展为心力衰竭，可能猝死"，于是更紧张了。此后，患者仍有间断胸闷症状发作，几年后被建议再行冠状动脉造影，结果仍然是阴性。

双心门诊的医生（双心医生）经过仔细询问，发现患者对身体状况非常担忧，除胸闷症状外，还有睡眠障碍、食欲不振和轻生的念头。患者被诊断为焦虑、抑郁，胸闷是其焦虑和抑郁的一种躯体表现。通过在双心门诊的诊疗和一段时间的随访，患者胸闷症状明显减轻。

2. 鉴别诊断

病例 4 前几天 CCU 来了一位患者，胸部疼痛得非常厉害，通过心脏科的相关检查没有找到确切原因。心脏中心的双心医生为其做了焦虑和抑郁测评，发现了一些问题，却仍然无法解释患者疼痛的厉害程度。第二天经精神科医生会诊，患者被确诊为强迫症。

病例 5 患者 64 岁，女性，退休，知识分子。

2008 年某日夜间患者在睡觉前喝了很多浓茶，睡眠中突发严重心悸、胸闷、头晕、大汗、手脚发凉、面色苍白、全身乏力，到医院的急诊行心电图检查，又查了血电解质、甲状腺功能、血常规、超声心动图等，都正常，排除了心脏病和心脏外病因。第二天患者出现腹泻、腹痛，晚上又出现心悸和全身乏力症状。患者平素对茶比较敏感，因此接诊医生考虑患者的症状与当日喝浓茶有关系。

可是从此以后，尽管不再喝茶了，患者仍然经常在夜间发生心悸、胸闷、出汗，每次到医院做心电图都没有查出异常。她近两年睡眠差与心悸有关，还经常出虚汗。通过中医调理，出虚汗的症状好转，但心悸一如既往。她因为心悸做了多次检查（比如动态心电图），都没有找到原因。身体的不适白天较少发作，活动后反而缓解。患者平时喜欢唱歌跳舞、与人交往，即使活动量很大，也没有不舒服的感觉。

最后，医生对她说："你没有病，不用看了。"患者不能理解："我这么难受，又不是装的，为什么说我没有病。"于是，她开始四处求医，最后经过复习病史和客观检查，被诊断为惊恐发作。医生向她介绍了惊恐发作的相应表现（症状）后，她认为说的就是自己，在接受了抗焦虑药物治疗后，症状逐渐好转。

◇ 更年期

在进入更年期后，心血管系统也会有很多反应，如血压不稳定，脉压差变大，甚至血压升高，以收缩压增高为主，这类高血压属神经性高血压，可引起心律失常如心动过速。当今社会随着工作、生活环境的改变，女性更年期高血压的患病人数也呈增加趋势，给女性正常的生活带来了严重影响。由于激素水平的变化，在此期间女性容易出现心烦易怒、悲伤欲哭、心神不宁等不良情绪，而情绪的变化易使血压处于波动状态，反之，血压的波动又会加重精神心理症状，两者形成恶性循环，相互影响。

目前，关于更年期高血压的治疗主要见于医生临床经验的总结，缺乏系统性的大样本研究，需要进一步探讨。当更年期女性的血压不易控制时，联用抗焦虑、抑郁的西药、中药及穴位贴敷、针灸、耳穴压豆、心理治疗等方法，对稳定血压有很好的效果。

心血管系统的症状也是更年期综合征的重要临床表现之一，其发生率占更年期综合征的半数以上，为心血管运动神经失调所致，胸痛多由内分泌功能失调引起，服用硝酸甘油疗效不明显，称为假性心绞痛；而心绞痛多由冠状动脉痉挛引起，一般无异常体征，含服硝酸甘油可以缓解，具有复杂多变的特点，很容易发生误诊。遇到围绝经期患者出现心脏方面的不适时，要多考虑一下，是不是由更年期引起的。

病例 6 作为心内科医生，诺羽曾经遇见一位患者反复胸闷、胸痛 4 年，以心前区疼痛为主，有紧迫感，常在安静时发生，持续时间长。当地医院诊断为冠心病（心绞痛）先后服用硝酸制剂、心痛定（硝苯地平）、丹参滴丸等疗效均不好。在仔细询问病史后，医生发现患者既往月经规律，近 4 年月经周期逐渐延长，月经量逐渐减少，末次月经后一年未来潮，妇科检查未发现异常。综合各种检查结果，医生诊断其为更年期综合征，由于患者只有 45 岁，用己烯雌酚周期治疗后胸闷、胸痛明显缓解。

3. 标本兼治与舍本求末

病例 7 一位有多年高血压病史的患者在退休以前长期坚持口服降压药物，血压控制得一直都很平稳，但退休后将注意力过度地放在了血压控制上。女儿陪着她来看病，她近半年血压波动非常大，一日之内可以有 60/20mmHg 的波动。经常是晨起时血压低，约 110/60mmHg，过半小时再量一次，升高到 120/70mmHg，一看血压升高了，过 5 分钟再量，血压又升高到 130/70mmHg，患者开始坐立不安，过 5 分钟再量，血压又升高了，马上含服一片心痛定（短效片剂硝苯地平），过一会儿再量，血压还是升高，再含服一片心痛定，同时把手头的降压药都吃上，包括硝苯地平缓释片、卡托普利、倍他乐克（美托洛尔）。患者血压低的时候不敢吃药，等到血压高起来，就吃一把降压药；发现血压波动就认为药物无效，因此经常换药；每天担心血压，惶惶不可终日，已用了5种降压药，血压仍不稳定。患者与家属因在报纸上看到肾动脉射频消融治疗顽固性高血压的报道，咨询胡大一医生要不要到附近一家专科医院去做手术。

> 临床决策

（1）胡大夫调整了患者的降压药，改为作用缓和的长效制剂，建议患者每日测量血压不要超过3次。

（2）设专人在调药期间不时给患者打电话鼓励她，患者紧张时也可打电话咨询。经过一段时间的调整，仅用两片降压药（长效钙通道阻滞药与厄贝沙坦氢氯噻嗪片），患者的血压就平稳了下来。

（3）这一类患者很可能被崇尚射频消融技术的专家请去手术治疗，出现对这一"不成熟技术"的一哄而起，成名获利的是少数人，受伤的是患者。

病例 8 患者44岁，女性，5年前体检发现血压升高（150/95mmHg），最高达170/100mmHg。当时的接诊医生处方培哚普利降压治疗。患者无头晕、头痛等不适，无大汗、潮热；但近一个月来血压波动较大，来门诊调整高血压用药。

患者查体无异常，心电图正常，无糖尿病，无结核病、乙型病毒性肝炎（乙肝）等传染病史。

患者近期情绪波动较大，医院焦虑抑郁量表（HADS量表）评估结果提示：焦虑量表得分10分，抑郁量表得分19分。

考虑诊断为：原发性高血压2级，伴有抑郁状态。给予降压和抗抑郁治疗。

两周后复查，患者血压 170/110mmHg，但情绪较前明显好转。仔细询问后发现，患者这两周没有服用降压药，只服用了抗抑郁药。

病例 9 一位在心内科住院的老年女性患者，有肺动脉冠状动脉瘘，全心衰竭（以右心衰竭为主）、黄疸、全身浮肿，服用大剂量利尿剂后浮肿可好转，但利尿剂剂量逐渐加大。因为疾病，患者精神比较紧张、状态不稳定，也总有一些身体不适（包括胸闷、浮肿），总是反复询问医生一些问题，后由精神科医生诊断为"重度抑郁"。心内科主治医生认为患者多数症状由抑郁引起，让患者出院去治疗"抑郁"。

（三）双心！

患心血管疾病的人很容易并发焦虑障碍和抑郁障碍，而一旦"心"里有病了，又会反过来诱发或加重心血管疾病。以冠状动脉粥样硬化与精神心理卫生的关系为例，我们知道高血压、吸烟、饮酒、交感神经过度兴奋等，均是冠状动脉粥样硬化的危险因素，不良情绪（如生气、抑郁、焦虑、心理失衡等）可使血压升高或影响降压疗效，也可使吸烟、饮酒等不良生活习惯加重，以及交感神经过度兴奋，从而加重对血管内皮功能的损害。精神心理问题严重时可能导致内源性炎症因子的大量产生，进而激活交感和内分泌机制以及血小板活性等机制，促发冠状动脉痉挛、斑块破裂，引起冠状动脉闭塞、心肌缺血、心律失常等心血管事件。

1.Tako-tsubo 心肌病

研究发现，Tako-tsubo 心肌病就常常存在精神或躯体应激等诱因，主要包括亲友亡故、惊喜聚会、激烈争吵、交通事故、法院出庭、驾车迷路、遭遇抢劫、基础疾病加重等应激事件。在应激情况下，人体交感神经系统的活动增强，内源性儿茶酚胺和其他应激激素在短时间内的大量分泌促进了循环的一磷酸腺苷相关钙超载和氧自由基释放，直接导致心肌顿抑，同时全身的血氧含量需求增加，心脏负荷增加，进一步加重心肌损伤。许多研究显示，Tako-tsubo心肌病患者的血液中儿茶酚胺的浓度均显著升高，有的比正常值高出数十倍。有研究者对8例Tako-tsubo心肌病患者进行了心肌活检，结果显示该病所致心肌病变高度符合儿茶酚胺水平过高所致的心肌改变。

应激是指机体对内、外界各种刺激因素（压力或意外刺激）做出适应性反应的过程。当一些破坏机体内、外环境平衡的物理、化学和精神刺激因素超过人体所能承受的限度后，机体就会产生非特异性反应，最直接的表现是精神紧张，如部分心血管疾病患者因患病而产生惊恐、紧张、焦虑、不安等情绪反应。这是一个复杂的情绪反应过程，是一个不断变化、失衡又平衡的动态过程。

2. 并发症

在文章开头我们提到了谵妄。谵妄（delirium）是一种在手术特别是大手术后数天内经常发生的一种可逆和波动性的急性精神紊乱综合征，以意识、定向力、注意力、记忆、思维、感知觉、行为的变化以及急性起病、波动病程为特征。患者因病情危重而进入重症监护病房（ICU/CCU），躯体疾病处于危重状态，精神上也承受很大刺激，加之陌生的环境，造成谵妄发生率更高，被称为"监护室综合征"。根据相关文献报道，在"监护室"的患者中，其发生率可以达到32%~60%。

以下病例中的两位患者都是在体外循环下做的开胸心脏手术，在手术结束当天或第二天出现精神症状。

病例 10 患者55岁，女，因"运动性心慌气促11年"入院。入院后经心电图、胸部X线片（胸片）、超声心动图检查诊断为风湿性心脏病、二尖瓣重度狭窄并关闭不全，冠状动脉造影及头颅CT检查无明显异常，入院后

10天在体外循环下行二尖瓣置换术，手术顺利，下午6时撤离呼吸机、拔管。当晚患者无明显诱因出现意识障碍，烦躁不安，胡言乱语，实验室检查无明显异常，医生诊断为老年谵妄综合征，给予奋乃静5mg肌肉注射（肌注）后缓解，然后用大剂量维生素C、维生素B及高能量合剂静脉滴注，持续3天后患者精神症状好转，治愈出院后随访1年，无任何精神障碍。

病例11 患者79岁，男，因"反复心前区闷痛不适20天"入院。既往有10年高血压病史，排尿困难1年余。入院诊断为冠状动脉粥样硬化性心脏病，陈旧性心肌梗死，三支病变，良性前列腺增生。入院后7天在体外循环下行冠状动脉旁路移植术，分别行前降支、回旋支和右冠状动脉旁路移植，术后第二天早上撤离呼吸机、拔管，中午突然出现意识障碍，烦躁不安，胡言乱语，答非所问。查体：血压160/90mmHg，神志不清，定向障碍，口角无歪斜，无颈部抵抗，心肺（−），术后伤口敷料干燥，引流管通畅，右侧肢体肌力减弱，神经系统无明显阳性体征。急查血电解质、血常规无明显异常，心电图提示心肌缺血。当时医生误诊其为脑部小面积出血或腔隙性脑梗死（脑梗），给予地西泮治疗，患者意识模糊加重，次日白天嗜睡，间断神志清醒，乏力，夜间又出现意识障碍，烦躁不安，如此反复，昼轻夜重。医生诊断其为老年谵妄综合征，给予奋乃静5mg肌注，患者症状缓解，18天后精神完全恢复，行头颅CT检查，无明显异常。治愈出院后随访1年，患者无精神障碍，1年半后死于脑出血。

◇ **继发性精神心理障碍**

病例12 患者60岁左右，生性乐观，性格开朗，以前从事金融行业，现在退休在家，因为间断出现的胸痛、胸闷到门诊看病。患者自述每次胸痛都发生在夜间，运动时不会明显加重，来门诊时一口气上了3层楼！他自己觉得没什么大事儿，是在孩子的要求下才来医院就诊。

家人的坚持是对的，他被确诊为心肌梗死。医生建议他尽快通过经皮冠状动脉介入治疗（植入支架）来挽救将要梗死的心肌细胞。

这下可把他吓坏了："你们没有弄错吧？这个病到底是怎么回事呀？为什么我无缘无故得了这个病呢？吃药不行吗？怎么还要手术？会不会有生命危险？"经过一番解释，他和家属接受了医生的建议。治疗过程非常顺利，他的胸闷、胸痛等不适感基本消失。他为自己的英明决定感到很高兴。

等到解除约束、下床活动后，他就犯嘀咕了："这血管是靠个小金属架子给撑开的，要是它一下子塌了，我不就完了吗？而且这个金属家伙那么硬，血管又老是收缩、舒张的，它要是把血管给撑破了怎么办呀？有个异物被嵌在了身体里，会不会带来什么其他的问题呀？"没几天工夫，患者又说心前区闷痛，好像有东西顶着。医生给他做心电图检查没发现问题，通过聊天才知道，原来他心里存着这么多疑虑。于是，医生讲解"那些担心都是没有必要的，支架是记忆金属，在体内温度等情况下不会被压缩变形，随血管的活动一致性也较好"。医生还举了很多例子，并告诉他医院有长期随访，发现问题可以随时解决，减少危险。患者渐渐安心了，胸闷的症状也随之消失了。

病例 13 患者39岁，男性，已婚，教师。患者因左房良性肿瘤于2006年行左房良性肿瘤术。手术过程顺利，术后病情平稳，无明显不适，医生嘱其定期复诊以防肿瘤复发。术后4年来，患者生活自理，能从事正常工作；然而情绪低落，表情淡漠，忧郁，愁眉苦脸，唉声叹气，多卧少动，不愿与人交谈，对周围环境缺乏兴趣，对生活丧失信心，消极悲观。

在术后第1、2、3、4年，医生对患者共进行了4次精神心理状况检查，检查方式包括个别心理交谈和量表评估，由精神科医师完成。评估量表包括生活质量调查表、症状自评量表（SCL-90）、汉密尔顿焦虑量表（HAMA）、焦虑自评量表（SAS）。医生发现患者有以下精神心理特点：目前考虑最多、最关心的问题是自己的健康，因此对自己身体的各种不适特别注意，主动返院复查；对医护人员在围手术期及术后复查期间对待自己的态度变化异常敏感，过分关注；害怕医师谈及肿瘤复发；精神性焦虑，感到神经过敏、心里不踏实、害怕、恐惧、坐立不安、易紧张。患者表现出少量躯体性焦虑（如心悸、发抖等），存在一些躯体不适症状（如头痛、恶心、食欲不振、手脚发沉等）。患者抑郁症状较明显，主要表现为自我评价较低、自我感觉不良、乏力及精力下降、活动减慢，故而自责，对今后感到苦闷、烦恼，认为前途无望，对性生活缺乏兴趣，存在较明显的睡眠障碍（如入睡困难、早醒、睡眠不稳、多梦等）。

3. 合并症

我认识一个女孩儿很多年，从来不知道她有精神放松的时候，千万别有"风吹草动"，比如考试前夕，她经常发烧，本来就不正常的月经也停了。这个孩子最初的表现就是月经不调和偏胖，可能与内分泌有关。食物是心灵绝佳的慰藉，暴饮暴食后体重进一步猛增，此时她希望通过运动减肥，但不科学、不系统的大量运动不易坚持，终止后产生了反弹，结果两三年的光景，她长了40多斤，如今血压高、血脂异常、心率高达110次/分。医生告诉她减肥是整个治疗的关键，于是她又"上弦"了……

病例 14 患者40岁，男性，公司经理。既往史：高血压病史3年，吸烟20支/日，戒烟3年，少量饮酒。2006年1月患者因工作劳累、熬夜、喝酒出现心悸、气短、乏力，到医院检查发现有偶发房性早搏。他以为自己得了很重的心脏病，非常紧张，当年就反复住院2次，经治疗好转。2个月后某次熬夜、喝酒后，他在夜间睡眠中突然感觉心悸、胸闷、憋气而惊醒，有濒死感、恐惧感，四肢麻木无力，呼吸困难，当时觉得自己快不行了，持续了约 10 分钟，坐起后逐渐缓解。第二天，他还是感到全身乏力。患者到医院做了心电图和胸部 X 线片（胸片），没有发现异常。此后，上述症状反复发作，都在夜间，犯病的时候心跳得特别厉害。可每次家人叫来救护车，检查他的心电图都没有发现异常。后来，通过多次 24 小时动态心电图检查，终于抓到了发病时的心电图，为短阵房性心动过速，心室率 120 次/分，持续 30 秒即恢复正常。然而，患者在恢复正常心律后仍感心悸、胸闷、头晕、恐惧，夜间不敢一个人睡觉，不敢打球、游泳及做其他运动。为了治病，他去过北京几家知名医院，服用阿替洛尔，觉得有好转，但不稳定，说不定什么时候病又犯了。他每天都很紧张，一直请病假休息，心里很痛苦。

经过双心门诊诊断，医生认为他存在房性早搏伴惊恐发作，给予抗心律失常药物的同时，嘱其服用抗焦虑药物。2 周后他来复诊，自诉症状明显减轻了。现在，他坚持服用抗焦虑药半年，虽仍然偶有心悸发作，但已经没有先前那种恐惧感和濒死感了。

病例 15 患者 46 岁，女性，公司经理。患者因为突然反复发作胸闷、气短、憋气和窒息感就医，医生诊断了冠心病，建议行冠状动脉造影，结果显示冠状动脉三支病变，医生在其前降支和左旋支放了 4 个支架，手术成功。

2 个月后患者再次发作上述症状，复查冠状动脉造影显示冠状动脉病变没有变化，支架通畅。医生说："冠状动脉没事，是神经官能症。"于是患者出院了。

出院后患者症状不但没有好转，反而逐渐加重，导致其完全丧失了活动能力。双心医生根据患者的病史和发病及缓解特点，判断其植入支架后发病为惊恐发作，应配合精神科药物治疗，之后患者症状缓解，不再发作。

4. 精神心理障碍是心血管疾病的独立危险因素

传统的心血管疾病危险因素（高血压、高血脂、高血糖、吸烟、肥胖等）只能解释58%~75%的冠心病风险，这促使医学工作者们推测其他危险因素也参与了冠心病的发病过程。随着医学模式的转变，人们开始越来越重视精神心理卫生在心血管疾病发生发展中的作用。

2003年，澳大利亚国家心脏基金会的专家工作组对已发表的综述进行回顾，评价了与冠心病或急性心脏事件的发生和进展独立相关的社会心理方面的危险因素。最后，以Bunker为首的专家组指出，抑郁是冠心病的独立危险因素，其危险程度与吸烟、高血脂、高血压等传统危险因素类似；社会孤立和缺乏社会支持等也与冠心病的发病及预后相关，它们分别使冠心病发病的风险增加2~3倍和3~5倍，并且与患者的性别及所在国家、地区无关。此外，社会心理因素与传统危险因素常常共存。譬如，由于抑郁常常影响患者对治疗的依从性和对健康生活方式的坚持，所以应给合并抑郁的冠心病患者更多的关注，控制社会心理危险因素可能改善这些患者的临床结果。

5. 中医解双心

中医学认为，人体是一个有机整体，五脏的功能与五志、七情等密切相关。早在2000多年前《素问·灵兰秘典论》中云"心者，君主之官也，神明出焉"，意思是心脏的功能主要有两个方面，一是心主血脉，是指心脏有推动气血在血脉中运行的作用，二是心藏神，神就是指人的精神、意识、思维活动，即心的功能包含了主宰精神、神志、情绪的变化。由此可以看出，古人已经认识到人的精神活动与心脏有密切的关系，从中医的角度看，所有的心系疾病均是双心疾病，而中医对心系疾病的治疗必定兼顾双心。

中医学防病治病历来重视患者的心理和情志的调节。华佗在《青囊秘录》中指出"善医者先医其心，而后医其身，其次则医其病"。中医学在双心疾病的防治方面做了大量工作，理、法、方、药的理论体系也基本完备。因为中医的基础理论认为，在治疗上，在调整心脏气血阴阳的同时，还须配合疏理气机、养心安神等法。诺羽讲，她一直认为症状不骗人，很多患者在吃了她的中药之后症状得到了明显改善，现在临床上常用中医药治疗双心疾病且效果较好的有心律失常（尤其是无器质性心脏病的室性期前收缩或房性期前收缩），冠心病或胸痛待查，年轻人的高血压或更年期高血压等。

例如，心律失常属中医"心悸""惊悸"范畴，临床上常呈发作性，每因情绪波动而发作。《素问·举痛论》中云："惊则心无所倚，神无所归，虑无所定，故气乱矣。"不论病因为何，病机不外乎心之气血亏虚，心阴心阳失衡，或邪热痰火扰心，导致心神失养或心神不宁。在治疗上不论虚实，都会在辨证论治的基础上，加宁心安神、镇惊定志之品，如远志、石菖蒲、酸枣仁、柏子仁、龙骨、牡蛎等。由此可知，中医在治疗双心疾病时是兼顾整体的，组方方便灵活，疗效也很确切。

6. 医源性精神心理障碍

"医源性"一词由德国精神病学家 Bumke 于 1925 年提出，指错误的诊断、反复检查和长期未确诊、错误的治疗以及医生不恰当的言语、表情、态度和行为给患者造成的不良影响，造成患者发生异常的心理生理反应。从狭义上讲，其指因医务人员的语言、文字、态度、行为、医疗水平等处理不当导致患者产生神经症，临床表现为焦虑、抑郁、恐惧、烦躁、头痛、心悸、胸闷、肢体震颤、强迫观念、癔病或疑病，严重者导致机体发生器质性病变。医源性精神心理障碍在各学科都可以见到，尤其在可以威胁生命的疾病学科更容易发生，如肿瘤科、心血管科、神经科等。

病例1、2、3已经涉及这部分内容，接下来我们将着重讨论医患交流，即狭义的医源性精神心理障碍。

"如果不会沟通，你所知道的一切都无关紧要。"

有一次在门诊听医生一边开处方一边对患者说："A药早上吃，B药晚上吃。明白了吗？"

患者答："明白了。"

医生说："你重复一遍。"

患者答："B药早上吃，A药晚上吃。"

于是，医生再一次强调了药物服用的正确时间，并且把相应的内容标注在了患者的病历上。

胡大一医生遇到过一位基本健康状况良好的老太太，她在遭遇了医生要求"家属留下，患者出去"之后，便深信自己身患顽疾，从此研习《钢铁是怎样炼成的》，开始了"战士"的心路历程。

不只是医患交流，沟通有一个规律：我们所说的经常和对方所听到（理解）的意思不完全一致。有一个精神科的例子，虽然极端，但是可以说明问题。

一位患者在问诊结束后问："大夫，完了？"

大夫答："完了。"

后来患者在家上吊，被家属救下，又来就医。

大夫问患者："为什么要上吊呢？"

患者答："你不是说'完了'吗？"

其实类似的情景可能出现在生活中的每一个角落。

有这样一则笑话：A陪同朋友在一个隆冬的清晨到ATM机取钱（两人都没戴手套），恰逢运钞车取款。A问朋友："冻手吗？"于是他们发现几只黑洞洞的枪口已经对准了他们。在警车上，警察问A："姓名？"A回答："蒋英羽。"警察："What's your name?"

有时候,"问题"本身不是问题,关键是交流的双方不在同一"频道"。切记,医生的专业知识不是患者的主观感受。

譬如,患者被诊断为心房颤动。

医生："你的问题不大,对生命没有威胁,预防脑卒中就行。"

患者心想："我太难受了,怎么可能问题不大?医生没说实话,一定是治不了,他才这么安慰(糊弄)我。我肯定会偏瘫,或者不知道什么时候就没命了。怎么办呀?"

> 令人不快的结果

患者可能不接受控制心律的药物治疗,生活质量明显下降,反复发作心悸。

> 解决方案

了解患者的主观感受,尽可能全面、清晰、通俗地针对患者的疑惑给出合理解释,了解患者对治疗的期望值。

病例 16 某位医生,学历很高,副高级职称。一日清晨,其在CCU看一位38岁陈旧性前壁心肌梗死男性患者的心电监护,发现患者夜间频发室性期前收缩(室早)和短阵室性心动过速,因此推断患者晚上一定很难受。然而患者的回答是："我夜间睡得很好。"

同一位医生又看到这位患者的超声心动图结果,发现左心室射血分数(LVEF)只有35%,对患者说："你的心功能很差,活动能力一定欠佳,上二层楼就心慌气短。"结果患者说他可以一口气上5层楼。

后来,这位患者不再找这位医生看病了。

分析：医生诊病,首先要问诊,绝不可把自己的主观臆断强加给患者;

问诊时不要随便打断患者，不能诱导患者按照医生的思路（主观意愿）去描述，也不能不耐心，要倾听患者的主诉，因为病在患者身上。

①住冠心病监护治疗病房的 38 岁前壁心肌梗死患者，夜间心电监护常会见到室早和/或短阵非持续性室性心动过速，这些心律失常大多无症状，高学历医生本人的临床基础知识不扎实，反而把主观的错误推测强加给患者，认为患者会很难受。

②同样，这位前壁心肌梗死患者因有室壁瘤，左室射血分数降低，与患者的症状、心功能分级并不匹配。这位高学历医生又因基本功不过硬，自认为患者不能上二楼。

③这位患者在此次查房后马上办理了出院手续，他感到医生不了解自己的感受，继续住下去不安全、不放心。

医生说的，患者也许听不懂，继而记不住和理解错误。其实，这是存在于内行与外行沟通过程中的常见现象。每每看新闻中介绍先进武器，很多听众都听得糊里糊涂，更别提优异的和不可靠的性能了。

> **解决方案**

（1）医生与患者充分交流，在使用医学专业术语后，尽可能通俗地讲解相关知识。

（2）除非患者或家属询问，医生最好不要"直奔"可能的最坏结果，如猝死。"心脏病能要命"，几乎所有人都知道。

（3）一定请患者复述一遍关键性医嘱。

（4）谈话要有针对性，这个针对性就是针对"面前的患者"。

在《理解医学 做合格医生 构筑心长城》一文中，胡大一医生谈到北大人民医院的一位老教授，他有稳定型心绞痛，诊断没有问题。但是，这位老教授明确说自己不愿意做支架，也不愿意搭桥，希望接受药物治疗。而很多医生却一味劝说这个病变就得做搭桥或者做支架，这是非常典型的答非所问。后来，胡大夫跟他交谈才得知，他觉得自己已经 80 多岁了，在快步走路出现胸疼、胸闷（劳力性心绞痛）时，三五分钟不吃药也能好转；平时工作和活动，不走太快，没有任何症状。他认为接受支架后长期吃阿司匹林、氯吡格雷这两种抗血小板药物，万一出血，风险更大。

★ **掌握患者相关信息，包括患者对治疗的预期（这很重要），医生不能一厢情愿。**

不能强加给患者"要不这么做，你就没救了"的想法。一定要尊重患者，充分考虑患者的价值取向、对治疗的预期结果和最关注什么。欲使患者接受治疗建议，应该客观、详细地比较不同治疗方案的优缺点和疗效。医疗技术是医生用在患者身上的，所以医生一定要考虑：用了这个技术，究竟是对谁好？有没有必要？还有没有更好的选择？简而言之一句话——所用的技术真正给患者带来的是什么。

此外，患者的一些烦恼是源于知识缺乏，或受不正确观念的影响。这时为其答疑解惑、纠正错误想法，可以避免不必要的烦恼和浪费（如心理压力和经济损失）。

★ **当遇到患者的主观感受和客观检查结果不符时，要努力寻找原因，标本兼治，关注患者身心的全面健康。**

患者带着"心脏不舒服"或者不正常的检查结果来心脏科就医，消除症状（找到病因）和明确诊断或除外心脏病同样重要。你跟他说"你没病"，他跟你说"我难受"。其实不只是你认为他"说不通"，他也认为你"没听明白"。

★ **医学发展到今天，仍然有太多的未知，医生当然不能"包治百病"。**

即便医疗行为解决不了患者的全部问题，端正的态度和正确的沟通技巧还是能够带给患者信心和希望，带给医生成就感。对患者适时地鼓励与协助，指出问题的可解决性，并给予支持，使患者感到问题是可以解决的。

四
上医治未病

■ 顾问：胡大一（2021年10月）

"上医治未病。"

胡大一医生非常推崇这个说法。

不少医生好奇"没病怎么治"。

（一）假若昔日重来

还清楚地记得与明天（人物代称）的倒数第三次见面，我见他的脸色呈猪肝般紫红，便对他说："你脸色不对，别喝酒了。"他笑了笑，没当回事。

没过太久，我听说他被诊断为胰腺癌，从门诊直接收住院，很快就做了胰腺切除手术。我当时的第一反应是："这么仓促？多好的医疗资源！他为什么不多做些咨询呢？"近些年有医生喜欢谈缓和医学，讲危重症患者放弃抢救，说这是维护尊严。有道理，但不全面。记得央视新闻频道曾经就缓和医学采访北京某三甲医院的医生。医生讲危重症患者放弃抢救，把医疗资源留给更有需要的患者。更有需要的患者？然而，如此快捷完成的胰腺切除手术……

扯远了。我收到信息，明天非常希望见我。我本来以为他想做最后的告别，没想到他只是要告诉我他后悔没听我的话（尽管就结局而言，我的话并不准确）。我真切地感受到他不愿转身的悲凉……那是我们的倒数第二次见面。

我们经常听到一些烟民"为了烟草不怕牺牲"的高谈阔论。事实又怎样呢？逐鹿根据其多年的行医经历总结，绝大多数的重症患者戒烟非常容易。此时的"亡羊补牢"，还能"未为迟"吗？一些为时已晚也是客观存在的。我知道一些肺癌晚期患者虽然成功戒烟，但生命还是如同烟蒂一般迅速燃尽，他们中的不少人临终时感慨——后悔戒烟。我总感觉这份"后悔"是对曾经美好生活的追忆，他们不舍的不是吸烟，而是人间。因此，有效戒烟干预的早期介入至关重要，即使是针对"我不想戒烟"的情形，有效的引导和正确的方法也是必要的。

假若昔日重来？然而，昔日不会重来……

（二）心脏五环

· 防发病（初级或 0 级预防）。全人群策略，即全民层面的健康促进和健康教育，构建健康的社会环境（如控制 PM2.5 和公共场所无烟管理），倡导健康文明的生活方式，防危险因素。

· 防事件（1 级预防）。0 吸烟，控制和干预高血压、血脂异常、糖尿病、肥胖等危险因素，及时发现靶器官亚临床损害，保持动脉粥样硬化斑块稳定，预防血栓形成，预防急性冠脉综合征（ACS）和脑卒中等可能致残、致死的严重事件。

· 防后果。时间就是心肌，时间就是生命。发生 ACS、急性心肌梗死等严重事件时，建胸痛中心，开绿色通道，及早识别，及早干预，挽救心肌，挽救生命。

· 防复发（康复与 2 级预防）。科学系统地康复和对患者的随访，提供身心全面关爱服务，帮助患者不再重复发生心脑血管事件，减少不必要的反复住院与再次手术，延长寿命，提高生活质量，回归社会。

· 防治心力衰竭。

1. 危险因素学说

在《胡大一医生浅谈心脏健康》一书中，胡大夫讲解了危险因素学说。

1949年，美国的一批医学科学家、统计学专家走进美国波士顿旁边的一个人口相对固定的小社区弗莱明翰（Frimingham），从民间科学界启动，组织了一个非常重要的队列研究——弗莱明翰心脏研究（Frimingham Heart Study），对这个社区的所有居民从出生、成长到死亡（生、老、病、死）进行完整的全程跟踪，跟踪了半个多世纪。

这个研究最伟大的贡献是创立了冠心病危险因素学说，找到了冠心病的发病规律，即冠心病绝对不是病毒和细菌引起的疾病，而是由不健康的社会环境和生活方式/行为导致的多重危险因素相关的疾病。冠心病的危险因素有哪些呢？第一，胆固醇高；第二，吸烟；第三，高血压；第四，糖尿病；第五，肥胖。其中，最确定的是前面3项：胆固醇高、吸烟、高血压。

该研究首先发现，不但危险因素与疾病存在相关性，而且有明确的量效关系，聚集危险因素种类越多和每一种危险因素的程度越重，未来10年心肌梗死、心源性猝死、脑卒中风险越大，年龄越提前。

20世纪的后期，研究人员依据上述相关性做了大量的前瞻性临床试验，比如控制饮食，使用降脂药物特别是他汀类药物降胆固醇（在没有这些药物之前，欧美国家基于胆固醇从嘴里吃进后通过小肠吸收的原理，曾经用过小肠旁植手术离断小肠这种非常残忍的开腹手术来减少胆固醇的吸收）。那么，大家发现了什么呢？无论是通过饮食控制改变生活方式，用手术方式减少小肠对胆固醇的吸收，还是应用他汀类药物降低胆固醇，只要胆固醇降下来了，冠心病就减少了。大家同时看到，用降压药或者少吃盐，只要血压降下来了，脑卒中发病就减少了，冠心病发病也跟着减少了。

20世纪的后50年，最终画好了一个圆——危险因素增加，心肌梗死、脑卒中增多；通过改善生活方式、药物或者手术降低危险因素，心肌梗死、脑卒中减少。

2. 时间就是心肌，时间就是生命——急性心肌梗死的致命性和可救治性

（1）有胸痛上医院：这里我要送大家一句警言——有胸痛上医院。冠心病最常见的表现是胸痛，急性心肌梗死半数以上无先兆，以突发胸闷、胸痛为表现。从血栓形成到血管供应的心肌组织坏死的时间，动物实验是 1 小时，在人身上通常是 6~12 小时。所以，我们心脏科医生最重要的理念是"命系 1 小时"，就是医学上常说的时间窗（即抢救的黄金时间）。抓不住时间窗，患者将付出残疾、死亡的代价。我们要求在最短的时间内开通导致梗死的罪犯血管，在到达医院后半小时内进行，在到达医院后 90 分钟内（甚至 60 分钟内）进行经皮冠状动脉介入（PCI）。倘若能在起病 1 小时内完成溶栓和 PCI，即使用最先进的检查技术也查不到心肌梗死的痕迹。抢救所用药物（如溶栓药）或器械（如支架）的成本是固定的，治疗越早，挽救的心肌越多，挽救的生命也越多。因此，时间就是心肌，时间就是生命，丢失了时间就是丢失了生命。

在临床实践中，我们需要注意一些问题。患者到医院，会碰到不同水平的医生，往往是患者来得越早，临床表现越不典型。看急诊→办手续→交钱→确诊→监护室→导管室，其中有很多消耗宝贵时间的致命的薄弱环节。1995 年，胡大一医生呼吁并建立起心血管病抢救的绿色通道，由心脏专科医生 24 小时候诊，导管室的钥匙直接握在值班医生手中，对患者家属讲明急性心肌梗死的致命性和可救治性，讲明费用，不预收费用，先抢救生命，后补交费用。因为急性心肌梗死患者"命系 1 小时"，中间环节太多，患者的生命就没有了。还要说明一点，"绿色通道"不是"欠费通道"，救了患者的生命，患者感激都来不及，欠费的可能性微乎其微。

"有胸痛上医院"的口号标志着院前急救理念的普及，但还有相当多的患者存在3个认知误区：其一，因为心肌梗死的发生常常在后半夜，患者往往不愿叫醒亲属而等天亮，坐失良机；其二，身体健康的人突发胸痛时，以为是胃疼挺挺就过去了，这一挺把命挺没了；其三，患者在牢记有胸痛上医院的同时，一定要明确尽快呼叫医疗急救电话（120），去有抢救条件的大医院。

（2）呼叫救护车，明显获益：胸痛患者使用救护车可以明显获益，不要自行转运，包括乘坐出租车、由家人或朋友开车，更不能自己开车前往医院。

①急性心肌梗死患者死亡约2/3发生于发病2小时内，很多患者死于到医院之前。救护车上配有必要的抢救器材和药物，是保证患者安全到达医院的最好工具。

救护车转运急性心肌梗死患者时常用的治疗包括：

a. 吸氧。无论有无合并症，急性心肌梗死患者都有不同程度的缺氧。转运途中一般可用鼻导管吸氧，速度2~4升/分。

b. 止痛。剧烈疼痛常使患者烦躁不安，容易扩大梗死面积，诱发心律失常及心力衰竭。

c. 予以硝酸甘油。可舌下含服硝酸甘油，静脉输入硝酸甘油则更好。硝酸甘油可扩张冠状动脉，为缺血心肌增加侧支循环，有利于缓解缺血性疼痛。

d. 予以心电监测和准备除颤器。

e. 嚼服300mg阿司匹林，抗血小板聚集。

②使用救护车转运可引起急诊科医生的重视或通过已有的心电图减少院内诊断时间，从而最终缩短再灌注治疗时间。

（3）溶栓与PCI：急性心肌梗死后心肌坏死的数量是决定患者预后最重要的因素，限制心肌坏死范围的最有效方法是早期恢复冠状动脉血流。急性心肌梗死90%是血栓形成后堵塞冠状动脉导致的。因此，使用药物将血栓溶解使冠状动脉再通，简便可行，能明显缩小心肌坏死范围，降低死亡率。

溶栓治疗适用于发病早期（一般 3 小时内）或者没有条件立刻进行 PCI 的患者。盲目等待 PCI，甚至不惜长距离转运，反而会延误挽救心肌的最佳时机。

①就地溶栓，还是转诊行 PCI？

对所有患者不分青红皂白一律转诊到可行 PCI 的医院，造成很多患者延误了挽救心肌的时机。合理的策略应该是：

a. 对于早期就诊，尤其是 3 小时内，年龄较轻，心肌梗死面积较大（如广泛前壁心肌梗死）的患者，如果没有溶栓的禁忌证，应选择在当地医院尽快溶栓，再择期行 PCI。

b. 对于就诊较晚，年龄较大，梗死面积小（如下壁心肌梗死）的患者，可选择转诊行 PCI。

c. 如有行急诊 PCI 条件的医院没有配备 24 小时在医院待命的 PCI 团队，也难保证 D2B（从医院门口到第一次球囊扩张）时间达到指南的要求，此时仍可选择"先溶栓后 PCI"的策略。

②急性心肌梗死患者在经过溶栓治疗后，是否应该行 PCI，以及何时进导管室？

a. 原则上，溶栓治疗开通罪犯血管的成功率最多能达到 70%。只要判断溶栓失败应立即行冠状动脉造影并开通罪犯血管，可最大程度挽救尚存活的心肌。

b. 对于溶栓成功的患者，可在 24 小时内行冠状动脉造影，常规进行血管造影的评价并据此进行恰当的血运重建治疗，但不宜过早。（患者可在溶栓后转诊，并在转诊的第二天进行血管造影。）

常用的溶栓药物有尿激酶、阿替普酶（rt-PA）等，发病 6 小时内溶栓再通率，尿激酶为 50%~60%，rt-PA 为 60%~70%。溶栓越早，再通率越高，心肌坏死范围也越小。发病超过 6 小时，溶栓的再通率很低。rt-PA 虽然再通率高，但价格昂贵。

近期有脑血管病、出血性疾病和高血压的患者不宜采用溶栓疗法。

3. 心脏康复 / 二级预防

已经获救的心肌梗死或脑卒中的存活者，是再发心血管事件的极高危人群，最重要的是二级预防（防复发）。0 级预防是没危险因素时防危险因素，一级预防是防发病（即防冠心病和脑卒中），二级预防是患者已经发病（冠心病或脑卒中）防止"二进宫"。充分的临床试验证据表明，二级预防的 5 个方面即 A、B、C、D、E 防线具有重大意义。

A：Aspirin（阿司匹林）；ACEI（血管紧张素转化酶抑制剂）

B：β-blocker（β- 受体阻滞剂）；Blood pressure control（控制血压）

C：Cholesterol lowing（降胆固醇）；Cigarette quitting（戒烟）

D：Diabetes control（控制糖尿病）；Diet（合理饮食）

E：Exercise（运动）；Education（患者教育）

这个二级预防提倡"双有效"，即有效药物和有效剂量。现在不少患者担心"是药三分毒"，顾虑长期服用处方药的副作用，反而追求各种各样"没有"副作用、作用也不确切的"药品"或保健品；还有一些人虽然服用了对症的药品，却剂量太小；还有相当一部分患者第一次发病后，经过成功抢救，就"好了伤疤忘了疼"，不按时复诊，也不吃药，这很危险；还有的患者嫌用药麻烦，吃吃停停、停停吃吃，不但效果不好，而且危险。

二级预防的 5 个方面性命攸关，每个方面有 2 个内容，都非常重要，每一位患者都要逐条逐项严格去做，并持之以恒。需要二级预防的患者应遵循这 5 个方面，对自己的病情和病程进行自我管理，不妨做一个健康档案，每天写健康日记，探寻自我健康的规律。已经患冠心病、脑卒中或做过支架 / 搭桥的患者要定期到医院或社区复查，"有事报病情，无事报平安"，获取防病指导。孩子们孝敬需要二级预防的双亲，就去监督他们的预防措施是否到位，监督他们按时、有效服药，有效锻炼，有效控制危险因素。医务工作者们应积极推动我国医疗服务体系的改革，建立完善的心脏康复与二级预防整合化一的管理服务平台。

★ 提示

①患者应避免饱餐、大量饮酒、过度劳累、精神紧张、情绪激动、突然的寒冷刺激等冠心病诱发因素。

②对于冠心病（包括心肌梗死和心绞痛）患者的二级预防，戒烟、控制血压和血脂特别重要。

4. 构筑心脏健康的最后防线

（1）预防心力衰竭。

问：心肌梗死后患者在规范服药的情况下，心力衰竭可以延缓多少年？

答：心肌梗死后心室重构大约要一年，但并非人人都会发生，如果没有发生，将来再出现心力衰竭的可能性较小。心肌梗死后的规范化治疗就是为了减少重构的发生。

（2）阻断心肌重塑，降低死亡率与住院率。

心力衰竭是各种心脏疾病发展到终末阶段表现出的一种临床综合征，防治心力衰竭成为拯救心脏疾病患者的最后防线。从20世纪末开始，人们对心力衰竭的发生发展机制有了新的认识，经过实践探索，证实了某些药物对心力衰竭具有以往意想不到的疗效。因此，心力衰竭的治疗策略发生了重大变化，从单一地以改善患者症状为目的的治疗，发展到全面评估病理生理状况，通过抑制神经内分泌的激活，阻断心肌重塑，改善患者长期预后，提高患者存活率。慢性心力衰竭治疗已经从短期血液动力学、药理学措施转为长期的、修复性的策略，目的是改变衰竭心脏的生物学性质。心力衰竭的治疗目标不仅是改善症状、提高生活质量，更重要的是针对心肌重塑的机制，防止和延缓心肌重塑的发展，从而降低心力衰竭的死亡率和住院率。

在 21 世纪，心力衰竭不再是顽症，许多患者得以康复。只要医生和患者共同努力，选择好正确的治疗方法和药物，坚持治疗，心力衰竭患者的前途是光明的。

（三）治未病

先天性心脏病

大家是否想过救治疾病的最好办法是减少发病？抓好基层的宣传教育、优生优育，明确基层妇女联合会（妇联）和卫生系统的职责，让女性在整个孕期得到持续有效的监测，都有助于把先天性心脏病（先心病）的发生率降到最低，尽可能地避免给深爱孩子的父母带来终生无法弥补的缺憾，也符合投入少、社会效益好的经济核算原则。

如果母亲在孕期能够得到全程监测，胎儿畸形的检出率自然较高；婴儿出生后从病房到门诊能够得到定期的超声检查，先心病的检出率几乎可以达到 100%。越早明确病情，选择治疗时机、制订治疗方案的空间就越大，治疗的效果也越好。相反，有些患者没有定期体检，因为感冒发烧就医，医生才发现其有心脏杂音而疑诊为先心病；由于多数先心病没有症状，身体条件较好者几乎没有被诊断的机会，一旦出现症状再去医院大多已经出现了严重的肺动脉高压或者艾森曼格综合征而错失了治疗时机。

病例 1 心内科住院患者，老年女性，有冠状动脉肺动脉瘘，全心衰竭，以右心衰竭为主，黄疸，全身浮肿，服用大剂量利尿剂后浮肿可好转，但利尿剂的剂量逐渐加大。因为疾病，患者精神比较紧张，也总有一些身体不适（包括胸闷、浮肿），总是反复询问医生一些问题，精神状态不稳定，后由精神科医生诊断为"重度抑郁",心内科主治医生认为该患者多数症状由抑郁引起,让患者出院去治疗"抑郁"。

> 从沐林提供的以上病例中,大家得到了什么启示吗?

该患者有明确的躯体疾病,已经被确诊为冠状动脉肺动脉瘘,该病患者可以出现胸痛、胸闷等症状,也可以发展为心力衰竭,出现喘憋、水肿等症状和体征。手术治疗可以从根本上去除心力衰竭的病因,药物治疗可以缓解症状。这些都是有效的治疗方法。但是,如果不采用手术治疗冠状动脉肺动脉瘘,仅依靠药物缓解症状,随着疾病的发展治疗难度越来越大。在这个过程中,患者会感觉疾病越治越重。老年瓣膜病重度主动脉瓣狭窄和儿童先天性心脏病患者开始都不愿意做手术,毕竟是开胸手术,在患者看来会"大伤元气"。而且,在心力衰竭早期,用很少量的利尿剂就可以使水肿消退,胸闷症状减轻。患者便以为该疾病不需要做手术,能"扛"就"扛",实在不舒服,便随便找点对症治疗的药物。这些药物在疾病初期确实可以暂时缓解症状,促使患者认为医生在夸大病情,几元钱可以"治好"的病为什么要花几万元去做手术,而且是开胸手术。患者在感情上难以接受,从而怀疑医生的诊断甚至医德。这种想法可以使患者"愉快地"度过几年时间。

随着症状发作愈发频繁,药物控制越来越难。患者又会走向另外一个极端,认为疾病已经发展到终末阶段,没有治疗方法了,整天诚惶诚恐,甚至有濒临死亡的想法。促使患者反复就医,要求长期住院治疗。特别是当病情有变化时,例如休息不好导致心率加快、心律不齐,或药物调整期间出现喘憋加重、水肿加重等情况都是正常现象,是疾病治疗康复中一种自然过程,并不代表治疗的失败,医生往往会忽视这些变化,没有对患者进行过多解释。但是,患者会往"深处"想象,认为疾病发展到了更严重的程度,反复询问医生,要求对其身体的每个变化做出详细解释。有些细心的患者,还把症状的变化、血压和心率等各种监测参数详细记录，同时附上每日服用多种药物的清单和在各家医院做的心电图、超声心动图、计算机断层成像（CT）等各种检查结果，要求医生认真分析病情。而医生往往重点看几个关键数据，对其他检查一带而过。医生轻描淡写地回答经常不能令患者满意。患者或认为医生不负责任，或认为医生在隐瞒病情，于是反复就诊，到多家医院咨询，这也加重了紧张情绪，导致患者感觉症状越来越重。

这种恶性循环会带来一系列的不良后果：

（1）诱导医生忽略疾病的真正变化。

当这些症状加重难以用躯体疾病解释时，医生可能不再仔细检查、分析其原因，而是简单地认为患者有焦虑、抑郁等精神障碍，要求患者到精神科就诊，采用抗焦虑、抑郁的药物缓解症状。如同"狼来啦"的故事，确实患者由于疾病进展而出现的症状加重也易被忽略，从而错过最佳治疗时机。特别是同时伴有精神障碍的患者，病情变化不一定都是精神障碍所致，不能忽略每个症状的变化。

（2）患者为了引起医生的重视，夸大症状。

症状是带有主观色彩的感受，当患者过度关注身体变化时，会提高对症状的敏感性，甚至"诱发出"本不存在的症状。对这些症状的描述会干扰医生的诊断。另一方面，当医生忽略这些症状时，患者又会想到疾病已经发展到无可救药的程度，失去对医生的信任，甚至增加医患矛盾。

病例2 2012年1月18日上午11：30，一位中年女性患者来胡大一医生的门诊看病。

诊断是心律失常（室性早搏），患者心脏没有器质性疾病，属于良性早搏。患者目前的心功能非常好，完全没有猝死的风险。

患者一进门就递上一封介绍信说："胡大夫，我的病怎么看也不好，您的学生推荐我来找您。

我今年52了。30多岁时患乳腺癌，通过手术、化疗治愈。40多岁时患子宫肌瘤行手术切除，也挺过来了。平时没有心脏方面的毛病，血压、血脂、血糖都不高。

从去年开始，我有时候会感觉心慌、心突突地跳，还容易累。要是赶上心情好，家里没什么可操心的，我就没事儿。到医院检查，医生说我有室性早搏，每天最多时可以达到3000次。可把我吓坏了。

听大夫说室性早搏是早搏中最重的一种，一般都是心脏病重的时候才有，死亡风险很高。我这么多早搏，心脏病肯定很重了，以后怎么办呢？

我曾经吃过美西律，后来听别的大夫说美西律可以导致死亡率增加，就不敢吃了。

今年年初我住院，做了超声心动图、动态心电图、抽血化验。结果这回大夫说我的早搏不是心脏病引起的，心悸和早搏可能和情绪应激有关，没有大问题。医生给我开了帕罗西汀，让我一天口服1片，抗焦虑的，说是观察一下效果。

我吃了一个月的帕罗西汀，病情稳定下来，心悸没有了，早搏也少了。可是我担心帕罗西汀的副作用，怕把脑子吃坏了，就把药停掉了。近一年一直靠吃中药和通经络治疗。

这段时间家里有事儿，我又开始心悸、胸闷、憋气，动态心电图显示室性早搏达到每天10000次。发作的时候还出汗，胳膊、腿也没劲儿。去找原来给我看病的心内科主任，这次他还是给我开了美西律，让我继续吃中药、通经络治疗。我都照做了也不见好。我晚上睡不着觉，主任还是开的帕罗西汀。吃了一周没好转，我就把药停掉了。

知道了里外里是怎么回事儿，我心里敞亮多了。原先我老担心这些事情，弄得自己紧张兮兮的，心情特别不好。既然我的心脏没事儿，回去再吃一段时间那个抗焦虑的药，不舒服再来找你们。"

重点：这个病例之后，诺羽的视频科普讲座"更年期可能引发的各种错觉"应运而生，希望帮助大家更好地度过人生的这个特殊阶段。我们的目的不是忆往昔，譬如瑞露更年期开始血压升高，如今70多岁的她坐实了高血压；或者纠结于以上患者曲折的就医过程（总算有个圆满的结局）。我们的目的是尽可能解决未出现的问题，即妥善干预更年期可能出现的各种症状，如果可以，避免其发展到"症"，或者及时、积极治疗以促进健康演进。

病例3 洛祺的舅舅支架植入术后出院两个多月了，这期间，他在原来做手术的医院复诊/康复。在住院期间，洛祺第一次去探视，舅舅见到亲人顿时眼泪就下来了，于是洛祺被"轰"出去了，理由是她让患者过于激动。舅舅出院后复诊，询问能否在同一位医生处定期复诊，得到的答复是"办不到，因为医生们都太忙了"。

洛祺不明白为什么她舅舅出院后总是查血生化全项，前后复诊的处方不一样，应该以哪张处方为准。"我一直都在固定大夫处就诊，那些大夫的病人可多了，他们可忙了。"洛祺说，"医生不得替人看病吗？没时间看病人，他们在忙什么呀？"

最让洛祺担心的是患者情绪逐渐变差，时不常因为就医和疾病与家人争吵。她又看到了一组问答。

问：心肌梗死后患者在规范服药的情况下，心力衰竭可以延缓多少年？

答：心肌梗死后心室重构大约要一年时间，但并非人人都会发生，如果没有发生，将来再出现心力衰竭的可能性较小。心肌梗死后的规范化治疗就是为了减少重构的发生。

于是，洛祺带舅舅来到了诺羽的门诊。两人事后感慨，诺羽把疾病从头到尾都讲清楚了，包括每项检查的目的是什么，心里就不着急上火了。其实，舅舅见到洛祺就哭，也是因为吓的（舅舅自行到医院就诊，被告知"你不能回家了，必须立刻住进 CCU，否则后果自负"）。诺羽还综合考虑了舅舅的免疫系统疾病。

总之，结果皆大欢喜。舅舅虽然还是一贯的急脾气，但转诊之后除了按医嘱检查、服药和复诊外，不再把疾病和就医挂在嘴边儿了。其实，诺羽基本沿用了上一家医院最后的那张处方，同样的处方带来的是截然不同的疗效。

时间终于来到了支架植入术后一年，满怀希望可以减药的舅舅却沮丧地迎来了"噩耗"——药没减成。诺羽当然对此做了解释，可是舅舅没太听明白，好像是支架内有血栓。

"没关系，我感觉还是不错的，没有不舒服。"舅舅心想，"听医生的，没错！"

洛祺聊起舅舅的就医"轶事"总是津津乐道："舅舅每次找诺羽看病后总会向我'报告'，然后愉快地聊几句。他看别人吃中药自己也想吃，前前后后开过好几回中药，每次都因为药苦半途而废。现在看到天天的治疗效果这么好，他又准备吃中药了。"

讨论：这个病例包含了几层治未病？

第一层治未病很明显应该是心脏康复/冠心病的二级预防。

第二层治未病是防治心力衰竭，即心肌梗死后的规范化治疗减少心室重构的发生。

第三层治未病应该是阻断了患者精神心理障碍的形成，促进了其心脏健康和精神心理卫生的良性互动，避免了可能发生的不理想的疾病转归。

病例 4 路文近期血压升高了。他以前也有类似情况，一段时间血压上升了，过些时候血压又正常了，经多方诊治，没有找到原因。这一次，路文有信心战胜这个"顽疾"，因为他挂到了胡大一医生的号。

胡大夫经问诊发现，路文每次血压升高期间工作量都有大幅度增加，而且他平时缺少运动，脂肪和盐也摄入过多。

胡大夫先是处方了降压药物，解决现阶段血压升高的问题；接着对路文讲他的血压升高和工作压力有关，还开导了他一番；最后指导路文采取健康的生活方式，从源头控制高血压。

路文很高兴自己没有真正意义地得病，他鼓励自己：原来我的血压高是可逆的，医生没有诊断高血压，从现在遵循健康习惯，我还是健康人。

讨论：临床决策有时候能够决定病情的进展方向，是帮助患者回归0级预防（无危险因素防危险因素），还是使其真正进入1级预防（有了危险因素防发病，如急性心肌梗死或脑卒中）。

病例5 天天肯去找诺羽看高血压，洛祺也算是费了千辛万苦，因为天天惧怕吃药，也难怪，她才21岁。

诺羽没有直接开天天认为恐怖的"是药三分毒"的西药处方，她也认为21岁的年轻女性还是首选通过改良生活方式完善健康指标，并配合中医治疗。其实天天不只有血压高，但是其健康问题成因复杂，"简单粗暴"的药物干预不但治标不治本，反而不利于日后的方方面面，既然目测便可探知一二，加之中医的诊断方法，因而天天连验血要扎的那些针也暂时免了。当然，诺羽的话是撂下了，一切视效果而定，疗效不理想，检查和治疗自会逐步升级。

讨论：记得前几年朋友圈"炸锅"，大家说"一夜间自己变成高血压了"，纷纷发问"我国人群的高血压该如何界定"。原因是美国的指南改了，把高血压的诊断标准下调至120/80 mmHg。

其实除了按照诊断标准"下药"，关注人们的健康状态可能也是一个视角。胡大一医生讲"五个处方"，循证用药、戒烟、营养均衡膳食、科学规律的有氧代谢运动和关注精神心理卫生。

提问：心肌梗死后血压不高了可以不吃降压药？（错误）

回答：心肌梗死后的血压下降通常是由于心脏的收缩功能减弱，泵血的力量小了，患者对血压的控制和监测不能掉以轻心。此外，很多"降压药"，如 ACEI、血管紧张素受体拮抗药（ARB）、β受体阻滞剂和利尿剂等，除了降压以外，还可改善心肌梗死后患者以及心功能不全患者的长期预后。总之，患者按照医生处方，坚持服药，并及时把服药过程中出现的不适感与医生沟通，医患共同完善治疗方案可以达到最好效果。

病例 6 洛祺是一位自身免疫病患者，因遗传因素，其别无选择。没有任何疾病比自身免疫病更凶险了。自身免疫病会慢慢侵蚀人们的身体，导致功能损伤，常常难以治愈。"堡垒最容易从内部攻破"，人的身体存在着攻击自身组织的武器，那么在这场与疾病的斗争中，患者基本上注定了失败的命运。

讨论：如此这般，如何治未病呢？

洛祺通过有效治疗和愉快地就医对生活充满了信心。她说："我感觉自己现在挺好的……"她在免疫科和中医的配合治疗下，信心满满地对自己的寿命预期是 60 岁；后来她在诺羽处治疗高血压和肺动脉高压（自身免疫病的并发症），反而把自己的预期寿命延长了，"也许能到 70 岁？"洛祺满怀憧憬，"再过一年，天天就毕业了。再过几年，我就领退休金了。我们的生活会越来越好的。"

五
生命网

■ 顾问：胡大一（2021年11月）

（一）"生命网"

据大家回忆，"生命网"最初作为冠心病二级预防模式，主要针对急性心肌梗死、心绞痛以及接受经皮冠状动脉介入治疗（PCI）和冠状动脉旁路移植术（CABG）的冠心病患者，以减少再次心血管事件的发生或血运重建术的需求，随着发展逐步扩大到了冠心病高危患者的一级预防。按照"生命网"的要求，医生要跟踪冠心病患者及冠心病高危患者的治疗方案，随访出院患者，评估治疗率及改进对患者的教育。

"生命网"的基本运作形式是：

（1）患者入院后48小时内在病房内由护士动员患者入网，院内启动包括危险因素评估和戒烟、调脂在内的规范化干预。

（2）患者出院后转到"生命网"门诊继续随访，门诊随访至少在实施规范化方案以后1个月、3个月和6个月进行，内容包括医生评估健康状况，检查服药和达标情况，监测药物不良反应（如氨基转移酶、心肌酶等），解答咨询，登记资料。

（3）定期举办"生命网"讲座，针对性地普及冠心病防治知识。

（4）建立其他各种形式的联系，采用信函、电话、贺卡与健康俱乐部等形式，强化患者的依从性。

2017 年，我们邀请"生命网"门诊的负责医生以"生命网"为专题做微信直播。但他告诉我们，没有"生命网"了，只剩下医生们被组织去各处讲课。"太可惜了！"他说，"以前大家都羡慕'生命网'门诊有那么多患者，而且患者的治疗依从性和效果确实好……"

（二）健康管理

健康管理即对个人或群体健康状况及影响健康的危险因素进行全面连续的检测、评估和干预，以促进以人人健康为目标的新型医学服务过程。

胡大一医生用坐标系表述**心脏五环**[时间轴——防危险因素（0级预防）、防事件（1级预防）、防后果（科学合理紧急救治）、防复发（康复与2级预防）和防治心力衰竭]与**五个处方**[干预轴——循证用药（药物处方）、戒烟、营养均衡膳食（营养处方）、科学运动（运动处方）和精神心理卫生]。几乎每一位患者都能在这个坐标系中找到相对应的位置。医生标注出患者每一次复诊时所在的坐标点，将每一个坐标点连接成线，如此就可以"对该患者的健康状况及影响健康的危险因素进行全面连续的检测、评估和干预"了，促进了患者的健康，也确实完善了"服务过程"。患者也可以通过上述方法进行自我健康管理。

至于"人群"，不积跬步无以至千里，医生个体力所能及的首先是自己接触到的患者群，从具体的医患沟通开始脚踏实地进行健康管理。

（三）编织生命网

1. 个人

如何延缓和减少发病，巩固血管开通的效果，预防疾病复发，减少意外死亡和延缓疾病进展，提高患者的全面身心健康？我国的医务工作者从未间断过努力。例如，对救治成功的心肌梗死患者进行系统管理，把二级预防与康复相结合，不但重视躯体的康复，也重视患者的精神心理卫生，即心脏的综合康复。

诺羽设计了一份《患者健康信息跟踪表》，胡大一医生请志远帮忙制作了数据库模板。这么做的原因是诺羽坚持收集复诊患者纸质的病例资料，越积越多之后发现一是没地方存放，二是无从下手了。

怎么会有这么多的病例资料？一些患者的治疗依从性很好，固定去诺羽的门诊定期复诊。

诺羽记得她的患者，了解他们从就医伊始到当前的相关健康信息，为他们提供连续的医疗服务。患者的健康状况之于诺羽是"看得见、摸得着"的，不仅是一本本"字迹凌乱"的病历本。

诺羽的患者也信任她，他们规律复诊，原因之一也许是他们相信诺羽了解其病情和相关健康状况，与其另找他人从头开始（包括"艰难"的医患交流），不如"轻车熟路"。

诺羽说她感觉已经形成了和患者之间的长期良性互动，医患双方都能感受到实实在在的温暖，诺羽在患者的主动回归中感受到善意，患者也不会在一次性地慕名而来之后不知所措，并且通过良好的治疗依从性，产生更优的治疗效果，从而树立康复的信心，进一步促进健康的改善，构成良性循环。

事实上，每一位医生都在编织一张张生命网，因为总要看病（人）。就以当下如火如荼的心脏康复（中心）为例，其中心词到底是"心脏康复"，还是"中心"？

冠心病的二级预防从患者下手术台就已经开始了。诺羽说她的很多患者是从CCU出院后来复诊的，经历了很好的心脏康复历程，她们医院没有心脏康复中心。

心脏康复五个处方的绝大部分不需要被限定在某一特定场所，很大一部分也不可能被限定在某一特定场所，例如规范化药物处方，一定是医生开具处方（出院带药和随后的门诊开药）后，患者回到家中按医嘱（有效药物、有效剂量、有效时间）服用，定期复诊，医生跟踪药物疗效和及时做必要的调整，戒烟、营养处方、运动处方和精神心理卫生也都是在患者住院期间就已经开始了的恰当适时的干预，之后随患者复诊跟踪随访以完善治疗效果。

心脏康复中心为心脏康复患者提供固定的就医场所，是好的，也确实能满足了一些特殊需求，比如心肺评估后的运动康复课程。

大家先跳出自己的领域，看看参与运动健身的不同人群的区别。除去选择静息生活方式的人和各级专业运动人员，参加运动的人中，有很多选择户外运动，其中绝大多数选择无花费运动；一部分人选择去健身房；一部分人选择健身房提供的更为昂贵的私人教练服务，这部分人在规律运动人中是少数；一部分人选择各种特长班（如游泳、舞蹈），这部分人更明确、更局限……

有时听人委屈地向胡大夫"告黑状"说他们不做心脏康复，因为没成立心脏康复中心。心脏康复？还是心脏康复中心？这不是选择题。唯一的题干是"患者的健康促进需要怎样的医疗干预"。记得在"胡大一心脏健康论坛——心脏康复论坛第一期"中，一位医生讲到自己医院内的心脏康复小组组织、集中不敢运动的心脏病患者做运动康复训练，矿泉水瓶就可以成为运动器材。所以，重要的是医生发挥各自的聪明才智，根据客观环境（如医院的面积、领导的态度），创造性地解决实际困难，为患者的健康保驾护航。一定要考虑清楚，在规定的课程之后，患者可以获得怎样的长期获益，如掌握运动方法、学会在保证安全的前提下运动、识别不良反应和学会应急处理。

有的时候大家也会听到心脏康复中心的工作人员诉苦。他们知道心脏康复中心的立意非常好，但是前期投入势必造成院领导关注效益，"祸不单行"的是在公立医院很多项目不能正常收费，而所有的成本又客观存在，工作人员的积极性也不高。有的心脏康复中心每年可以得到行政主管部门的一些科研经费，然而上级指定的课题似乎和临床有些距离。

无论如何，生命网无时无刻不在编织，绝不需要以"挂牌"作为标识，器械购置和人员配套也并非前提条件。

2. 系统

医生个体当然无法解决全部问题。在患者被成功救治后，立即由经过培训的医生或护士去评价患者的心血管疾病危险因素，指导家属帮助和监督患者戒烟、控制高血压/糖尿病/血脂异常；对这些患者进行系统随访、教育；培训社区医生及时掌握心血管疾病预防与康复最新的观念和措施，实现大医院与社区的互动；搭建全新的针对心肌梗死患者的"患者—院外急救系统转送—院内胸痛中心+绿色通道—随访+心脏康复二级预防—社区互动"的"五环服务模式"。

第一个环节是加强健康宣传教育，让患者有行动上的意识，能够意识到"时间就是心肌，时间就是生命"和"有胸痛，上医院"。第二个环节是完善院外急救系统，实现有序、快速地转送患者。第三个环节是希望全国能有更多的医院规范组建"胸痛中心"和开设"绿色通道"，争取在最短的时间内开通患者被血栓闭塞的冠状动脉。第四个环节是患者得到成功救治以后，在展开康复治疗的同时，医生对其危险因素进行调查、评估，实施积极的干预措施，促进患者的全面身心健康。第五个环节是作为社区的一员，我们都有责任去推动社区发展，培养和提高社区医院（卫生服务中心）的医疗水平，实现社区医院与大医院诊治的无缝对接，使患者在家门口就可以享受到快捷、贴心的高质量医疗保健服务。我们认为，应该强调针对患者的医疗卫生服务是系统（链状）服务，而不是点状服务。

随着生命科学的进步与发展，人类社会对疾病与健康的认识已经提升到了一个很高的水平，单纯的生物医学模式逐渐转变为生物—心理—社会医学模式。世界卫生组织（WHO）在成立之初就指出，健康是个体在"身体"、"心理"以及"社会功能"3个层面上均维持良好的状态，而不仅仅是不生病或不虚弱。譬如职业康复，其目的是评估患者返回工作岗位是否安全，帮助患者加速恢复就业能力和保持继续工作的能力。恢复工作（劳作）是一个重要的康复目标，可以帮助一些心脏病患者重新找到自己在社会（功能）中的定位。有人认为"工作"是针对恢复期心脏病患者的一种心理治疗手段，也反映了患者身体的康复情况。

3. 患者

程枫说，诺羽并不是记得每位患者的所有情况。我说他要求得太多了，记自己一个人的健康日记，有的放矢地与医生交流，恐怕是更合理且更有效的逻辑。程枫说他想表达的是很多患者没有自我健康管理的意识，他自己在这方面做得很好。

医疗卫生服务永远不是医生的"单边行为"，患者和家属同样在编织着"生命网"。

胡大一医生的诊室里发生过一个充满亲情的故事。一位老人患了心房颤动，治疗成功，预后良好，可就是无来由地认为自己得了不治之症，一门心思想自杀。他老伴儿吓得成天提心吊胆，不敢让他离开自己的视线。老太太没有抱怨，她时常开导老人，鼓励他走出家门、多与社会接触、重新面对生活。在老伴儿的鼓励和陪伴下，老人去过好几次胡大夫的门诊。胡大夫从疾病和生活的角度与其探讨。终于，自杀的念头从老人的头脑里被清除了。

无独有偶，另一位患者因为早搏非常苦恼，甚至想到用自杀来解脱。他的家人与胡大夫不断交流，让患者意识到家人始终同自己在一起，疾病没什么可怕的，从而成功打消了老人的消极念头。

4. 生命网——医患共同编织

以下是一位医生提供的两个病例，可以进行对比。

这位医生说她在临床上遇到很多患者表示特别希望得到精确的医疗指导，然而有时候患者只知道手术后的药物治疗，不知道更好、更合理的治疗手段可以帮助心脏康复。

病例1 有一次医生在门诊遇到一位老先生，他60多岁，20多年前得了心肌梗死，接受了支架和搭桥手术，并且因为心力衰竭安装了具有除颤功能的三腔起搏器，但是他的心功能仍然"直线下降"，反复发作心力衰竭，每年至少住院1次。

医生见到这位患者的时候非常想帮他，希望应用现有的医疗手段能够使他生活得更好一些，至少不必每年都住院。于是问患者知不知道心脏康复："我有一些治疗方法可以帮助你，让你比现在感觉更好。"

然而患者回答："我现在已经很好了，你只要告诉我怎么用药，需不需要进行药物调整，其他的我都不需要。"

医生继续问："你现在是怎样的生活状态？"

患者说："我每天三顿饭吃得都挺好的，偶尔天气好的时候出门遛弯，平时在家待着。"

医生询问患者的兴趣爱好。患者说自己没什么兴趣爱好，也不想出去。

最后，医生还是向患者介绍了她的想法和药物治疗之外的调整方法，患者表示希望维持现有治疗，不想接受心脏康复。医生当然尊重患者的意见，可是事后还是反思自己是否没有讲清楚什么是心脏康复以及它的好处，也很遗憾没有帮到这位患者。

病例2 与前面的患者不同，这位患者通过心脏康复治疗已经恢复得非常好了。

这位患者是一位中年男性，不到50岁，发病前很有干劲。初见他时，医生很诧异，患者年龄不大，却坐在轮椅里，由妻子推进诊室。医生的第一感觉是患者有脑血管意外留下了残疾，后来通过交流发现患者没有脑血管病，只是因为心肌梗死之后反复发作心绞痛，不敢走路了。看得出，患者自己很着急，希望能够找到更好的方法尽快好起来。

患者的病史有2年，最初因心绞痛就医，做了冠状动脉造影，发现有陈旧性前壁心肌梗死。考虑到患者年纪轻，接诊医院和患者都积极主张打通闭塞血管。但由于心肌梗死发生的时间比较长，血管狭窄的部位很硬，支架没有植入成功，继而做了搭桥手术。之后的1年，患者情况比较好；但1年之后桥血管闭塞了；再植入支架，还是没有成功；再后来，患者自述反复发作劳力性心绞痛。

劳力性心绞痛：不活动，没问题；一活动，即使走得很慢，患者也会有心前区疼痛。有过心绞痛经历的人更能理解这种感受，一活动，心前区闷痛、火烧火燎地疼或者压榨疼……每个人的症状不尽相同；一停下来，症状缓解。从性质上来讲，劳力性心绞痛一般是稳定型心绞痛。

供应心脏的血管狭窄，一活动，心脏供血不能满足心肌的需求，心肌出现缺血、缺氧，引起胸痛。虽然这种情况不致命，但由于一活动就胸痛，患者因此不敢活动，只能在家休息，不但不能做原先的工作，甚至不能独立生活，看病、购物都要人陪同。患者希望改变现状，故而积极求医。

★ 了解这些后，医生想到的方案是心脏康复。进行心脏康复之前，医生对患者进行了评估。

（1）问诊：前面谈到的患者现状也是通过问诊得到的。此外，患者有高血压病史，心脏发病后，患者的治疗依从性非常好，就医时血压控制得很好；没有糖尿病和高胆固醇血症病史；以前吸烟、饮酒，现已戒烟、戒酒。影响其活动的因素除了稳定型心绞痛外，关节没有问题，没有脑血管意外和偏瘫。实际上，患者是可以进行活动的。

（2）危险因素（体格检查和实验室检查）：患者血压 120/70mmHg，心率 70 次/分，血脂、血糖和肝肾功能都正常，只是腹围有些大，是腹型肥胖。

（3）心理评估：医生通过访谈发现患者有轻度焦虑。疾病状态、不能外出和缺乏社会交往导致焦虑情绪，这是可以理解的。

（4）运动习惯评估：医生通过健康调查简表（SF-36）和沟通了解到患者作息非常规律，日常生活有点受限，长期在家休息，以车代步（只要出门都坐车，包括刚刚提到的进诊室也是坐轮椅）。

（5）饮食习惯：医生通过量表评价发现患者发病后饮食结构较合理。

（6）超声心动图检查：射血分数为 58%，左室前壁室间隔下段心尖部运动有点减弱，与患者之前的陈旧性心肌梗死相关，但问题也不大。

➤ 超声心动图：可以明确心室、心房的大小与心脏的收缩功能。

（7）心肺运动试验：心脏康复评估中很重要的工具。通过心肺运动试验的评价可以得到患者的心肺储备功能和最大摄氧量（可以反映身体吸收和利用氧气的能力）的变化。

➤ 摄氧量：为什么重要？人体每一天的每一刻都在吸入氧气，氧气进入肺和心脏，再通过血液被输送到外周组织，细胞摄取氧气进行代谢，代谢产物最终通过尿液、胃肠道、皮肤排出体外。

➤ 心肺储备功能：即心肺的"抗打击"能力，是判断预后（风险高/低）的重要指标就像"养兵千日，用兵一时"的"兵"。静息状态下，人们通常没有感觉。一旦"打击"来临，心肺储备功能好的个体抗打击能力强；相反，有些人没有强大的储备，比如静息状态下的摄氧量是 16mL/（kg·min），运动后摄氧量是 20mL/（kg·min），只增长了 4 个数值，说明心肺储备功能低，如果遭遇打击（如心肌缺血、心肌梗死），出现心力衰竭和心源性休克的风险就会增加。

（8）协调性和平衡性评估：单腿站立是简单易行的评估方法。大家感兴趣可以试一下自己能够单腿站立多长时间。这位患者单腿站立的时间很短，左腿5秒，右腿6秒，说明平衡性非常差。也没有办法走一字步。人们可能认为走一字步很容易，但当身体机能下降时，就无法走一字步了，因为一字步、单腿站立等平衡性练习体现了肌肉的力量以及肌肉和大脑的协调配合能力。假若神经和肌肉之间的协调能力与肌肉力量下降，长此以往，不但影响生活质量，反过来也会使身体机能和心肺功能进一步恶化。

（9）询问患者的愿望：患者希望控制心绞痛，提高生活质量，避免病情恶化（例如不再发生心肌梗死和其他突发意外），恢复正常的生活状态。

★ **制订心脏康复方案：综合心脏评估的客观结果和患者的主观诉求。**

这一次，患者表示愿意接受药物治疗基础上的运动康复，改善心绞痛，提高生活质量。

（1）在原有处方的基础上调整药物：

①增加控制心率药物的剂量，因为心率的快与慢直接关系到心绞痛的发作。心率慢，心绞痛、心肌缺血的发作就少，甚至使发作缓解。

②加用一个改善心肌细胞代谢的药物，有很多研究已经证明该药物可以改善心肌缺血、心绞痛的一些症状。

③与患者交流：

a. 药物调整后须继续监测，例如：

➢ 心率是否达标。心绞痛的心率目标值是静息状态下（如晨起后，卧床几分钟时测脉搏）55~60次/分。

➢ 有无咳嗽。如血管紧张素转化酶抑制剂（ACEI）可能引起不能耐受的干咳，需要进一步调整药物。

➢ 心肌缺血是否得到控制。

b. 吃药不是目的，用药的目的是改善症状和危险因素。

c. 观察有无副作用。

d. 1 个月后复查血脂。

（2）运动康复：针对这位患者，运动处方是最关键的环节。患者处在活动可诱发心绞痛的状态，所以运动对他存在一定风险。患者自己也很紧张，不敢运动。

在确保安全的前提下进行运动，成为这个运动处方的关键。

医生采用心肺运动试验对患者进行心肺功能评估。

①一般人在运动平板上行走，通常可以走到 3 级，而该患者走到 1 级就出现了胸痛，不能再走了，心电图上也有 ST 段压低（心肌缺血），说明患者处于高危状态。有专门的表格评价心血管危险分层处于低危、中危、高危、很高危，譬如低水平运动即出现心肌缺血、心绞痛，是判定高危状态的一个指标。

②制订运动处方时须考虑 2 个因素：患者发生心肌缺血时的心率（这位患者发生心肌缺血时心率是 100 次 / 分多一点）和无氧阈的心率（100 次 / 分多一点）。

★ 无氧阈

人体运动时从有氧代谢到无氧代谢的界限，过了无氧阈后，属于无氧代谢运动，人体内乳酸堆积，处于酸性状态（正常情况下，人体内偏碱性），容易导致电解质紊乱，尤其心脏病患者更容易出现意外，如心肌缺血加重、恶性心律失常或心脏骤停。

③根据以上两个指标明确以下内容：

a. 患者运动过程中的心率范围：80~90 次 / 分。在此心率范围内既能保证患者的安全，也能保证运动的有效性。

b. 运动项目和强度：

➢ 步行 2 千米 / 小时。由于该患者之前一直坐着，因而 2 千米 / 小时的运动强度对他而言已是极限。

> 长时间不活动造成肌肉力量减弱，所以指导患者进行相应的力量和平衡练习。平衡练习就是走一字步。力量练习就是用 500 毫升的水瓶装满水，做上肢的前举、侧举和后举，每天各 10~15 次；用蹲马步锻炼下肢（哪怕从只能蹲 2 秒钟开始都可以），后背靠墙，双腿分开，膝盖弯曲不超过脚尖，能蹲几秒就蹲几秒，循序渐进。

> 一定要坚持，每周 3 次。

> 活动当中佩戴心率表，监测心率。

c. 运动处方制订 2 周后，医生对患者进行随访。患者表示自己在家不敢活动。医生很理解，于是建议患者参加医院内的心脏康复小组（邀请一些病情严重的患者，每周 2 次，来医院进行运动康复，过程中使用心率表监测心率，一旦有患者超过安全心率或没有达到有效心率，医生进行提醒。每期康复小组大约 2 个月，用的都是非常简单的运动设备）。

（3）心理疏导：与患者充分沟通，向患者解释其现状、治疗效果和预后，如讲解通过运动锻炼提高日常生活能力。伴随健康状态的改善，患者评估时的轻度焦虑得到了缓解。

（4）营养指导：

①根据患者的身高、体重，进行热量计算，据此规定早、中、晚三餐的热量摄取值，每天碳水化合物、脂肪和蛋白质的摄取量。

②饮食原则：很多患者问医生，怎么吃更健康。

a. 什么都可以吃；食物一定要多样化，以蔬菜（轻淡饮食）为主；肉类适量，每天 1~3 块；每天食用牛奶和鸡蛋，血脂异常的患者蛋黄要适量。

b. 总量一定要控制，每餐 7~8 分饱。

（5）注意事项：运动可能存在危险性，因此患者运动过程中要进行自我监测。

①患者需要了解自己运动时身体的警报信号。有人发生心绞痛时感到胸闷，有人是憋气或酸胀感……每个人的心绞痛症状不同。

②当有症状出现时，患者应该避免运动。患者如果感到头痛、头晕、心慌或明显的气喘，不要强行坚持运动，应该停下来，测量血压和心率，及时就医，查找原因，调整运动处方。

③冠心病患者运动时，随身携带硝酸甘油。

④遵循运动处方，在心率表监测下达到目标心率。

⑤慢—快—慢的运动过程：前 5 分钟的热身运动是"慢"，中间 30~40 分钟运动阶段是"快"，最后 10 分钟的整理放松是"慢"。直接进入一定强度的运动存在风险。

a. 热身的目的是调动骨骼肌和心肌细胞（就好比开会或表演前调动积极性的预热），帮助机体做好运动的准备，使心脏功能、心率在进入运动状态后能够很快适应。

b. 运动之后，不要马上停下来。因为运动中，人体血液更多在四肢；通过放松整理，血液缓缓地回到血管，可以避免低血压的发生。如果突然停止运动，心脏的射血功能下降，四肢骨骼肌中的血液又没有及时回到心脏，人很可能出现低血压，进而出现头晕、晕厥的现象，个别人可能会发生更严重的情况。

2 个月过去了，有一次医生在 3 楼，听到后面有人叫她，回头一看，惊喜地发现这位患者自己走上了 3 楼。再做心肺运动试验，这一次患者的心肺储备功能的数值明显提高，从 17 点多上升到 23 点多，心率为 100 次/分的时候也没有诱发心绞痛，说明其心肌缺血改善了。

医生后来讲，她由衷地高兴，比自己拿到大奖都高兴，短短 2 个多月，患者从坐在轮椅里被妻子推进诊室到能够自己缓慢地走上 3 楼，也可以进行日常活动，这是非常大的进步。

5. 生命网属于全人群

心血管疾病致死致残只在一瞬间,其防控的根本在预防,诊治技术发展的几十年时间恰恰为预防心血管疾病提供了极为宝贵的机会。

(1)健康理想和理想健康:我们设想一个人从出生到成年,单纯依靠健康的生活方式,如健康的饮食习惯、坚持规律运动等,保持血压、血脂和血糖在理想水平,直到七八十岁。那么,可以肯定这个人不但寿命长,生活质量高,而且可以为社会做出更大的贡献。

"理想健康状态"是指"拥有理想健康行为和理想健康因素,无心脑血管疾病危险因素,无临床心脑血管疾病(包括冠心病、脑卒中和心力衰竭等)"。

针对心血管疾病的预防,我们提出"健康4+4"策略,即用4个理想的健康行为和4个理想的健康因素,来推动全民健康促进运动不断向前。

★ 4个理想的健康行为

①不吸烟或戒烟超过1年。

②坚持有氧代谢运动。每周从事中等强度的运动150分钟或剧烈运动75分钟。这些抽象的数字可以简单换算为每周运动5天,每次不少于30分钟,运动形式可以是连续快走或慢跑。

③健康饮食。在这方面,我们面临的最大难题是控盐,我国居民普遍吃盐超标。世界卫生组织提出,每人每天盐的摄入量应少于5克,患有高血压、心脏病、糖尿病和肾脏病的人须更严格控制;严格限制反式脂肪酸和饱和脂肪酸的摄入;少喝含糖饮料;多吃新鲜蔬菜、水果和富含钾的食物。

④理想体重。维持体重指数(BMI)[体重(千克)÷身高(米)^2] < 24。

★ 4个理想的健康因素

①不吸烟或戒烟超过1年。

②不需降血压(血压< 120/80mmHg)。

③不需降血胆固醇(总胆固醇< 5.2mmol/L)。

④不需降血糖（血糖< 6mmol/L）。

血压、血脂和血糖通过治疗达标，虽然没有自然达标效果好，也可以有效减少各种心血管疾病的发生和延缓其发展。

（2）心血管疾病与生活方式和青少年：目前，我国青少年超重和肥胖的情况十分常见，也促使了青少年患高血压、高脂血症、2型糖尿病的发生。"防发病"的最基本措施是改变不健康的生活方式，即生活方式治疗。健康教育从青少年开始，引导他们从小养成健康文明的生活方式非常必要：不吸烟，管住嘴（合理膳食），迈开腿（热爱和坚持运动），培养良好的心理素质，实现全面身心健康。对已有高血压、糖尿病、血脂异常的孩子，在帮助他们认真改变生活方式的基础上，提倡使用有研究证据、有明确预防疾病作用和改善预后的药物。

对孩子而言，他们的人生才刚刚起步，所有的坏习惯还没有成形，就好像假性近视一样可以矫正。他们在大脑中形成的影像，首先来自于家庭。在孩子们被各种各样的"教育"包裹得密不透风的今天，"健康文明的生活方式"才是成年人必须首先教会他们的课程，至少为他们生命的早期提供正确引导，从而不枉我们自己和更上一辈人对健康的辛劳摸索。把健康交给孩子们，也交给未来的中国社会。

六
闲话心脏
——盲人摸象的启示

■ 张立晶（2022年3月）

胡大一医生讲："诊病治病，要有全局观，要结合疾病的共性与患者的个性，不同疾病可以表现出同一症状，不同患者可能患有同一疾病但表现又不尽相同；不能'头痛医头，脚痛医脚'。"

以前的小学语文课本中有一篇《盲人摸象》。学课文的时候，你是否认为其"不可思议"？大象嘛！怎么可能像墙，像树干，像扇子，像绳子……然而，寓言的精妙之处就在于看似"离谱"，却离生活绝不遥远。

就比如，你怎么解释心脏病？无论医生，还是患者，在凡涉及健康必不离心脏的今天，大家考虑过这个问题吗？

众所周知，心脏是我们人体中最重要的器官，维持全身的血液循环，就像人体的发动机，全身各个组织、器官都需要它来提供动力，心脏一旦停止工作，生命也就画上了句号。那么，心脏究竟怎样才算"完整"？

了解心脏的"第一集"包括三个方面：心脏的结构、电生理及血管。

1. 心脏的结构

人的心脏基本上和自己的拳头大小一样，外形像桃子，心尖偏向左，位于横膈之上，纵隔之间，胸腔中部偏左下方，两肺间而偏左。它主要由心肌构成，分为右心房、右心室、左心房、左心室四个腔。左右心房之间和左右心室之间均由间隔隔开，互不相通，心房与心室之间有瓣膜（房室瓣），这些瓣膜使血液只能由心房流入心室而不能倒流。我们把心脏的四个腔可以看作四个房间，每个房间又有一扇门，分别是主动脉瓣、肺动脉瓣、二尖瓣、三尖瓣。正常的四个房间应该大小适宜，若异常，则提示有病变。四个门中，二尖瓣、三尖瓣在70%的正常人中都可以有微量、少量返流，为正常现象，若是中量、大量返流则为异常；主动脉瓣，50%的正常人在50岁以后可以有微量、少量返流。理论上，中青年若无基础疾病，主动脉瓣不应该出现返流；如果出现返流，要明确瓣膜有无异常；如果没有异常，定期复查即可。

在心脏的结构性病变中，心肌病是一类较为常见的疾病，它是一组异质性心肌疾病，由不同病因（遗传性病因较多见）引起的心肌病变导致心肌机械和（或）电活动的异常，表现为心室不适当的肥厚或扩张，最终可导致心脏性死亡或进行性心力衰竭。心肌病通常分为原发性心肌病和继发性心肌病，其中原发性心肌病包括扩张型心肌病、肥厚型心肌病、限制型心肌病。继发性心肌病指心肌病是全身性疾病的一部分，又称"特异性心肌病"，指由已知原因导致或者是发生在其他疾病之后的心肌改变。此类疾病多发生于中青年，当患者出现心慌、乏力、活动耐力下降、呼吸困难等症状时，我们不得不警惕心肌病的可能。

目前超声心动图（心脏彩超）是查看心脏结构最常用的检查，无创、简便、重复性高使其成为心脏病患者最适宜的随访检查。如果我们平时有胸闷、胸痛、憋气、晕厥、心悸等不适症状，尤其是反复发作的，均有查心脏彩超的必要。若青少年患者反复出现胸闷不适，主要需要排除先天性心脏病及心肌病的可能；若为感冒、腹泻后出现的胸部不适，须警惕心肌炎。对于中老年患者来说，如果有高血压就需要评估左心室有无肥厚，左心房有无扩大，以及心脏的舒张功能等；如果有心绞痛，也需要排查心脏结构问题，如肥厚型心肌病、心肌致密化不全、主动脉瓣狭窄等继发因素；对急性心肌梗死患者，须在入院时、出院前、出院后3个月/6个月/12个月复查心脏彩超，主要评估心脏的大小、心肌梗死面积、对心脏收缩功能影响的程度，我们最关注的是左室舒张末内径（LVEDD）、左室射血分数（LVEF），同时需要除外有无室壁瘤、血栓等并发症；对慢性心功能不全（心衰）患者，主要评估心脏的大小、功能、瓣膜返流情况以及有无肺动脉高压；对心脏瓣膜病患者，心脏彩超可以直观地看到瓣膜的形态、活动、对合情况等。总之，患者出现心脏的任何不适我们都应评价其心脏的结构，接下来再做进一步诊疗。

2. 心脏的电生理

心脏通过不停地节律性收缩和舒张来实现泵血功能，而心脏节律性兴奋的发生、传播和协调的收缩与舒张交替活动无不与心脏的生物电活动有关。若把心脏的各个腔比作一个个房间，那么心脏的电活动就是房间里的电路系统，心脏节律性收缩需要电活动的正常传导。心脏的电活动起源于窦房结，依次到达房室结、房室束（希氏束）、左右束支和束细胞（浦肯野纤维），由上到下，由右向左依次传导。

如果这个电路系统的任何一个部分出现故障，就会出现心律失常，我们的身体就会有所表现。比如，窦房结病变时会出现病态窦房结综合征，引起心率减慢，甚至心脏停搏，严重时需要安装起搏器治疗；若起源异常会导致异位心律，引起早搏、房颤、室颤等疾病；若中间的传导通路出现问题，会导致传导阻滞，轻者表现为心率减慢，重者可见窦性停搏。电生理检查最常用的就是心电图，还有24小时动态心电图、心腔内电生理检查等。如今电生理这方面的治疗有抗心律失常药、射频消融术、起搏器、植入式心律转复除颤器（ICD）等，医生可依据患者的情况选择合适的治疗措施。

3. 心脏的血管

人体的各组织、器官要维持其正常的生命活动，都需要心脏不停地搏动以保证其血液循环（血运），当然心脏自己也不例外。心脏作为一个泵血的动力器官，本身也需要足够的能源。供给心脏营养的血管系统就像房间的水路系统，也像一顶王冠环绕心脏（宝石）一周，就是冠状动脉和冠状静脉，也称冠脉循环。冠状动脉是供给心脏血液的动脉，起于主动脉根部，分左右两支，即左冠状动脉和右冠状动脉，行于心脏表面。

冠状动脉一旦发生硬化、狭窄，那么心脏得到的血流量、氧气、营养肯定就相应减少了，好像高速公路突然从 4 车道变成 3 车道一样，运输量肯定会缩小的。如果这个过程是慢慢发生的，心脏缺血缺氧也是缓慢发生的，那么心脏会逐渐耐受，不会突然猝死。假使心脏长期得不到有效的供血，就会逐渐出现心绞痛，倘若突然有血栓形成，堵住了冠状动脉，一丁点儿血都过不去了，那么心脏就会"断粮"，一旦没有了血液供应，心肌就会坏死，这就是急性心肌梗死发生的过程。发生严重的心肌梗死，患者会休克，假如抢救不及时，很快就会死亡。当发生急性心肌梗死时，治疗办法就是尽快开通堵住的血管，其中一个方法就是在冠状动脉内放置支架，或者是考虑冠状动脉搭桥手术（直接绕开狭窄的地方，用别的血管搭个桥，让血流重新恢复）。目前查看冠状动脉血管情况的检查有冠状动脉 CT、冠状动脉造影、血管内超声成像（IVUS）等，其中冠状动脉造影是目前评价冠状动脉情况的"金标准"。

4. 小结

心脏的结构、电生理和血管三者相辅相成，只有这三个方面都完好无损，心脏才能正常工作，否则就会出现心脏病。而且一个"部门"出问题，另外两个"部门"可能也会出问题，最终都可能会导致心脏的功能不全、心力衰竭（心衰），甚至导致心脏停搏。心脏病种类繁多，在三个方面下面又分很多具体的心脏病，所以不存在某一种检查能把所有的心脏病都查出来。不是说心脏不舒服时做一个最贵的检查就能看出所有的病变。没有所谓最好的检查，只有最合适的检查。医生会根据患者的症状，初步判断可能是结构问题、电路问题，还是水路问题，然后选择最合适的检查。

总之，心脏病有很多种，心脏检查也有很多种，只有适合患者的才是最好的！

七
初探谨防过度（不当）运动

——继往开来之沧海一粟

■ 胡大一 张立晶（2022年3月）

1. 当科学成了伪命题的外衣

医学不能解决全部健康问题，然而医学确实可以解决一些健康问题！我们从引进并推广有氧代谢运动伊始也强调了科学运动并警示——谨防过度（不当）运动。

★ **生活中的点滴**

前些日子听人闲聊运动的轶事。一个人说："有一天我在健身房的跑步机上跑步，一名健身房教练侃侃而谈，提到的都是运动中很重要的概念，比如运动中的心率。他的女顾客就在我旁边，呼吸不均匀且急促地跑一会儿走一会儿。而那位教练把这种呼吸不均匀且急促地跑跑走走解释为控制心率和循环运动。40多分钟后我又见到了这位女顾客，直到我离开，有几分钟的时间，她一直不停地喘粗气。在那间隔的40分钟，又有一位'大姐'使用我身旁的跑步机，她每一步都发出巨响，以她和跑步机的坚硬程度对比，不难预判谁先受伤，不过她只跑了一会儿。"

这时另一个人插了进来，他讲述了一位"大婶"失败的健步历程："她说奋力前行了一段时间之后自己髋关节和膝盖疼，于是步数越走越少，现在就是天气好的日子愉快地散散步。她还聊起自己的一位病友，热衷于运动，勇于尝试，却屡战屡败，还屡败屡战。病友每每和她讲自己又在尝试一种新的运动方式之后不久一定会抱怨这儿疼那儿疼，然后就放弃了，过不了多久，再尝试另一种新的运动方式……"

"锻炼身体可以带来益处，如果运动不得当，就会存在风险。运动过程中最常见的风险多与骨骼、肌肉损伤有关。较严重但罕见的运动并发症是心肌梗死或心源性猝死。损伤的危险性随着运动强度、频率和时间的增加而加大，不同的运动形式引起损伤的风险也不一样。"（摘自《胡大一医生浅谈心脏健康》）

★ 有氧代谢的理论基础

库珀在全世界首次推出的有氧代谢理念是建立在抗氧化理论基础之上的。这个理论假设胆固醇如果不氧化就不会有动脉粥样硬化斑块形成。抗氧化就是抗氧自由基，氧自由基的概念在全世界已得到广泛重视，但目前还没有循证医学的证据。已有的动物实验证实，肥胖的血脂高的小老鼠经有氧代谢运动（每日跑步、游泳训练1小时），血清总胆固醇与低密度脂蛋白胆固醇明显下降。

然而，过度运动会使身体产生过多的氧自由基，从而有碍于心血管健康。一位中年妇女20多年来一直坚持每天跑步5000米，近半年来却跑不了5000米了，而且稍微活动多一点儿就心慌气短，容易感冒。经检查确定，她除了血压高、心率快以外，没有其他异常。医生认为，每天跑5000米的运动量超过了医学建议的有氧代谢运动量的范围。

★ 有氧代谢（运动）

我认为有必要重申有氧代谢（运动）的概念和特点。

人体运动时需要的能量来源于体内营养物质通过化学反应分解释放，这些释放能量的过程需要氧气。体内这一系列需要氧气才能进行的化学反应就称为**有氧代谢**。

有氧代谢运动是指以增强人体吸入、输送与使用氧气能力为目的的耐久性运动，在整个运动过程中，人体吸入的氧气大体与需求相等。也就是说，人在运动中需要增加氧气的供给，而在有氧代谢运动的同时机体自身就可以满足这一需求，实现氧气供与需的平衡。

锻炼身体并不意味着一定要去健身房或购买特殊的运动设备。人类的健康来源于科学的运动，并非任何运动都有益于健康，也不是运动量越大，运动越剧烈，出汗越多，运动后越疲劳就越有效。有氧代谢运动是增进健康的最佳方式。

有氧代谢运动的特点是强度低、有节奏、不中断和持续时间较长。一般来讲，其对技巧要求不高，因而方便易行，容易坚持。有氧代谢运动的常见种类包括步行、跑步、骑车、游泳、跳健身舞、做健身操、扭秧歌、滑雪等一些中低强度但能持续时间较长的运动项目。无论年龄和性别，有氧代谢运动都对促进身体健康、增强体质、治疗慢性疾病具有重要作用。

★ 无氧阈

人体运动时从有氧代谢到无氧代谢的界限，过了无氧阈后，属于无氧代谢运动，人体内乳酸堆积，处于酸性状态（正常情况下，人体内偏碱性），容易导致电解质紊乱，尤其心脏病患者更容易出现意外，如心肌缺血加重、恶性心律失常或心脏骤停。

平衡是有氧代谢运动的核心概念。平衡是健康之本，它包括机体动与静的平衡，心理上紧张与松弛的平衡，以及新陈代谢的平衡。

必须承认，我虽然很早就提出了谨防过度（不当）运动，但没有更进一步地细化。那么，就从现在开始，我们来逐步深入展开讨论相关话题。首先讲运动与心脏康复。

2. 运动与心脏康复

心脏病患者是不是就一定不能运动呢？答案当然是否定的。今天这篇文章将对运动后人体内环境发生的变化及心脏病患者的运动康复进行详细介绍。

"生命在于运动","运动不息,生命不止",足见运动对我们人体的重要性。现在越来越多的人开始重视锻炼,年轻人为健身而运动,中老年人为健康而运动,病后的患者为康复而运动。而在运动时我们机体的各个器官协调合作,发生着复杂的物理、化学变化。

首先是肺功能的变化,随着运动强度的加大,机体为了适应能量供应的需求,需要消耗更多的氧气和排出更多的二氧化碳,表现为呼吸加深加快,肺通气量(每分钟吸入的气体量)增加。肺通气量 = 呼吸深度 × 呼吸频率。潮气量(呼吸深度)指的是每次呼吸时,呼出或吸入的气体量。从安静时的 500 毫升上升到 2000 毫升以上,呼吸频率也随着运动强度的加大,从每分钟 12~18 次增加到每分钟 40~60 次。结合呼吸深度和呼吸频率,肺通气量可从安静时的 6~8 升增加到 80~150 升,比安静时增大 10~12 倍。肺通气量在运动时除了量上的变化,还会有速度的变化。在运动开始后,通气量会立即快速上升,随后出现持续地缓慢上升;运动结束时,肺通气量出现快速下降,随后缓慢地恢复到安静时的水平。

运动的同时也伴随着一系列的神经体液调节。运动时肺通气量的增大是由大脑皮质运动区的神经冲动刺激呼吸中枢所引起的。在大脑皮质发出神经冲动使肌肉收缩的同时,也发出冲动到达脑干呼吸中枢,使之发生兴奋,从而增强呼吸运动。当进行轻度或者中等强度运动时,机体由有氧代谢供给能量,此时通气量的增加可以满足氧气的需要,骨骼肌、心肌或其他组织细胞能摄取血液中的乳酸,在乳酸脱氢酶的作用下,将乳酸转变成丙酮酸,然后进入线粒体被彻底氧化分解,生成 CO_2 和 H_2O,pH 值保持正常水平,这时氢离子浓度很低,对化学感受器的刺激可以忽略不计,在该过程中,贮藏在乳酸中的能量被彻底释放出来,参与细胞和生物体的各项生命活动。但当运动强度达到某一负荷时,血乳酸出现急剧增加的那一点(乳酸拐点)被称为乳酸无氧阈,这一点所对应的运动强度即**乳酸阈强度**。它反映了机体的代谢方式由以有氧代谢为主过渡到以无氧代谢为主的临界点或转折点，此时肌乳酸大量产生并进入血液，使得血乳酸的浓度大大升高，它可激活肝脏和骨骼肌细胞中的糖异生途径，将大量的乳酸转变成葡萄糖，并且释放入血液，以补充运动时血糖的消耗，此时乳酸的产生对机体是有益的；但是乳酸产生的速度远远大于其消耗的速度，这就产生了乳酸的积累，此时机体将动用碳酸氢盐缓冲系统来缓冲乳酸（生成乳酸钠和碳酸），当储备的碱性缓冲物质被过多消耗后，氢离子浓度上升，血液的pH值才会有所下降，此时就容易导致电解质紊乱，尤其是心脏病患者更容易出现意外，如心肌缺血加重、恶性心律失常或心脏骤停。

那么，接下来，心脏病患者该如何运动呢？

3. 心脏病患者的运动

目前，越来越多的研究强调心脏病的早期康复，证实早期适量的运动对心脏病术后患者的康复是有益的，可以降低其心血管事件的发生率及再住院率等。比如急性心肌梗死PCI术后患者卧床休息可能造成其血容量减少、每搏量和心排血量相应降低，引起非心源性的循环功能减退以及相应的运动能力减退，患者在直立位时每搏量减少更为显著，导致运动耐力降低，因而早期进行心脏康复意义重大。

心脏康复分为Ⅰ期康复（院内康复）、Ⅱ期康复（门诊康复）和Ⅲ期康复（院外长期康复）。Ⅰ期康复是心脏功能恢复、进行康复宣教、建立患者康复意识的关键时期，也是我国目前发展心脏康复治疗切实可行的切入点。我国的心脏康复治疗处于初步发展阶段，《冠心病康复与二级预防中国专家共识》将太极拳、八段锦等中国传统运动方式列为心脏康复方法。在练习八段锦的过程中，其伸展性动作可以有效牵拉肢体，容易被患者接受。既往有研究表明，八段锦能够减轻心肌梗死后左心室重塑，降低患者的血压、血糖、低密度脂蛋白胆固醇，明显提高生活质量。因此对心脏病患者不建议做较为剧烈的运动，还是以慢走、八段锦、太极拳等有氧代谢运动为主。

运动通过影响血浆内激素水平及交感神经系统的兴奋性，从而对心血管反应进行调控，经过一段时间调整，能够降低机体静息状态下心肌耗氧量，改善心功能，增强患者运动耐力，提高生活质量。另一方面，心脏病患者一定不能盲目运动，应在专业医师的指导下进行个体化的运动，这样才会获得更大的益处。

八
关于医院职工无烟与健康管理的畅想

——继往开来之沧海一粟（二）

■ 胡大一（2022 年 4 月）

1. 当戒烟成为往事

"我连烟都戒不了，还能干吗？"（不屑一顾）

"戒烟有什么难？只要我愿意。"（不屑一顾）

"戒烟？"笑笑，"就是戒了呗。"（轻描淡写）

"复吸很正常。我有一段时间想戒烟了，就戒；过一阵又想抽烟了，就抽；然后又想戒烟了……反复几次，就彻底戒了。其实，尝试过戒烟后，复吸的感觉和之前吸烟是不同的。复吸就是个过程，只要有根戒烟的弦，早晚能把烟戒掉。"（津津乐道）

"我认识一个人，他言之凿凿'戒烟根本不可能实现'。前几天，他说自己戒烟了，原因是体检发现了三高。"（津津乐道）

逐鹿根据其多年的行医经历总结，绝大多数重症患者戒烟非常容易。

……

我今天吃饭，听旁边的小伙子坚决地对同伴重复："我不吃肉。"此处不讨论营养均衡，只是说明生活中每个人都有各自的坚持，不只是吸烟或者戒烟。所以，当下次"老王"递给你一支香烟，接受与否是自己的选择，责任不在"老王"。

2. 温故知新

既然禁烟证据来源于医生，那么戒烟活动从医疗卫生机构和医生做起，可能是非常好的启动。1948~1988 年，英国医疗界对医生群体吸烟与健康的相关性进行了研究。结果表明，吸烟的医生与非吸烟的医生寿命相差 10 年；从不吸烟的医生，80% 能活过 70 岁，30% 以上寿命超过 85 岁；吸烟的医生能活过 70 岁的占 50%，活过 85 岁的仅有 8%……

WHO 作为全球性的卫生管理组织有明确规定，不招聘吸烟者作为成员，对已在组织任职的吸烟者，要帮助其戒烟……

2009 年 5 月，我国发布了《关于 2011 年起全国医疗卫生系统全面禁烟的决定》，要求到 2010 年，军地所有卫生行政部门和至少 50% 的医疗卫生机构要建成无烟单位，确保 2011 年实现卫生行政部门和医疗卫生机构全面禁烟目标。

以上节选自我早年接受采访时的文章《控烟，医疗系统可先行》。

通过以上的回顾，我好奇两件事：其一，10 年之后，无烟医院的建设会到什么程度。其二，医护人员对疾病全程的主动监管和干预对自身健康的重要性。我认为，在某种程度上，这两件事是一回事，因此才有了以下畅想。

年纪大了，我也是希望为自己多年的戒烟干预实践画上句号，并为下一步工作的展开发挥余热，凡事从小处着眼，力所能及最重要。我的初步设想是在今年的世界无烟日启动一项工作，首批的参加者是张立晶和我。

★ **具体分工**

①张立晶（北京中医药大学东直门医院心内科）是实际操作层面的专业顾问。

②北京市第一中西医结合医院作为首个被干预对象。原因是该医院下设体检中心，职工每年的体检均在体检中心完成，有完好的数据保存，吸烟问诊是职工体检时的常规环节。

③事从小处做，可随着试行逐渐推广和扩大规模，因而我设定了两家医院参与，而非局限于一家。

④是否需要上级主管单位？逐步落实时讨论。

★ **具体方案**

（1）回顾性分析：

该院 2011 年实现卫生行政部门和医疗卫生机构全面禁烟，因此回顾 2011 年至今该院职工的体检资料，做以下 5 个方面的分析：

a.10 年间，该院职工的吸烟人数是多了，还是少了？

b.吸烟与戒烟人群的部门分布。

c.吸烟与戒烟人群的年龄构成。

d.吸烟与戒烟、不吸烟人群的健康指标横向比较。

e.吸烟、戒烟、不吸烟人群的健康指标（进行性变化）纵向比较。

[重点：明确回顾的目的不是"问责"，而是找到问题进而尝试解决问题，以期不断完善。]

（2）基线调查和戒烟干预：

a.调查和戒烟干预结果不影响员工福利、晋升等一切原则性问题。

b.吸烟、戒烟、不吸烟与体检指标挂钩的时长：终生。

c.职工自愿戒烟。

d.戒烟职工自愿选择自行戒烟或接受戒烟的医疗干预（比如戒烟门诊）。

e.无论如何，专科医生应根据心血管危险分层，有针对性地主动提供戒烟帮助，但不强求结果。

f.填写《基线调查问卷》，如下：

基线调查问卷

姓名：_____　　年龄：_____　　性别：_____

职务：（如医生、护士……）_____　　科室：（如保卫科……）_____

是否吸烟？是（　　）否（　　）

以下内容供吸烟员工填写。

吸烟时间：_____年

Fagerstrom 尼古丁依赖性评分表

请在符合的选项后打"√"

评估内容	分数
（1）你早晨醒来后多长时间吸第一支烟？	≤ 5 分钟　　3 分 6~30 分钟　　2 分 31~60 分钟　　1 分 > 60 分钟　　0 分
（2）你是否在许多禁烟场所很难控制吸烟的需求？	是　　1 分 否　　0 分
（3）你认为哪一支烟你最不愿意放弃？	早晨第一支　　1 分 其他时间　　0 分
（4）你每天抽多少支卷烟？	> 30 支　　3 分 21~30 支　　2 分 11~20 支　　1 分 ≤ 10 支　　0 分
（5）你早晨醒来后第一个小时是否比其他时间吸烟多？	是　　1 分 否　　0 分
（6）你卧病在床时仍旧吸烟？	是　　1 分 否　　0 分

➢ 得分：

➢ 你是如何看待戒烟的？下面有 5 种对于戒烟的不同感受。看看哪一种和你的最接近？请在对应选项后打"√"。

（1）我不想戒烟。

我喜欢抽烟。为什么要戒烟？我厌倦了每个人的喋喋不休，也没有准备好讨论戒烟的问题。

（2）我正在考虑戒烟。

我曾经想过好几次：不再抽烟了。（其实我以前也尝试过戒烟，可是太难了。现在，我又想戒烟了。）

（3）我决定戒烟了。

戒烟对健康的益处比我吸烟的原因重要。我已下定决心，是该改变的时候了。

（4）我准备好戒烟了。

我已定好开始戒烟的具体日期。

（5）我正在努力戒烟。

我不再抽烟了，尽管有时我确实想念它。那时候，我就做些别的事情分散注意力。

（3）注意：

①以上列举了对戒烟的 5 种不同态度，因为人们的想法会发生变化，所以我们的戒烟工作需要伴随着人们观念、意识的转变而展开，在这方面健康知识、个人健康的真实情况和戒烟技巧的正向引导很重要。

②一提戒烟的医疗干预，医生们总是想着"十八般武艺"之外还有没有"第十九种武器"。

然而多年的经历和经验告诉我，戒烟干预更在于人们的主观意愿，而非客观手段。医生应该关注的是人们的综合危险因素和全面身心健康，而非戒烟即"戒烟"，譬如之前曾有免费发放 6 个月戒烟药的项目，那么 6 个月之后呢？

我始终以为，干预手段是为预后服务的，即重要的是干预效果。

③关爱医院职工的全面身心健康。其实就是把戒烟作为切入点，以心血管危险分层为基础，关注同行（同事）们的全面身心健康，即关注危险程度，不仅仅是单一戒烟。

吸烟对人体循环系统能产生一系列不良影响；戒烟可能引起一系列不良

情绪；不良情绪同样会对人体循环系统产生一系列不良影响，包括"鼓励"不良生活方式，比如抑郁症患者更倾向于吸烟、酗酒、进食过多、懒得动弹或者失眠。那么，化解矛盾，应使各种单项的干预有机结合，共同促进身心健康并形成良性循环。

此外，体检中心可常年保存职工（包括退休职工）的体检资料，可据此实现和完善健康管理。

以上畅想是我的"一厢情愿"，如果真的可以实现，还需要继续完善，执行细节需要参加各方逐一确定。

>>> 知识普及

此处介绍的戒烟技巧是医疗干预，但无关药物等任何医疗手段。

戒烟中最重要的4个技巧——4个D：

①深呼吸（Deep breathe）：用鼻子深深地吸气，数到5，用嘴慢慢将气吐出。

②喝水（Drink water）。

③做事情（Do something）：让手和嘴忙起来。

④延迟（Delay）：吸烟的急迫感只持续3~5分钟，最多10分钟，错过这几分钟，不要屈服。

第二部分
医生讲故事

2011年，胡大一医生65岁，学生们为他制作了一份特殊的生日礼物，并于当年生日之际被胡大夫定名为《我们走在大路上——我们和心脏：共同见证中国心血管专业发展25年（1987-2011）》。从中，可以读到胡大夫的耕耘，大家的奋斗和师生情深，也可以管中窥豹地感叹在医学和医疗卫生发展的悠悠历史长河中，时间已经来到了公元2022年，10多年的时间意味着有众多的进步，当然，更长远的未来孕育着无限的可能……

一
标准化和规范化的诊断是治疗患者的科学依据

■ 朱天刚

我的故事从1991年由湖北医科大学第一附属医院（现武汉大学人民医院）承办的第二届长城国际心脏病学会议（简称长城会）开始。那时，介入治疗刚刚起步，虽然属于高精尖技术，手段却没有现在这么多、这么先进，国内仅有为数不多的医院开展，不像现在这么普及。整个会议包括心律失常的射频消融治疗、冠心病的经皮冠状动脉腔内成形术（PTCA）治疗和风湿性心脏病二尖瓣狭窄的二尖瓣成形术（PBMV）治疗的实况转播。胡大一老师既是大会的组织者、协调者，也担任会议全程的英文翻译。当时我在湖北医科大学第一附属医院超声诊断科任主治医师，有幸参加了风湿性心脏病二尖瓣狭窄的PBMV治疗术前患者的筛选、术中监测和术后治疗效果的即刻评估工作。正是这次大会，最终促成我在1997年来到首都医科大学附属北京朝阳医院（简称朝阳医院），在胡老师的指导下从事博士后研究工作。

按照国际惯例，超声心动图检查和负荷心电图运动平板试验一般属于心血管内科。由于我国医学发展的历史原因，超声心动图检查和负荷心电图运动平板试验通常分别归超声诊断科和心功能室管理，直到现在还有相当多的医科大学附属医院和三级甲等医院（三甲医院）仍然维持这种管理模式。这种管理模式存在一些制约因素，不利于心血管内科患者的诊断和治疗，尤其是针对心血管危急重症患者的快速决策和治疗；也就不符合以患者为中心，一切为了患者，为患者提供快速、有效和合理的诊疗手段的原则；反过来也制约了心血管内科的发展和国际学术交流。

2000年9月的一个下午，在北京大学人民医院（简称北大人民医院）心内科病房的示教室，胡老师正在为心内科全体进修医师讲课。突然，病房有人喊："快来救命啊！"医护人员迅速来到出事地点。原来是一位50多岁被怀疑有冠心病的男性患者，做完冠状动脉造影检查，刚撤掉了压迫股动脉的沙袋，到卫生间解小便，突然晕倒了。抢救立刻展开，观察生命体征：血压90/60mmHg，心率120次/分，呼吸30次/分，即刻心电图显示正常。由于有一台接近废弃的超声心动图仪器当时就放在心内科病房，胡老师让我立即为患者进行检查，结果显示患者右心扩大，肺动脉增宽，肺动脉高压，右室运动减低，提示高危肺动脉栓塞；随后指示进行动脉血气分析和血浆D-二聚体检查，结果D-二聚体为3000μg/L，PO_2为60mmHg；再次复查心电图出现了典型的S_I、Q_{III}、T_{III}型心电图改变；经过系统的升压药物治疗，血压仍然只能维持在80/50mmHg。胡老师当机立断，指示进行静脉溶栓治疗。经过系统治疗，患者转危为安，痊愈出院。

这只是无数床边超声心动图帮助临床进行快速决策和治疗的经典病例之一。从这些临床实践中，我们充分认识到急诊床边超声心动图在临床决策和治疗中的重要作用，进而按照胡老师的要求，在长期的临床实践中坚持24小时急诊床边超声心动图覆盖全院，帮助危重急症的心血管病患者得到快速、有效和合理的治疗。

活动平板试验是诊断冠心病的首选方法，它具有无创等优点，在心血管病低危人群阴性预测值高；超声心动图是明确胸痛综合征危险分层的有效手段。长期以来，胡老师主张和推行心血管检查的标准化和规范化。对于胸痛综合征患者，应该先进行心电图检查，然后应用超声心动图评估，必要时进行活动平板试验和运动心肌核素或药物负荷显像试验，如果诊断不明确，仍高度怀疑冠心病，最后才考虑进行冠状动脉造影检查。尤其是对有胸痛症状、年龄较轻、症状不典型的疑似冠心病的女性患者，不主张过度诊断，盲目行多层 CT 或冠状动脉造影。

我曾经接诊过一位中年女性，她质疑胡老师的诊断，原因是她千里迢迢来北京求医，而胡老师说她没有冠心病。该患者有胸闷、气短，偶感胸痛，心电图提示 ST-T 改变，超声心动图检查结果正常，活动平板试验阴性，在当地按冠心病治疗，症状未见明显好转，心电图也无显著变化。来北京大学人民医院就诊，坚持要求做进一步检查，我万般无奈之下开出冠状动脉造影检查。结果大家可想而知，各支血管通畅，无显著狭窄。

我认为该患者在当地发生上述情况是很遗憾的，是心血管专科医师忽视了标准化和规范化的疾病诊断流程。更加遗憾的是，类似的情况在很多时候很多地方都发生了，低危女性患者心电图检查显示 ST-T 改变，而并没有典型的心绞痛症状，就直接接受了冠状动脉造影检查，导致很多医院每年冠状动脉造影阴性结果高达 50%，即使是三甲医院，这个数字也多达 20%，给患者带来了不必要的痛苦，同时也浪费了大量的个人、医疗和社会资源。

无论如何，标准化和规范化的针对各种疾病的临床路径是我们这个团队积极倡导的。相对于治疗，诊断当然要先行。现在，我们跟随着胡老师积极倡导心血管内科医师的超声心动图培训和超声心动图普及工作的脚步，经常组队到基层医院，进行先天性心脏病的超声心动图筛查工作，使超声心动图的应用得到普及，技术得到推广；也希望凭借标准化和规范化诊断技术和流程的不断推进，使我国心血管领域的整体水平得到提高，使广大心血管病患者从中获益。

二
起搏电生理二十五年回顾

■ 吴永泉

1. 二十五年前的起搏电生理与中国

人类对心律失常疾病的认识和探索由来已久，一代又一代的心律失常专家在心电领域锲而不舍地追求使人们对心律失常的认识不断深入，随着各种诊断和治疗技术的日益发展，人们不断攻克一个又一个心律失常疾病的堡垒。当然，最具标志意义的是20世纪50年代末至60年代初，人工心脏起搏器的发明、心腔内电生理标测与记录的创新和发展，将起搏与心电生理事业引入了一个全新的时代。

我国的起搏器研制工作始于1960年，临床应用始于1962年，埋藏式起搏器的植入始于1968年。1973年，孙瑞龙教授在国内首次记录到了心脏内的希氏束电图。我国电生理发展的第一个阶段是20世纪70年代后期与80年代，在这段时间内，食管调搏术得到了充分的发展与普及，临床电生理的专业队伍形成，心内创伤电生理检查开始起步。当时我国是世界上开展食管电生理检查最广泛的国家，然而在心电生理的理念及临床应用的跟进与推广方面与西方国家差距很大。

2. 技术和理念的追赶与超越

胡大一老师在1985年以优异的成绩成为世界银行贷款资助的留美访问学

者，进入美国纽约州立大学和芝加哥伊利诺伊大学医学中心，进修心脏电生理学和介入心脏病学。当时的美国心内电生理检查已广泛开展，包括右房起搏测定，窦房结传导和恢复功能的测定诊断窦房结功能不良，A-H-V 间期的测定诊断房内及室内阻滞，通过腔内电生理检查识别房室折返和房室结折返性心动过速，应用腔内电生理检查对Ⅰ型、Ⅱ型心房扑动（房扑）及房性心动过速电生理机制进行研究，室性心动过速机制的探讨，等等。总之，当时欧美的心内电生理检查广泛应用于心动过速、心动过缓的机制探讨，同时应用于不明原因晕厥，难以解释心悸患者的诊断；治疗方面，起搏治疗正处于第三代生理性起搏的产生及发展阶段，外科手术结合心电生理检测治疗 W-P-W 综合征等室上性心动过速，电复律除颤和电消融技术尚处于临床试验阶段。

1987 年 1 月，胡老师学成归国，在北京医科大学第一附属医院（现北京大学第一医院，简称北大医院）组建了心电生理室，将国外所学的理念与技术应用于临床，在国内率先成功开展了心内电生理检查（包括缓慢型心律失常及各种快速型心律失常的电生理诊断），同时首次开展室性心律失常的心腔内电生理检查，并通过电生理检查筛选抗心律失常的治疗药物；培养队伍，推广技术，努力跟进欧美先进的电生理理念，追赶其发展的步伐，缩小与欧美等国的差距；这些工作也为日后射频消融治疗心动过速的起步与飞跃打下了扎实的基础。当时针对快速型心律失常的非药物治疗尚处于探索阶段，方法包括外科切除及直流电消融等，手术风险大，并发症多。针对直流电消融，国内当时也有过一些尝试，而胡老师觉得这种能量不易掌握，产生并发症的风险较高，前景不乐观。针对那个时候我国起搏器技术和理念认知的实际情况，胡老师果断决定向国内同行介绍推广生理性起搏的概念，在国内较早成规模地开展了生理性起搏（AAI），在生理性起搏方面做了大量工作，促进了国内起搏技术理念与欧美等发达国家差距的缩小，为国内生理性起搏的发展奠定了技术与理念基础。

射频能量应用于消融心动过速的技术进步，标志着快速型心律失常治疗的春天来临了。导管消融术于 1982 年开始用于治疗药物无效的室性快速型心律失常，首先选用直流电。1985 年 Huang 等最先报道使用高频交流电即射频（radio frequency, RF）电流成功消融房室交界区的动物实验结果。1987 年 Borggrofe 和 Kuck 等先后在临床上应用射频电流消融治疗室上性快速型心律失常获得成功，开创了心律失常介入治疗的一个新时代。射频能量系高频交流电，频率范围 300KHz~2MHz，1975 年 Grades 证实了通过导管产生射频使组织损伤的可行性。依据输出方式、波形、波峰系数和功率输出大小，射频对人体组织可产生三种不同效应：电切、电凝和电干燥。射频导管消融治疗心律失常选用的是射频的干燥效应。由于射频电流的高频性，它不刺激神经、肌肉和纤维，因而导管消融期间患者无疼痛和不适，不需要全身麻醉，电流释放时不产生气泡，无血细胞破坏。导管顶端电极释放的射频电流产生边界清楚的小范围（直径 3~5mm，深度 3mm）心肌组织凝固坏死，不破坏周围正常组织。

1991 年春，Jackman、Kuck 和 Calkins 等报道了相对大系列室上性快速型心律失常射频导管消融的临床应用结果，令人鼓舞。经过充分准备，1991 年 10 月 4 日，胡老师首次在北京医科大学第一附属医院进行射频消融治疗，经过摸索和向国外同行学习，他大胆提出"粗标冠状窦，细标大头导管""十字交叉放电"等技术理论和操作方法，使手术时间从 10~12 个小时缩短至 3 个小时，提高了成功率。从最初的左侧旁道消融到房室结双径路消融再到右侧旁道消融，随着病例数量的增加，技术日益成熟，手术时间越来越短，成功率越来越高，并发症越来越少。1993 年在武汉召开的长江国际介入心脏病学研讨会直播了一例射频消融手法，两位美国专家先后做了三四个小时未成功，参会代表对其不抱希望，并鼓励胡老师上台。胡老师毫不犹豫地接受了挑战，和助手一起仅用 30 分钟就找到了理想靶点并成功消融。随着右侧旁道消融的成熟，针对特发性室性心动过速、心房扑动和房性心动过速的消融也取得了很高的成功率，达到国际先进水平。1991~1995年的注册资料显示，全国共完成射频消融治疗10035例，成功率45.6%，复发率为2.7%，并发症为1.8%，死亡率为0.06%，且接受治疗的人数逐年增加。从1998年底开始，胡老师的团队又在北京朝阳医院开展了心房颤动的消融治疗，同时注重在疑难病例的消融方面不断提高成功率，借助长城会的心律失常疑难病例演示会等机会，与国内外专家共同探索疑难病例的消融方法与技巧。通过射频消融心律失常技术的不断发展与提高，我国的医务工作者完成了心电生理方面对欧美国家的追赶，并且在技术领域完成了超越，使中国在消融技术方面快速步入强国之林。

3. 技术理念的引进、推广和普及

自1987年回国后，胡老师把另一工作重点放在了搭建学术平台和开展国际交流上。1988年他开展国际性的电生理学习班，请国际知名专家进行学术推广并指导手术，向国内同行介绍心内电生理检查及生理性起搏的概念与技术；在射频消融的初始阶段，他采取"送出去，请进来"的策略，邀请国外医生同台手术，传经送宝，缩短了学习曲线，攻克了一个个技术难关，并成功达到技术高峰。不仅通过各期"国际心电生理学习班""国际快速型心律失常学习班"为国内电生理医生提供了宝贵的学习平台，为了让更多的医生了解并掌握心电生理技术及各种快速型心律失常的射频消融技术，胡老师还打破技术保护壁垒，积极向兄弟省市、地级市，甚至县级市传授技术。其间，他到过25个省，毫无保留地推广技术，培养骨干人才，为该技术能及时覆盖全国立下了汗马功劳。每到一处传授技术，他就在地图的相应位置上插一面小红旗，结果几年间红旗就插遍了大江南北。

1993年底，为了让我们拥有更多的实践机会，能够更快地成长，胡老师

"挂刀"了，不和学生们争抢患者，而是一如既往地搭建和维护学术平台，尽心尽力地为尽可能多的希望上进的年轻医师创造进步的机会。一期接一期的培训班在继续，内容从射频消融技术、心电生理到起搏除颤器植入。他的想法很简单，目的很明确：快速普及起搏电生理学和射频消融技术，培养高级技术人才，为更大范围的心脏病患者解除痛苦。经胡老师直接或间接培养的心脏电生理学专家，有的已经享誉全国，是近 20 年一直活跃在心脏电生理学领域的"武林高手"；有的已成为各地学科带头人，甚至是领军人物。不光在国内，我们的团队还向印度、日本、越南等国家推广、普及了射频消融根治快速型心律失常技术，使该技术遍地开花。

4. 技术的规范化推进

随着技术的引进、推广与普及，各项技术包括快速型心律失常的射频消融、缓慢型心律失常的起搏治疗、高危猝死患者的除颤治疗等在全国如火如荼地开展，病例量逐年攀升。而胡老师的思维并没有止步在这一片大好形势当中，在观察到可喜进步的同时，他也敏锐地发现了其中潜在的风险。为了规范行业服务，提高成功率，降低复发率，减少并发症，恰当地把握相关技术的适应证，胡老师领头制订了快速型心律失常射频消融治疗等的相关指南，推广心房颤动的规范化治疗，包括抗凝治疗的理念，严格界定各项技术的规范与适应证，努力把技术发展推向一个健康的轨道，避免技术滥用，旨在让更多患者真正受益。同时，胡老师率先在国内开展针对心律失常的流行病学研究，获得我国自己的临床资料。

三
我们和介入心脏病学共同成长

■ 张建军

我很高兴接到邀请，代表坚守在冠心病介入治疗战线上的师兄弟姐妹们总结我们的前段工作。思来想去，不知从何说起。毕竟，我们都亲身经历了介入心脏病学技术与理论被引入中国并得到突飞猛进发展的过程，也亲身见证了中国心血管专业发展最快速的年代，正是"那个年代"使得心脏病学在医学领域独领风骚。不过，既然是师兄弟姐妹共勉，那就为自己的从师历程写个简单的回忆录。我们已经出发很久了，在接近知天命的年纪，缅怀过去的青春奋斗，展望日后的继续图强。

不知道你们还记不记得没有电脑的日子，其实那个时候也没有介入心脏病学。1983 年，我还在中山大学中山医学院求学，当时内脏超声检查只有 A 超，没有 B 超。主治医师借助 A 超没能定位穿刺成功的情况下，我们尊敬的王吉甫老教授仅靠叩诊和听诊的体检基本功，准确定位穿刺，成功获得肝脓疡的病理学诊断依据。1986 年我在华中科技大学同济医学院附属协和医院实习时耳闻目睹了曹林生教授靠听诊心脏杂音的响度和性质判断跨瓣的压力阶差与心脏超声测定值相差无几的功底。然而，无论是现在还是当时，在我看来老师们这些精湛的技艺都是传奇，无法复制。从我大学毕业直到 20 世纪 90 年代中期，我所在的省级医院在教学查房时，不少全国知名前辈，对因心电图 ST-T 改变、左前分支阻滞、室性早搏、病态窦房结综合征就诊的患者，没有明确原因可寻时，常给予冠心病的诊断，甚至猜想疏通一下窦房结动脉可能会治愈病态窦房结综合征。那时整个河南省没有一台血管造影设备，冠状动脉造影是空白，大家对冠状动脉缺乏直接的认识。

介入心脏病学的发展使不可多得的临床经验变成了一目了然的影像（光盘），令人们（包括医务人员、患者和家属）对冠心病的理解逐渐加深，实现了在冠心病诊疗技术和理念上的超越。

1. 与胡大一老师结缘，成为师生

第一次见到胡大一老师是在1991年无锡全国"心室晚电位"学术会议上，他当时45岁，担任大会秘书长。风趣幽默是他留给我的印象。

1995年，我考入首都医科大学附属北京朝阳医院（简称朝阳医院）攻读心血管专业博士学位，师从翁心植教授和胡大一老师。由于翁老已不在心脏专业工作，胡老师做了实际的指导工作。胡老师不是完人，引来的非议也不少，但他实实在在地无愧于两个评价：好医生和好老师。回望心血管专业发展的每一个大大小小的里程碑，如射频消融治疗快速型心律失常技术在全国的开花，介入技术和外科手术治疗心脏病在全国的推广与发展，循证医学概念的提出与普及，先天性心脏病早期治疗减少致残的理念的普及、疾病预防的强化和高科技技术的规范应用，对心脏病患者的精神卫生的关注，我们都望见了胡老师的身影。我们经常开玩笑说："胡老师从来不缺课题，只可能是他脑袋里存了一堆课题却没有足够的人手做。"其实，仔细想想，老师的思路一目了然。首先，医学是为"人"服务的，先进的医疗技术可以挽救更多的生命，当这种技术已经成熟和形成共识的时候，当然要考虑减少或延缓发病的问题，从而延长人们的寿命，并进一步提高人们的生活质量。其次，无法规避的是行医规范及资源合理分配和利用的问题。

2. 削平门槛，推广世界先进的诊疗技术和理念；以人为本，组建心脏中心

在与胡大一老师交往的这些年中，我确实体会到了他作为医生和老师的开阔胸襟。他贯彻到今天的想法和做法仍然是：尽可能多地培养职业操守和专业知识技能双达标的临床工作者，因为有越多的好医生就代表着将有更多的人获救。来看几个截至2007年初的统计数字：自1989年以来，胡大一老师先后在3所医学院校共培养已毕业硕士研究生82名，博士研究生34名，博士后研究生19名。目前，有12名他的学生在北京市担任医院心内科主任职务，16名任心内科副主任，7名任心外科主任。另外还有进修医生，胡老师对求学的人是不拒绝的。现在我还记得读博士时全国各地的进修医生汇聚朝阳医院的欣欣向荣的景象。

在与师兄们的闲聊中得知，40岁的胡老师年富力强，闯劲十足，作为在国外专门进修心脏电生理学的专家，组建了北京医科大学第一附属医院（现北京大学第一医院，简称北大医院）电生理室，积极开展了心肌梗死后心室晚电位与室性心律失常的有创研究，同时将国际上刚刚开展的射频消融治疗室上性心动过速的方法引入国内，并在北大医院召开了第一届长城会，邀请国际著名的心脏电生理专家Kuck、Mark Wood等教授来我国进行手术演示、学术交流，同时邀请国内各省的中坚力量参会以促进射频消融在全国的普及和发展。在技术熟练后，他带领以马长生、丁燕生、王乐信等为代表的拥有国内一流技术的团队，利用周末时间到国内多个省市，不计条件地推广技术，促使我国在短时间内赶上了世界的步伐。据不完全统计，他们曾经先后向全国150多家医院推广普及射频消融根治快速型心律失常的技术。

在冠心病的治疗上，他根据自己在国外的所见所闻，提出了冠状动脉内球囊扩张是冠心病治疗的发展方向，务实而不跟风，反对当时在国内风靡一时的心腔内激光成形技术，并积极协助朱国英教授开展冠状动脉内球囊扩张治疗冠心病的工作。此后 10 年的临床试验和冠心病介入治疗的经验证实了他的想法，心腔内激光成形治疗冠心病无明确疗效，只是"昙花一现"。

在时任院长金大鹏的邀请下，胡老师于 1993 年调入朝阳医院，组建了国内第一个集心内科、心外科、导管室、心电图及心脏超声检查为一体的心脏中心，目的是根据实际情况，心脏内外科共同研究制订最符合患者的治疗方案。

3. 与时俱进，一天 24 小时，只为守护生命

与心脏电生理和射频消融"蒸蒸日上"形成反差的是冠心病介入治疗的相对滞后。今天，冠状动脉造影和冠心病介入治疗技术已经成为临床上常规的诊疗手段并且家喻户晓，可那个时候国内没有支架，单纯用球囊扩张血管有急性闭塞的风险，同时再狭窄的发生率高达 50% 以上，所以仅有几家医院能行简单的冠状动脉内球囊扩张。而冠状动脉造影作为有创伤的检查，却没有治疗作用，在基层医院很难被患者和一些医生接受，难以推广。冠状动脉造影作为冠心病的诊断手段只在少数医院应用。也正因如此，大家对不稳定型心绞痛、心肌梗死等疾病的认识肤浅，以冠状动脉造影为基础的冠状动脉内介入治疗和冠状动脉旁路移植术都受到了限制。冠心病的治疗主要是药物治疗，而且用药混乱，尤其在基层医院，以阿司匹林、肝素为代表药物的抗血小板、抗凝治疗以及降脂治疗都没有得到足够的重视。

随着国内外对冠心病研究的进一步深入，大家认识到不稳定型心绞痛和急性心肌梗死的病理基础是冠状动脉内不稳定斑块破裂、炎症加剧、血栓形成，狭窄程度急剧增加导致不稳定型心绞痛，血管完全堵塞导致急性心肌梗死。因此，抗凝及溶栓治疗的地位得到了充分的肯定。国内外积极开展了急性心肌梗死急诊溶栓的治疗，并使用 90 分钟冠状动脉造影证实梗死相关血管的开通率。胡老师在朝阳医院率先使用国产尿激酶（天普乐欣），并摸索其大剂量溶栓的安全性及有效性，组织心脏中心一年 365 天一天 24 小时，全天候

值班，进行溶栓后 90 分钟造影检查。其实，这就是急性心肌梗死救治绿色通道的雏形。朝阳医院每年因急性心肌梗死急诊入院的患者高达 350 人，在溶栓治疗方面成为当年全国的一面旗帜。

转眼进入 1996 年，冠状动脉内支架进入中国，为冠状动脉内球囊扩张提供了安全保障，同时降低了单纯球囊扩张后再狭窄的发生率。从此，冠状动脉内球囊扩张及支架植入显示出安全、有效、微创的特点，成为冠心病治疗三大基石之一。随着冠状动脉造影得到认可，冠状动脉旁路移植术的应用也随之增加。毋庸置疑，药物治疗是基础，可是一个合适的方法最好具备花钱少、效果好、恢复快的优点。那么，实际情况又怎样呢？微创、恢复快是介入治疗的优势，旁路移植术的弱势。旁路移植术要经历麻醉、术后恢复、感染等关口，但有费用固定、动脉血管畅通时间长等独特优势。冠状动脉内球囊扩张及支架植入术，费用随植入体内支架的个数增加而增加，而那时支架刚进入中国，价格昂贵，而且支架植入也有发生再狭窄的风险。

幸而心脏中心的组织形式使冠心病的药物、介入和外科治疗的有机结合成为可能；最大程度地减少了医务人员各自为政，争抢患者局面的发生；本着"关爱生命，以人为本"的信念，心内外科医生共同讨论、权衡利弊，一起选择最优方案。

为了"心脏中心"名副其实和健康发展，胡大一老师作为心内科医生，不遗余力培养心外科人才，将肖锋、张勇、苏丕雄等心外科医生送到国外培训，又在国内培养了汤楚中、袁彪和梅运清三位心外科主任，同时定期邀请国际及香港教授来院演示，尤其是国际著名大师 Colunbo 等在长城会上展示的精彩内容促进了心脏中心内外科医师技术水平的迅速提升。在之后的几年，朝阳医院心脏中心不断发展壮大，拥有了一支平均年龄不超过 40 岁的心脏外科队伍，其冠状动脉旁路移植术在全国有了一定的地位和影响力。

在积极推动技术普及的同时，胡大一老师不忘告诫大家：一切要从患者利益和疾病出发，不准为了追求国内排名、介入治疗的例数或小部门的经济利益不加考虑地选择冠状动脉内介入治疗或外科手术；反复强调心内外科合作，共同制订对已经确诊患者的相对安全、有效和经济的治疗方案；跳出过度医疗和医疗资源不足共存的怪圈。

胡老师没有因为取得的成绩沾沾自喜，没有凭借心脏中心强大的实力故步自封，没有利用先进理念、精英团队和成熟技术搞技术和病源垄断，而是再一次毫无保留地把积累的经验向全国推广。然而，令人遗憾的是，虽然心脏中心组织形式深入人心且遍地开花，但是形成规模和良性循环的寥寥无几，原因可能在于急功近利的社会大环境导致院外比医院排名，院内比科室排名、创收和治疗例数，而心脏内外科又不属于同一比较体系。可是无论如何，不可否认的是"心脏中心"的组织结构是科学的，只是在实际操作过程中需要医疗领域"为人民服务"意识的真正回归。

4. 提出"时间就是心肌，时间就是生命"的急性心肌梗死救治理念，开通国内第一条"心脏急救绿色通道"

急性心肌梗死是冠心病患者最严重的事件，一旦发生，都会出现不同程度的心肌坏死，严重者发生猝死。其程度取决于血管堵塞的时间，时间越长，坏死心肌越多。心肌坏死的数量决定了之后患者的心功能和生活质量。

鉴于冠状动脉内球囊扩张及支架植入术的技术已经成熟，胡大一老师进一步提出了心肌梗死急救的全新理念——"时间就是心肌，时间就是生命"，并在朝阳医院开通了全国第一条"心脏急救绿色通道"，安排导管室的技师、护士以及冠状动脉介入医生分批分组，一年365天，一天24小时待命，保证每一个急性心肌梗死患者都能得到及时救助。为了避免患者在急诊室因为缴费流程耽误救治时间，在建立绿色通道值班制度外，胡老师还提出和落实了先治疗后交费的绿色通道原则，极大缩短了从急诊室到进入导管室的时间，加快了血管开通时间，最大程度挽救存活心肌，提高存活患者的心功能和生活质量。心脏急救绿色通道急诊经皮冠状动脉腔内成形术（PTCA）及支架植入治疗急性心肌梗死成为临床的重大突破。值得一提的是，在"先治疗后交费"的原则下，患者逃费的现象比日常临床工作中遇到的要少。原因很简单——将心比心，关乎生死，医生以诚相待，患者和家属也不是不明白道理。

接下来的事情不言自明，"朝阳经验"被推向全国。现在，在救治急性心肌梗死患者时，"时间就是心肌，时间就是生命"成了普通老百姓耳熟能详的常识；北京几乎各个区级及以上医院都有24小时急性心肌梗死救治绿色通道，全国各地能开展急诊心脏急救绿色通道的单位也不限于省级医院；目前，我国365天24小时绿色通道，急诊PTCA及支架植入治疗急性心肌梗死救治体系的规范性、广泛性和有效性甚至超过了欧美国家。

5. 强调预防，全程生命关怀，构筑心血管疾病的全面防线

出乎意料的是，正在全国心血管界大干快上、争抢排名和多做手术多创收的时候，胡老师却提出了回归临床和将工作重点从治病转移到防病的战略，提倡国民健康教育，不能按照美国模式，一味依赖高科技和新技术来治疗疾病，而是要充分借鉴芬兰经验，从改变生活习惯、戒烟做起，从而达到改变环境，改变世界，从源头减少患病的目的，真正实现防病治病，全程生命关怀，构筑心血管疾病全面防线的医疗模式。毕竟，先进技术能给患者带来幸福，但仅仅利用先进技术是不够的，而且不规范使用先进技术反而会带来恶果。

6. 润物无声

这些年我一直很忙碌，不曾停下来回头看，而现在我想说，作为医生我们可以为自己骄傲，我们真正参与了中国心血管病专业领域的重大变革，也真正在其中贡献了自己的光和热。在历史长河中，我们继承前人的智慧，同时也将传授给下一代。我们走在大路上。

四
心肌梗死的溶栓治疗：坚持循证，恰当时机，恰当患者

■ 孙艺红

1. 历史回眸

溶栓是治疗心肌梗死具有里程碑意义的方法。在20世纪60年代以前，急性心肌梗死（AMI）的救治主要是卧床休息和对症治疗；60年代以后冠心病监护治疗病房（CCU）的建立，使急性心肌梗死的死亡率由30%降至15%，直到80年代中期使用溶栓治疗之前，死亡率维持在13%~15%。溶栓治疗与阿司匹林的结合应用，使急性心肌梗死患者的死亡率降至8%以下。

在急诊经皮冠状动脉介入术（PCI）还没有广泛开展的年代，在恰当的患者中规范使用溶栓治疗是开通血管的重要治疗措施。1993年，胡大一老师率先在全国成立了首个综合医院的心脏中心，融心内外科及相关检查实验室为一体，中心模式给患者带来了方便就医、统一管理、减少医疗费用等诸多好处。1994年11月，胡大一老师结合我国急性心肌梗死溶栓治疗的现状，牵头组织了全国最大系列溶栓治疗急性心肌梗死多中心临床试验，提出了"时间就是心肌，时间就是生命"的口号。他利用周末的休息时间，到处宣讲传授溶栓知识，一时间在全国掀起了"溶栓热"，与国际上提倡的溶栓策略一拍即合。1995年，胡大一老师率先在全国建立了急性心肌梗死绿色通道和胸痛中心，强调"时间就是心肌，时间就是生命"，呼吁"有胸痛上医院"，为急性心肌梗死患者提供一条龙服务，使患者在第一时间得到有效救治，填补了我

国这一领域的空白。到 1996 年 4 月，全国共有 148 家医院参加了协作试验，溶栓治疗 1406 例患者，血管再灌注率 73.5%，90 分钟冠状动脉造影血管开通率 72.6%，达国际水平，其结果为制订我国急性心肌梗死溶栓治疗方案提供了可靠的临床依据。

2. 溶栓治疗的困惑与发展

在溶栓治疗的发展历程中，包括溶栓药物的选择和溶栓治疗的适应证等方面，国内的临床研究和实践都经历了很多曲折的过程。随着对血栓形成的病理生理学以及溶栓药物机制的深入理解，我们逐渐认识到了早期对溶栓治疗的很多误解，并在临床中纠正了治疗行为。

近年来，急诊介入治疗广泛开展，溶栓治疗越来越少，尤其在中心城市的三甲医院。但问题在于，并非适合溶栓的患者在减少；急诊 PCI 也远远没有达到指南中规定的最佳再灌注时间窗；存在的普遍现象是盲目等待 PCI，甚至不惜长距离转运，反而延误了挽救心肌的最佳时间。

★ **不稳定型心绞痛是否应该溶栓？**

尽管急性心肌梗死的溶栓治疗取得了巨大的成功，然而有关不稳定型心绞痛或者非 Q 波心肌梗死溶栓治疗的所有尝试几乎都是失败的。溶栓治疗只在血管有明显血栓者造影显示有改善，另一些患者溶栓后冠状动脉阻塞反而加重；即使某些患者溶栓后血管造影有所改善，但是临床终点没有任何获益。国内进行的类似研究与国外研究相似，国内组织的尿激酶溶栓治疗不稳定型心绞痛的试验结果也显示，一次较大剂量（平均 130 万单位，小于 150 万单位）的尿激酶溶栓增加不稳定型心绞痛患者心血管事件的发生率。可是，当时国内很多医院都在应用不同剂量的尿激酶治疗不稳定型心绞痛的患者。

随着对不稳定型心绞痛血栓形成的病理生理机制的理解，我们认识到不稳定型心绞痛患者的血栓多较陈旧，或者新旧混合，溶栓难以发挥作用。溶栓剂激活血小板，并因溶解为数不多的纤维蛋白，血管创面重新暴露，与创面结合的大量凝血酶和血小板暴露或释放出来，使得不稳定的斑块变得更不稳定，而且还有导致斑块内出血的可能性。因此，无论是理论还是临床实践都不支持对不稳定型心绞痛患者进行溶栓治疗。

★ 溶栓药物的选择

曾经在20世纪80年代，出现过一阵蝮蛇抗栓酶溶栓治疗的热潮，国内陆续报道了蝮蛇抗栓酶溶解血栓的体内和体外研究。实际上，蝮蛇抗栓酶主要是由类凝血酶组成，仅仅具有一定的降低血浆中纤维蛋白原的作用，没有溶解纤维蛋白的作用，而血栓中含有的是不溶性纤维蛋白，因此它也就没有溶解血栓的作用。此外，这类药物没有经过设计良好的大规模临床研究的证实。

目前国内最常用的溶栓药物为尿激酶（UK），其次是链激酶（SK）和重组组织型纤溶酶原激活剂（rt-PA）。溶栓药根据其作用机制严格讲应称为纤溶酶原激活剂。在急性心肌梗死发生时，血栓形成的起动环节是血小板被激活而聚集，而最终导致梗死相关血管完全闭塞的是产生不溶于水的纤维蛋白。而90%以上ST段抬高的心肌梗死存在梗死相关血管的完全闭塞，因此开通梗死相关血管的关键是溶解纤维蛋白。在国外，UK之所以未在大规模临床试验中被选用，是由于欧洲没有一个厂家可生产出足够量UK供欧洲使用，而美国生产的UK价格高于rt-PA，并且在伦理上，美国人不愿接受尿中提取的药品。国内因为生产尿激酶的资源丰富，相比较价格也便宜，所以UK一直是我国应用最广泛的溶栓药物，尤其是在经济较为落后的地区。

★ 就地溶栓，还是转诊行PCI？

随着PCI技术的成熟和急诊PCI的广泛开展，越来越多的地区建立了心肌梗死患者的转诊网络，很多没有条件进行急诊PCI的医院往往选择将心肌梗死患者尽快转诊到有条件的医院治疗。然而，转诊必然带来血运重建的延迟，对所有的患者都不分青红皂白一律转诊到可以进行PCI的医院造成很多患者错过了挽救心肌的最佳时机。合理的策略应该是对于就诊及时，尤其是发病3小时内，年龄较轻，心肌梗死面积较大如广泛前壁心肌梗死的患者，如果没有溶栓的禁忌证，应该选择在当地医院尽快溶栓，再择期进行PCI；而对于就诊较晚，年龄较大，梗死面积小如下壁心肌梗死的患者，可以选择转诊行PCI。另外，假若有急诊PCI条件的医院没有配备24小时在医院待命的PCI团队，也难保证D2B时间达到指南的要求，此时仍然可以选择先溶栓然后行PCI的策略。

病例 患者50岁，男性，工人。以"心前区剧烈疼痛2小时"入院。既往健康，否认高血压、血脂异常和糖尿病病史，没有冠心病早发家族史，吸烟每天20~30支。入院后心电图显示V1~V5导联ST段抬高，T波高尖，未见Q波形成。当时患者一般状态良好，血压140/80mmHg，心率80次/分，心肺听诊无异常。患者就诊的县医院没有行急诊PCI的条件，转诊需要至少3小时。对这样的患者应该如何选择治疗决策？是在当地医院立即溶栓后再转诊还是立即转诊？

分析：治疗决策的选择，常见的模式是医生向患者交代可能的治疗策略。表面上最终的决定权似乎在患者或患者家属手上，但实际上绝大多数患者或家属的决定受医生的主观倾向影响。其一，这例患者年轻，全身状态好，是前壁心肌梗死，就诊时间早，也不存在溶栓的禁忌证，在3小时内就诊的心肌梗死患者溶栓与PCI的疗效相当。其二，该患者在症状出现2小时到达当地医院，如果给予溶栓治疗，从症状到再灌注的时间应该不超过3小时；而转运至行PCI的医院，从症状到再灌注时间将超过5小时。因此，针对该患者最合理的治疗应该是先在当地医院溶栓，而不是一味等待转运。

★ **急性心肌梗死患者在经过溶栓治疗后，是否应该行PCI，以及何时进导管室？**

原则上，溶栓治疗开通罪犯血管的成功率最多只能达到70%。对于所有判断溶栓没有成功的患者应该进行补救性 PCI, 可以最大程度地挽救尚存活的心肌。对于这些患者, 只要判断溶栓失败应该立即进行冠状动脉造影并开通罪犯血管。对于溶栓成功的患者, 是否一定要行 PCI 曾经有争议。近几年进行的研究发现, 对所有溶栓后的患者常规进行血管造影的评价并据此进行恰当的血运重建治疗, 优于只针对溶栓失败的患者采用补救性 PCI 的策略。

那么, 何时进行血管造影呢? 国际上一些研究发现, 溶栓后立即进行 PCI (也称为易化 PCI), 与直接 PCI 比较, 死亡率较高。我们在进行替奈普酶 (TNK) 溶栓的国内注册研究过程中, 也发现有相当一部分在溶栓后立即进行 PCI 的心肌梗死患者死亡率较高, 发生严重出血的风险也较高。因此, 对于溶栓后的患者可在 24 小时内进行冠状动脉造影, 但不宜过早。该患者可以在溶栓后转诊, 并在转诊的第二天进行冠状动脉造影。

★ 老年心肌梗死并非溶栓治疗的绝对禁忌证

(1) 老年人在生理、病理、疾病认知和社会地位等方面迥异于年轻患者, 造成了老年 ST 段抬高心肌梗死 (STEMI) 患者在诊疗上的特殊性, 从而影响再灌注治疗的效果, 主要表现在以下几个方面。

①心脏病理生理改变明显: 老年人的心脏在解剖及功能上逐渐发生退变, 心肌收缩力减弱, 室壁顺应性下降, 心排血量减少。在发生 STEMI 之前, 老年冠心病患者多有较长的心绞痛病史、心肌缺血范围广、多支病变居多, 且常有陈旧性心肌梗死 (OMI) 病史, 故心肌收缩储备力差, 合并缺血性心肌病者多, 一旦发生梗死则易出现急性肺水肿、心源性休克等严重血流动力学障碍。

②合并症多: 老年患者常常合并糖尿病、肾功能不全、呼吸功能不全等非心脏性全身疾病及其他心血管系统疾病 (如高血压心脏病、心律失常、脑卒中等), 对预后可产生不利影响。

③延迟就诊救治: 主要由两方面的原因造成, 其一, 老年 STEMI 发病

时症状多不典型，如无典型胸痛、心电图表现不明确等；其二，老年人对 STEMI 相关知识的掌握程度较差，缺乏行动和自救能力、社会关注程度不高等因素易造成就诊延误。

④接受再灌注治疗比例低：美国的数据显示，65 岁以下 STEMI 患者接受再灌注治疗的比例为 72%，而在 75~84 岁和大于 85 岁的患者中，这一比例分别降至约 40% 和 25%。

⑤预后较差：全球应用开放梗阻动脉策略（GUSTO）试验研究表明，小于 65 岁、65~74 岁、75~85 岁和大于 85 岁患者的 30 天病死率分别为 3%、9.5%、19.6% 和 30.3%，与年龄增长呈显著的正相关。这一特点显然会对患者和医生的信心及治疗决策产生较大的影响。

从总体上讲，进行 PCI 的出血风险较溶栓治疗小，而高龄又是出血的危险因素，所以溶栓治疗在老年人群使用较少。可是，老年人绝对不是溶栓的禁忌。当然，如果有条件选择 PCI 治疗可能更加安全，但是在有选择的老年人中溶栓仍然能确定良好的疗效。

（2）对老年人进行溶栓治疗时，应该注意以下问题：

①密切关注出血并发症尤其是颅内出血的监测，即经常注意神志的改变和可疑的神经系统症状，譬如头痛、呕吐等。

②老年人存在肾功能减退，溶栓和辅助抗血小板及抗凝治疗的药物剂量应该酌情减量。例如，常用的低分子肝素，不再给予负荷剂量 30mg 静脉推注，皮下注射剂量减为 0.75mg/kg。抗血小板药物中氯吡格雷不用负荷剂量 300mg，而是每天 75mg。对于溶栓药物是否需要调整剂量，还没有确切的依据，可以根据老年患者的全身状态和肝肾功能等情况实施个体化调整。

3. 推动溶栓治疗的循证之路

胡大一老师是国内最早开始在心肌梗死溶栓治疗中开拓循证医学道路的，

早在 20 世纪 90 年代，他就组织了全国多种溶栓药物临床研究，并积极向全国推广规范的溶栓治疗，足迹遍及大江南北，对促进国内溶栓治疗的规范化起到了重要作用。

伴随更新一代溶栓药物的出现，需要对新型溶栓药物的使用及溶栓与 PCI 的选择有新的规范。

★ 北京市 STEMI 注册研究的启示

2006 年，在北京市科学技术委员会（简称北京市科委）的支持下，胡大一老师主持了首都心血管疾病紧急救治的研究，在全市范围内有代表性的医院进行了 ST 段抬高心肌梗死救治现状的调查。结果发现心肌梗死救治的各个环节存在很多需要改进的地方。例如，胸痛患者通过救护车到医院就诊的比例仅有 1/3；接受直接 PCI 的患者中，仅有不到 1/5 的患者在指南建议的 90 分钟内得到了再灌注治疗；接受溶栓治疗的患者中，30 分钟再灌注治疗的比例更低，不足 10%。住院治疗的心肌梗死患者中，没有再灌注治疗的患者循证医学药物的使用最差，溶栓患者略好，但仍较 PCI 患者差。为了长期和有效评价国内心肌梗死患者的救治现状，并从中找到差距，改进治疗，降低死亡率，我们与美国同行合作，借鉴国外的先进模式，在国内启动了一项规模更大的注册研究，该研究将长期对国内心肌梗死患者的再灌注治疗、临床预后等进行定期总结，实时向各医院反馈信息，推进指南的实施。

★ 急性心肌梗死溶栓治疗专家共识的制订

2009 年，在胡大一老师的带领下，中国医师协会心血管内科医师分会组织和撰写了急性心肌梗死溶栓治疗的专家共识，先后发表在国内重要的专业杂志中，该共识撰写小组汇聚了国内在溶栓治疗领域具有丰富理论知识和实践经验的专家。该共识针对在目前 PCI 广泛开展的条件下溶栓治疗的适应证进行了适当说明；对国内可用的溶栓药物进行了详细剂量推荐，以及如何同时使用抗血小板和抗凝药物；最后，对救治流程给予了指导和建议。

五
难以忘怀的十六年外科医师经历

■ 汤楚中

我于1990年大学毕业进入中国人民解放军总医院（以下简称总医院）工作，经历过严格的住院医师及总住院医师的培训，也完成了外科硕士研究生课程。时间稍纵即逝，不知不觉来到了1996年，我已经是心脏外科的主治医师了。心脏外科的老师和前辈们，包括朱朗标、余翼飞和王冬青教授等常常鞭策我们几个年轻的主治医师，应该选择某个发展和主攻方向。可那个时候婴幼儿先心病、冠心病和大血管病的外科治疗在我国尚处于萌芽阶段，哪一方面作为发展方向实施起来都不容易。就拿冠状动脉外科来说吧，总医院心脏外科一年也就十几例冠状动脉旁路移植术，每开展一台这样的手术，需要非常庞大的队伍，手术、麻醉、灌注医生和护士加起来十多人，就连现在看起来相当简单的大隐静脉获取也只有副主任医师以上的人员才有资格上台。一台手术需要七八个小时，患者回到外科监护室的管理相当复杂，手术并发症和死亡率也相当高。纵观国内其他医院，技术水平和规模也大都如此。当时，中国医学科学院阜外心血管病医院（现为中国医学科学院阜外医院，以下简称阜外医院）一年的冠状动脉旁路移植术也不过百例，只能是几位著名专家才有机会开展。

彷徨了将近一年，1997年4月17日，在聆听了一场学术讲座之后，我的感觉发生了变化，也使我有机会参与和见证了中国冠状动脉外科飞速发展的时代。那一天，王冬青主任带领我们几个年轻医师去北京朝阳医院参加一个学术活动，记得当时主讲人是一位美籍华人医师，内容大概是机器人冠状动脉旁路移植术的动物实验研究，现场还有以猪为模型的模拟演示。机会不在于这样一堂讲座，而是聆听了胡大一老师的一个总结发言。当时对胡大一老师虽不感觉陌生，但也只知道他是心血管内科医生，国内治疗心律失常的顶级专家。胡老师总结发言的大概意思我现在还记忆犹新，他说冠状动脉旁路移植术在西方国家已是非常成熟的技术，住院医师级别的外科医生都可以很好地完成，而且向微创化发展；而国内医生对该手术还感觉非常神秘，技术水平也差。原因是多方面的：首先，冠状动脉旁路移植术是一个精细手术，带有显微外科的性质，需要精力充沛的中青年外科医生担当主角，而国内的外科医生恰恰是论资排辈，老专家眼神都不好了才刚刚开始学习这一类手术；其次，冠状动脉旁路移植术的发展有赖于心血管内科的介入诊断水平，内科医生也同样保守，一个简单的冠状动脉造影技术被少数人垄断，技术传授严重受限；再次，患者不愿意接受手术，原因不全在患者，医生没有很好地应用技术也是现实问题。该手术是一项成熟的技术，安全性高，疗效确切；如果医生的技术不成熟，那就适得其反。胡老师还说，他之所以离开北京大学第一医院来到北京朝阳医院，目的就是要打破传统，拆掉围墙，在这里建立内外科一体的心脏中心，并在这块试验田上探索我国心血管疾病治疗的新模式，推动心脏内外科的发展跟国际接轨。说者有心，听者也有意。会后我悄悄来到胡大一老师身旁，简单介绍了一下自己，然后就谈到我的想法和困惑。没想到胡老师非常痛快地给我提出建议，如果我愿意可以到他的中心来工作。机会就在转瞬之间，我想都没想就做出了接受建议的决定，当时我的老师、同事和家人对我离开总医院都感到不解。

就这样，1997年年底我提出了转业申请，过完春节就来到北京朝阳医院心脏中心上班。果不其然，这里的工作模式确实是全新的，心脏中心四个病房，一层是心律失常病房，九层是CCU，十层和十一层是冠心病和其他疾病的病房。外科主任是肖锋医生，还有5位下级医生，没有固定病房，手术前后的患者管理都是心脏内科医生负责。每天有1~2台冠状动脉旁路移植术，手术过程也远没有我在总医院心脏外科所见的耗时和复杂。

参加胡大一老师的查房令我受益匪浅，他不但是心脏内科的专家，心脏外科的知识也非常渊博。在查房的过程中，常常能聆听到他的一些宏观规划和超前思路。我刚到中心时，他才40多岁，可已经很少参与他擅长的心律失常和冠心病的介入手术了，反复强调要把机会留给年轻人、多出人才、快出人才。我这才第一次感受到他提倡的"打破围墙"的含义。他对外科发展和外科医生培训的思路，经常在查房的过程中流露出来，"走出去、请进来、快出新人"是他早年的思想。那时候每年都有几批外国专家团队来到心脏中心指导手术，特别是每年一次的长城会，营造出了一个学习和实践新知识的大舞台。胡大一老师对外科医生的出国进修也非常支持，并把外科医生送到那些能有机会上台的合作医院学习，我所知道的张永、苏丕雄、解斌、袁彪、梅运清等医生，都被胡老师送到国外大的心脏中心短期训练，而且他们学以致用，回来后都能很快独立把冠状动脉旁路移植术开展起来。

技术成熟了，人才出来了，胡大一老师又提出"打破围墙"的另一层意义，鼓励而不是限制学生们到急需人才的医院创业，这时候的他把重心从创立团队、探索模式向推广模式转移。我记得那时候差不多每个月都有外地医院的院长亲自来北京找胡老师，请他推荐心脏内外科医生。就这样，一大批心脏内外科医生走出去，到全国各个地区、各个医院开展工作，进一步在当地培养新人，形成雪球效应与燎原之势。令人感叹的是，胡老师的团队并没有因此人才凋零，而是很快又会涌现出新人。就拿心脏外科来说，肖锋去了北大医院，张永去了北京友谊医院，我和苏丕雄很快就走到了一线。后来我去了北京同仁医院，解斌回到广东省人民医院，袁彪、梅运清又脱颖而出。

尽管当时北京、上海、南京等地大医院的冠状动脉外科也飞速发展，但胡老师的理念所起到的推动作用是毋庸置疑的。这样一个理念对一家医院来说可能被理解为人才流失，可是对我们整个国家而言却是件实实在在的好事。据我所知，胡老师当时遇到的压力和阻力非常大，然而他的信念坚定不移。

20世纪末，冠心病介入治疗技术日新月异，胡老师在朝阳医院建立了国内第一个真正意义上的急诊绿色通道，重病人非常多，但他没有忘记外科的发展。当时冠状动脉外科有两个新动向：一个是全动脉化；另一个是微创非体外循环技术。当我们外科医师还没有完全意识到其重要性的时候，胡大一老师已从国际会议的交流中洞察到了。1999年他请来日本的天野教授，专门指导全动脉化冠状动脉旁路移植术，这是我第一次看到一个患者同时应用乳内动脉、桡动脉和胃网膜动脉行冠状动脉旁路移植术。2000年，胡大一老师又请来非体外循环冠状动脉旁路移植术之父，巴西的Buffolo教授到朝阳医院做学术讲座并演示手术，此后还安排心脏内科医生帮助我们挑选患者，鼓励我们尝试非体外循环技术。记得在厦门的一次冠状动脉外科的专题会上，非体外循环技术还受到了很多外科医师的质疑，我回来以后跟胡大一老师汇报。胡老师当时就说，一项技术能够在巴西、阿根廷这样的国家持续应用，而且他们国情和我们差不多，一定有它的独到之处，不尝试怎么知道。源于这样一个支持平台，我们的工作逐渐开展起来。

就在我们为掌握单一技术而沾沾自喜的时候，谁也没发现胡老师的观念正在悄然改变。如果我没记错的话，2002年他的言谈中已经出现了"三个回归"这个新名词，强调医师应该回归人文、回归临床、回归基本功。记得有一次，北京同仁医院心脏中心内外科一起讨论某个病例的时候，大家备感为难。内科医师说，病变太弥漫，由外科做搭桥吧；外科医师说，患者年龄大，多脏器功能受损，还是内科做介入吧。最后胡老师总结说："大家的意见都有道理，缺点是都把注意力集中在技术上了，为什么就不能想想技术以外的东西呢？药物治疗怎么样，大家考虑了吗？技术有时是可以挽救生命、延长寿命，但邵耕、许玉韵教授那个年代没有技术也不是束手无策。"当时的情况确实如此，我国心血管内外科经过几年的飞跃式发展，进入21世纪后技术能手如雨后春笋，可是老一代人强调的临床基本功在不少心脏内外科医生身上却见不到。心脏内科医生不再听心脏杂音和心律了，不愿意接诊心力衰竭患者了；心脏外科医生也是凭借"一招鲜"，只要会搭桥（旁路移植）就"走遍天下"。医生只要见了患者，就动员做支架、装起搏器、做搭桥、做换瓣，而不是反过来思考能不能不做这些。我那时也免不了"随大流"，跟胡老师交流时受批评是可想而知的。他多次告诫我，一招鲜的技术可以生存，甚至也可以挣点小钱，但是绝对当不好综合医院心脏外科的学科带头人，更成不了医学家。

三个回归的思想对我内心是一个巨大的触动，过去几年我们为了突破冠状动脉旁路移植术这一技术，不再重视先天性心脏病（简称先心病）、心脏瓣膜病等心脏外科基本疾病的知识，基本功忘光了，综合能力丢光了。这样下去，我们带出来的下一代外科医师就成心表外科医师了。

然而，在综合医院做综合学科并不容易，病源是个大问题，以心脏瓣膜病为例，普遍的印象是北方发病率远低于南方。再加上北京两所大型心血管专科医院的存在，使综合医院面临着更大的难题。可是胡大一老师却没把这些客观问题当困难，他认为回归临床就是要解决临床问题，能解决临床问题就会有需求，北方风湿性心脏瓣膜病可能少于南方，但老年性心脏瓣膜病将是个"亮点"；另外，瓣膜病多数有心房颤动，国际上已有术中同期心房颤动消融的报道，比单纯瓣膜置换生存率要高。正是按照这样的思路，我们在国内较早开展了术中心房颤动消融手术，广受患者欢迎，并吸引了许多心脏瓣膜病患者。

与此同时，胡大一老师又作出一个重大决策。他认为由于孕期保健和生活环境的限制，先心病患儿多数出生在农村、贫困家庭。农村医疗条件差、水平低，患儿得不到及时有效的诊治。一句经常挂在他嘴边的话是"先心病在农村是易治变难治，难治变不治"。就在我们将信将疑的时候，胡老师已经行动了。2003年他带领我们心内科、心外科和超声诊断三个专业的一行人到安徽省太和县中医院义诊3天，就诊的先心病患儿数量达500多。有的是有条件治疗，但因缺乏医学知识而延误治疗的；有的是没条件治疗而放弃的。凡是那次在现场的师兄弟和师姐妹们，心灵都经过了一次洗礼。胡老师动情地现场说法，希望他的学生要真正回归人文，不要只做坐堂医生，每年拿出一些时间来下农村、走基层、传播医学知识、传授医疗技术、送健康、送温暖、奉献爱心。就这样，胡老师从2003年开始组织学生成立"中国红十字会爱心工程胡大一志愿者服务队"，口号是"还孩子一颗健康的心脏"，利用周末时间义务筛查农村地区、贫困地区、边疆地区、少数民族地区的先心病，足迹遍及云南、贵州、四川、湖南、广西、湖北、河南、河北、甘肃、新疆、山东、山西、陕西、吉林、辽宁、黑龙江、内蒙古等省、自治区。并且通过募集资金和器材、减免费用等方法解决了6000多名贫困家庭儿童的先心病治疗问题，一路上越来越多的各地心脏内外科医生加入我们。我有幸参加了18次这样的活动，尽管耽搁了不少搭桥手术，内心却非常充实，也觉得花些精力回馈社会能更充分地体现我作为一名医生的价值。更重要的是，胡大一老师的思路、胸襟和公益心是我这么多年来最好的教材。今天由于政府的努力，越来越多的先心病患儿得到了减免费治疗，更使我感叹我们老师的远见。

　　进入21世纪，我国的心脏外科已昂首国际舞台，曾经陌生的婴幼儿复杂先心病、大血管病和冠心病的外科治疗都有了质和量的突破。这样的成绩与工作在一线的心脏外科医生的努力是分不开的，而我更记得老专家、老教授不遗余力地推动和他们的"视患者为亲人"的职业情操，把先进的医疗技术与患者、国家的实际需要紧密结合。我们医生就是要解决临床问题，满足患者的需求。

六
救助先天性心脏病患者是一件超越技术本身的事

■ 于波 王显

> 我们是人民的健康卫士，履行救死扶伤职责，以公益之心，走长征路，进社区下农村，为医生和群众送知识、送健康、送温暖。提高全民健康意识，倡导健康生活方式，做好心血管疾病预防。我们是新时代健康的播种机、宣传队，为提高全民健康水平而奋斗。
>
> ——大医博爱志愿者服务总队"百字宣言"

2007年国家卫生部（现国家卫生健康委员会）批准《常见先天性心脏病的规范化介入治疗技术》作为"十年百项计划"推广项目（卫通200713号）。

人的心脏和大血管在胚胎期就已经形成。母亲怀孕1~3个月这段时间是胎儿心脏大血管生长发育最快和最重要的时期。如果胎儿在此期间受到某种致病因素（如子宫内感染、药物、母亲的情绪受到刺激或者遗传因素等）的影响，扰乱了心脏、大血管的正常发育程序，使之出现发育障碍，导致发育的部分停顿、发育不全或者应该退化的部分没有退化，就会产生先天性心脏、大血管畸形，也就是我们通常所说的先天性心脏病，简称先心病。

关于先天性心脏病，目前比较统一的说法是：全国有近400万的先天性心脏病患者尚未得到救治，每年还有12~15万新出生的患儿。据估计，目前北京、上海以及各省会城市的大医院每年救治的先心病患者总计 8~10 万例。严重的先心病患儿没有及时进行干预的，到 1 岁时有一半会死亡，到 2 岁时有 2/3 会死亡。

动脉导管未闭、房间隔缺损和室间隔缺损是最常见的一组先心病，如不及时治疗，可发展成肺动脉高压，甚至不可救治的艾森曼格（Eisenmenger）综合征。"早期可根治，长期变难治，晚期成不治"是先心病的典型特点。

★ 对先心病最为稳妥的解决方案是"早发现、早诊断、早治疗"。

胡大一老师在北京同仁医院工作期间，明确提出心脏中心要筹建先心病内科，将救治先心病放在重要日程；成立了中国医师协会心血管内科医师分会先心病工作委员会，改组了中华医学会心血管病学分会结构性心脏病学组；并于 2003 年发起了"胡大一爱心工程"，带领学生先后奔赴安徽太和、河南内黄、河北巨鹿、贵州遵义、河南驻马店、河南台前和甘肃会宁等地进行先心病的筛查与救治。

"胡大一爱心工程"面向全国先天性心脏病儿童，呼吁社会对先心病儿童的关注，根据我国现状和先心病的特殊性，帮扶地方（尤其是老少边穷地区），培训人才，促进西部医疗卫生事业发展，并进一步探索构建新的先心病防、诊、治模式，将在中国基本消除先心病作为理论终点。通过组织大城市专家（志愿医疗服务队）走进贫困地区开展义诊活动，建立档案，尽可能多地把先进的医疗卫生知识、诊疗技术和健康带到医疗资源欠发达地区；向全国开放技术，开展先心病诊治培训，为各地尤其是贫困地区培养人才，留下不走的医疗队；逐步设立 200 个培训基地，建立全国救治网络，实现患者就近就地救治，方便患者就医并有利于降低费用，达到规模救治的效果；从而改善形同隔岸观火的医疗局面（河的一边心血管领域先进的诊疗技术很精彩，另一边先心病患者很无奈），打破坐堂医生的传统做法。大城市的医生一定要下基层去农村，不了解基层患者的医生不是一个全面的医生。

2007 年 5 月，胡大一老师从中国红十字会彭佩云会长手里接过了爱心工程旗帜,"胡大一爱心工程"正式更名为"中国红十字会爱心工程胡大一志愿者服务队"。

1. 先心病的综合治理

(1)治疗心血管疾病的关键在治理源头。

总说先天性心脏病患者多半在农村、贫困地区,大家是否想过救治疾病的最好办法是减少发病。抓好基层的宣传教育、优生优育、明确基层妇联和卫生系统的职责,母亲在整个孕期得到监测,都有助于把先天性心脏病的发病率降到最低,尽可能地避免深爱孩子的父母铸成终生无法弥补的缺憾,也符合投入少、社会效益好的经济核算原则。

中国的《黄帝内经》早在几千年前就阐明了"上医治未病"的行医真谛。不是有句口号是"少年强则中国强"吗?提高我国国民身体素质,应该是一个包括政府相关部门在内的多方联动的共同行为。

(2)"推行和普及先心病的规范化诊疗,避免重复性花费和减少额外花销"是解决问题的第一步。

提到先心病,接下来想到的往往是"因病致贫,因病返贫"。然而,基层医疗卫生条件的落后猛于贫穷本身,有时还是产生贫穷的直接原因。

①如果母亲在孕期能够接受规范的产检,胎儿畸形的检出率自然较高;婴儿出生后从病房到门诊能够得到定期的超声检查,先心病的检出率几乎可以达到100%。越早明确病情,选择治疗时机、制订治疗方案的空间就越大,治疗效果也越好。农村居民,尤其是偏远地区的农民,几乎得不到定期体检,多数患者是因为感冒发烧去当地诊所,村医发现心脏杂音而疑诊为先心病;由于多数先心病没有症状,身体条件较好者几乎没有被发现的机会,一旦有症状去医院就诊往往是已经出现了严重的肺动脉高压或者艾森曼格综合征而错失了治疗时机。

②即便去医院就诊，由于基层医疗条件和医生专业水平的限制，不能及时准确诊断（疑诊）先心病，致使患者重复住院，甚至错过根治时机，在危害患者生命和损害患者生活质量的同时，也消耗了家庭经济资源，可能造成家庭经济状况面临瓶颈。

③旅途花费和奔波可能给病情带来的负面影响也阻挡了先心病患者治愈的脚步。

以北京军区总医院（现中国人民解放军总医院第七医学中心）为例，每年大约有150多名先心病患者前来就医，包括简单先心病和复杂先心病，其中内科介入治疗80余例，外科手术治疗70多例。这部分先心病患者来自全国各地，平均住院10天，一个患者一般由1~2名家属陪同。

还需要计入"家庭成本"的是长途奔袭对患者病情可能带来的负面影响。沿途感冒、引发肺部感染等情况屡见不鲜，由此可导致病情加重、额外医疗费用支出和治疗难度增加。

（3）在与先天性心脏病斗争的这些年里，我们坚持四条主线：为广大的患者提供优质服务、为广大的医生搭建展示舞台、为众多的医院培养不走的医疗队、为国家探索崭新的医疗模式。

我们都有被邀请到地市级医院开展先心病治疗的经历。以北京到内蒙古包头的一次行程为例：往返机票约2700元，食宿费用约300元。

然而，我们在这里强调的"医疗成本"是"患者的生命"，因为这个代价最大。由于时间仓促，会诊专家在当地医院指导的时间有限，术后管理自然成了难题，甚至出现问题（比如术者已经离开，而已经植入的封堵器脱落了，如果脱落于左心室、颈动脉等部位会直接威胁患者生命）。外科手术的术后管理更是问题。手术成功不等于治疗成功，死于术后管理的病例是存在的，教训十分深刻。

无论是先心病的介入治疗，还是外科手术治疗，从技术培养层面来看，医生的成长周期都比较长。譬如先心病介入治疗医生的培养，在病例数目充足的情况下，至少需要一年的培养周期。因此，推广和普及"常见先天性心脏病的规范化诊疗"更需要及早重视。

另一方面，基础医疗的完备和完善不是天方夜谭。安徽省太和县中医院，5年间成为了全国三级甲等医院、安徽中医学院第二附属医院等。这个县级中医院短期内崛起的秘籍正是医院同我们这些来自大城市、大医院的同行们的共同建设、共同努力。

（4）从疾病的全貌和患者出发，制订合理有效和切实可行的治疗方案。

很多年以前，我国的各大医院就已经纷纷成立了心脏中心，将心内科和心外科的资源整合在一起，从疾病和患者身体的特异性以及经济条件出发，制订最为合理的治疗方案。针对先心病的话题，也应该如此类推。

（5）"我们呼吁社会各界人士关注先心病，帮助贫困地区的先心病患儿"。不要把这句话简单地理解为"金钱"方面的资助。科学规范的诊疗技术在基层的普及才是患者的真正福音。

①深入基层，普及先心病规范化诊断技能（比如明确先心病的临床表现，熟练掌握听诊技巧，学会做和读超声心动图），提高先心病的检出率。

②深入基层，推广常见先心病规范化治疗技术。

大量患者的存在，凸显了医疗资源的稀缺。一个专家终其一生可以治疗多少患者？一家再大的医院可以每天同时做多少台手术？医疗技术壁垒将遗留多少患者等在手术室门外？又将因此产生多少医疗腐败的温床？

从疾病本身考虑，举个例子更容易被理解，平顶山的急性心肌梗死患者是来不及到北京救治的，患者只有在当地抢救，或者丢失生命。"时间就是心肌，时间就是生命"，尽可能广地普及先进医疗技术和培养地方医护专业人员，就等于在最大范围内挽救人民的生命。

（6）成功救治先心病患者，可以使他们摆脱长期的疾病状况；减少国家和个人大量用于治疗心力衰竭、合并感染等的医疗投入；众多患者重新投入社会生产和生活，能带来难以估量的社会、经济效益。

2. 先天性心脏病防、诊、治的立体模型

（1）努力将患病率降到最低。开展胎儿超声心动图检查是产前超声监测、预知胎儿健康的重要组成部分，为胎儿心脏病产前诊断带来了突破性进展。即便父母在得知胎儿心脏先天发育畸形后仍坚持生产，也可以在第一时间为患儿择期治疗。

（2）规范婴儿体检，提高先心病检出率。

（3）针对400万遗留病患进行筛查和分类。对可以根治的患者进行救治；对已经错失根治机会的先心病患者进行妥善治疗。

"消除先心病"并不是心脏科医务人员可以独立完成的工作，需要相关各方的分工合作。好比是下象棋，棋盘上有车、马、炮等，而它们又各自承担着不同的任务，在同一个大舞台上各司其职。

目前，先心病治疗费用的减免方案是：对确认为贫困的患者，医院联合红十字会、当地民政部门与患者共同承担治疗费用。那么问题就来了，医院没有资质、经验和资源来制订帮扶对象的审核标准、审核程序和确认帮扶对象的资质。此外，社会上关注先心病的基金不少，这些基金的相关责任人选择的合作对象是大城市的大医院，也就造成了基金利用的无序和资金流向的不合理。

医疗界与先心病的战争是全国针对该疾病医疗总体水平提升（包括防、诊、治）的问题。由政府统一集中资源，统筹整体项目的各个组成部分（例如，基层医疗建设投资、健康宣传如优生优育、贫困帮扶等），掌管和合理规划资金流向（例如，将被认证的帮扶对象安排在指定医院治疗，并将相对应的款项拨到该院等）。

3. 具体工作设计

（1）进行流行病学调查。从基础开始，本着认真严谨的态度，建设"先心病学科和全方位的防、诊、治体系"。初期可以采取从薄弱环节入手，同时进行疾病普查、规范化诊疗和带动基层医疗水平。以哈尔滨医科大学附属第二医院心内科为例：定期派出医疗队义诊，争取在未来一年半的时间内，完成省内各地区 40 余个县级以下地区儿童先心病普查工作。

对象：每县随机抽取农村户口儿童（不含县城）1000~3000 名不等。

方法：调查人员接受先心病普查培训后，通过询问病史及体格检查，对每个儿童进行先心病初查。对疑似病例应用彩色多普勒超声进行探查。对确诊患者实行登记制度，以便安排治疗。

> **>>> 知识普及**
>
> 先心病是在全世界普遍流行的非传染性疾病。不同的国家和地区发病率不同，患病率也不同。根据哈尔滨医科大学附属第二医院在黑龙江省内肇州县、勃利县、富锦县和延寿县进行普查的数据统计，县以下农村 3~16 岁少年儿童先心病发病率约为 7‰。性别间、民族间是否存在明显差异，有待进一步研究。

（2）通过婚前保健学习、"孕妇学校"和对家长、学校、社区进行科学知识普及等方式，确保尽可能多的婚前对象、孕前和孕早期夫妇及其家人（尤其是农村地区）接收到先心病及其防治的健康知识。

（3）将孕前检查和婴儿体检普及到最基层。规范化诊断对挽救患者生命、提高患者生活质量和节约家庭、国家、社会资源起着至关重要的作用，可将诊断分为 2 个层次：县级医务人员能够做到初诊，地市级医院做到确诊。

（4）治疗方面，严格推行临床路径规范化，发挥心脏中心的成立宗旨，建立心内外科医生联合会诊制度。

（5）开办随访门诊，系统管理经诊患者，安排专人对出院患者进行随访。定期组织健康讲堂，分别为门诊和病房患者及家属提供义务的教育和咨询。

（6）建立先天性心脏病患者登记制度，加强对介入治疗和手术患者的远期随访工作，建立优质的病例数据库。循证医学的兴起与发展是现代医学革命的标志，其基础在于大型数据库的建立和现代统计学在医学领域的应用。1998年，美国胸外科医师协会（STS）与欧洲心胸外科协会（EACTS）联手建立国际先天性心脏病手术数据库，标志着先心病治疗真正进入循证医学时代。10年后，该数据库汇集海量的病例信息，取得了令世人瞩目的成果。2008年，美国心脏协会（AHA）和美国心脏病学会（ACC）联合发布的《2008 ACC/AHA成人先天性心脏病管理指南》就是其重要成就之一。中国的先心病治疗，特别是介入治疗无论是治疗患者数量还是发展速度，都处于世界前列，理应在学习国际同行的先进经验的同时，走出一条具有中国特色的道路，为全世界先心病诊疗技术发展做贡献。

（7）培养负责任的专业人员（以"疾病的全貌和患病的人"，而不是医生自我的"一技之长"为出发点，避免"医疗资源不足"和"过度医疗"）。我们的医生们，尤其是大医院的医生们，不用担心饭碗被抢走，我们的能量在那些尚未得到治疗的患者面前是那么的渺小。儿科、心外科，还有我们心内科，摆在我们面前的困惑是一致的：如何"消化"掉几百万病患？如何阻止呱呱坠地的新生命背负残酷的命运？

（8）在大、中、小（各级）医院之间建立帮扶体系。

（9）建立网上的和实体的医医、医患和患患交流平台。

七
药物治疗的临床意义

■ 田新利　丁荣晶

随着我国经济的发展、人们生活方式的改变以及人口老龄化的加剧，心血管疾病的发病率逐年上升，成为当前威胁我国居民生命健康、致死致残的主要疾病之一，且发病越来越趋于年轻化，防治形势非常严峻。近年来，介入治疗和外科技术飞速发展，"介入心脏病学"已发展成为一个亚学科，包括冠心病介入治疗、射频消融治疗、永久起搏器植入、心脏再同步化治疗和植入式心脏复律除颤器等，在临床实践中得到了广泛的使用。即便如此，药物治疗在心血管疾病的治疗中并没有失去价值和意义，反而成为上述技术手段的基石和疗效的保证，发挥了更为重要的作用。再次审视传统药物治疗对广大心血管疾病患者的意义和厘清药物治疗与技术应用之间的协调统一是非常有必要的。

1. 技术时代中的药物治疗

（1）冠心病：自经皮冠状动脉介入治疗（PCI）在临床应用以来，其与冠心病传统药物治疗间的较量就从未间断过。为证明介入和药物在冠心病治疗中孰优孰劣，国际上进行了一系列大规模临床试验。2007年公布的血管再通和强化药物治疗临床结果评价（COURAGE）研究[1]，是其中很重要且经常被引用的一项。

COURAGE研究共入选了2287例病情稳定的冠心病患者，均有心绞痛症状和心肌缺血的客观证据，冠状动脉造影显示冠状动脉近端至少70%狭窄。全部患者均依据指南接受理想药物治疗，包括他汀类药物（他汀），抗血小板药物（阿司匹林81~325mg/d，若不耐受阿司匹林则应用氯吡格雷75mg/d，PCI治疗组为阿司匹林和氯吡格雷联用），血管紧张素转化酶抑制剂（ACEI）或血管紧张素受体拮抗剂（ARB）和β受体阻滞剂。所有患者应用强化降脂治疗使低密度脂蛋白胆固醇（LDL-C）达到60~85mg/dl。抗缺血药物包括长效美托洛尔、氨氯地平和硝酸酯类。在此基础上，患者被随机分为接受PCI（n=1149）或不接受PCI（n=1138）治疗，随访2.5~7年。结果显示，两组患者的主要终点（死亡或心肌梗死）没有差别，药物加PCI组（PCI组）为211例次（19%），单独药物治疗组（药物组）200例次（18.5%）；次要终点也没有差别（死亡、心肌梗死、脑卒中或因急性冠脉综合征住院）。加用PCI的主要获益是心绞痛症状缓解。PCI组患者在接受PCI治疗后早期心绞痛的缓解较明显（1年时，PCI组缓解率为66%，药物组为58%；3年时，PCI组缓解率为72%，药物组为67%）。随访5年时两组患者的心绞痛均显著缓解，差异无统计学意义，PCI组患者在活动受限评分、生活质量（西雅图心绞痛量表）和心绞痛频发的程度上明显优于药物组患者。

COURAGE研究给我们带来的启示是：介入治疗急性心肌梗死、高危的非ST段抬高的急性冠脉综合征，可以减少死亡；对稳定的冠心病患者，PCI的主要作用是缓解心绞痛，因此，遵循指南的原则，实现理想的循证用药，加上指导患者改变生活方式（戒烟、运动）是最重要的基本治疗。对稳定的冠心病经充分使用循证药物仍不能满意控制心绞痛症状的患者，再行PCI为时未晚。

血管成形术与药物治疗对比（ACME）研究[2]也显示，针对单支病变的PCI与药物治疗相比，主要是缓解症状，增加运动耐量，提高生活质量，而两组远期预后相似。

2010年7月，美国医疗保险和医疗补助服务中心（Centers for Medicare & Medicaid Services，CMS）的数据分析显示，在人口老龄化加剧、肥胖、糖尿病患病率增加等导致医院平均死亡率上升的年代，美国急性心肌梗死（AMI）的住院死亡率却在显著下降。多因素的分析结果表明，冠心病的再灌注治疗、药物治疗和二级预防与ST段抬高的心肌梗死（STEMI）患者住院期间病死率均有着独立的相关性。美国STEMI的治疗历程告诉我们：及时、有效的再灌注治疗是降低STEMI死亡率的关键，对STEMI患者及时恢复梗死相关动脉的血供是再灌注的主要目标。作为急诊再灌注的重要治疗方法，PCI挽救了众多冠心病患者的生命，显著改善了冠心病尤其是AMI的预后；但是在没有PCI的时代，即使在今天，溶栓治疗仍是急性心肌梗死救治的重要手段。

20世纪90年代，胡大一老师就已经开始实践并推广急性心肌梗死的早期救治，提出"时间就是心肌，时间就是生命""有胸痛上医院"。当时溶栓治疗在我国没有广泛普及，原因是溶栓药物昂贵。为了提高心肌梗死的救治效率，推广国产溶栓药物非常必要。为了验证国产溶栓药物的疗效和安全性，胡老师先后组织3个急性心肌梗死溶栓药物试验，分别是：尿激酶溶栓治疗急性心肌梗死多中心临床试验；重组链激酶治疗急性心肌梗死的疗效及安全性；国人小剂量重组组织型纤溶酶原激活剂与尿激酶治疗急性心肌梗死随机对照研究。研究结果证实了国产溶栓药物的有效性和安全性，促进了溶栓技术在我国的普及，为提高我国心肌梗死的早期救治率作出了贡献。2007年，胡老师牵头组织撰写了《急性ST段抬高心肌梗死溶栓治疗的中国专家共识》。

加强冠心病患者的临床药物治疗和二级预防，不仅可以降低STEMI的发病率，还可以大大降低高危STEMI患者的比例，从而有效降低STEMI患者的住院死亡率。近年来，冠心病的药物治疗取得了长足进展，冠心病的药物治疗包括：抗栓药物、RAAS阻断剂、他汀类药物以及抗缺血药物。大量随机临床试验有力论证了他汀类药物、抗血小板药物、ACEI，以及β受体阻滞剂在冠心病治疗中的地位。我们以他汀类药物为例，来说明药物在治疗冠心病中的重要作用。

从1987年第一个上市的洛伐他汀，到辛伐他汀、普伐他汀、氟伐他汀、阿托伐他汀、瑞舒伐他汀和匹伐他汀，他汀类药物的问世开启了血脂干预冠心病的新时代。冠心病作为动脉粥样硬化-血栓性疾病，是一类环境与遗传基因相互作用的多因素疾病。大量的科学研究证明，血浆胆固醇，尤其是低密度脂蛋白胆固醇（LDL-C）已成为防治包括冠心病在内的缺血性心脑血管疾病的主要干预靶点。他汀类药物能有效降低胆固醇，并且已被许多大规模临床试验证明能显著降低冠心病的发生率和死亡率。

五项著名的他汀类药物大规模临床试验，为他汀类药物防治冠心病提供了坚实的证据：北欧辛伐他汀生存研究（4S）[3]、胆固醇和复发事件研究（CARE）[4]、普伐他汀长期干预缺血性疾病研究（LIPID）[5]、西苏格兰冠心病预防研究（WOSCOPES）[6]和空军/得克萨斯冠状动脉粥样硬化预防研究（AFCAPS/TexCAPS）[7]。这五项大规模临床试验被誉为"在冠心病防治史上具有里程碑意义"。这些研究结果充分肯定了应用他汀类药物可以显著降低LDL-C，使冠心病的死亡率和致残率明显降低，总体死亡率明显降低。

此外，阿托伐他汀与血管重建术比较研究（AVERT）[8]表明：对于无症状或轻微症状的低危稳定性冠心病患者，使用强效他汀类药物积极降低LDL-C，在减少缺血事件方面至少与PTCA同样有效。

氟伐他汀干预预防研究（LIPS）[9]结果表明：氟伐他汀治疗首次行经皮冠状动脉介入术后患者，可使主要不良心脏事件发生的危险性降低22%，表明即使已接受了冠状动脉介入治疗的患者，仍然需要进行他汀治疗。

普伐他汀或阿托伐他汀和感染治疗试验（PROVE-IT）[10]比较了强效降脂治疗（阿托伐他汀80mg）与一般降脂治疗（普伐他汀40mg）对急性冠脉综合征临床终点的作用。结果表明，对近期发生急性冠脉综合征的患者，与标准的降脂方案比较，他汀强化降脂方案更有助于减少死亡和主要心血管事件发生的危险，对极高危患者进行积极强效降脂治疗能获得更大的临床益处。

基于众多大规模临床试验的结果，各国冠心病防治指南的建议是：他汀类药物既是冠心病预防和治疗的基础用药，也是最有效的药物。正如1996年，美国心脏病学杂志主编Roberts教授对他汀作过的评价[11]：他汀是一类神奇的药物，其对动脉粥样硬化的疗效如同青霉素治疗感染性疾病，对冠心病患者须予以充分的应用。2004年世界著名的心脏病学专家Topol教授在《新英格兰医学杂志》上也发表了非常有影响的述评[12]："在动脉粥样硬化血管疾病的防治方面，他汀类药物降低主要的不良终点如死亡、心肌梗死和脑卒中的疗效已超越所有其他药物。"

为推广"他汀治疗降低胆固醇，改善心血管疾病预后"这一理念，胡大一老师2004年发起中国胆固醇教育计划，2007年发起北京社区胆固醇教育计划，在全国开展各种类型的会议和讲座上千场，培训各级医务人员数万人，同时进行了全国各级医生胆固醇知识和降脂药使用调查以及社区居民胆固醇控制和胆固醇知识调查，相关结果已在不同杂志和会议上发布，为促进我国心血管医生对胆固醇的重视和他汀治疗理念的推广做出了重要贡献。

胡大一老师也指出，必须考量临床试验和临床实践的差距（详见后文《心血管疾病从经验医学到循证医学的转变》），大剂量他汀不适用于中国人群。单用他汀不能使胆固醇下降达标，增加他汀剂量又发生严重不良反应时，可用他汀联合依折麦布。他汀剂量倍增仅可使降LDL-C的效果增加6%，而他汀与依折麦布合用，降LDL-C的效果增加20%。例如，阿托伐他汀10mg或辛伐他汀20mg与依折麦布10mg合用相当于阿托伐他汀80mg疗效，即"10+10 ≥ 80"。

综上所述，作为心血管医生，应该熟悉并遵循指南，缩小指南与临床实践之间的"治疗差距"。在临床实践中，根据患者的实际情况，科学合理地制订适当的治疗方案，使患者获益更多。

（2）心律失常：以心房颤动（房颤）为例。

房颤的治疗原则包括：转复并维持窦性心律（窦律）、控制心室率、预防血栓栓塞。转复和维持窦律的方法有药物转复和房颤导管消融治疗。从1998年Haissaguerre创立点消融开始，房颤导管消融治疗应用于临床多年，并逐渐发展成为一种较为普遍的治疗手段。有研究报道，药物治疗维持窦律的比例为57%，导管消融维持窦律的比例为71%。由此可知即使采用导管消融治疗房颤，尚有29%的房颤患者需要心率控制。

心率与心律控制，有五项随机临床试验对此进行了研究。AFFIRM研究和RACE研究显示，两种治疗方法的组间复合终点发生率及组间患者的生活质量没有差别[13,14]。STAF和PIAF都属干预试验，结果一致表明两种治疗策略对终点事件的影响是一致的[15,16]。PAF2研究[17]显示控制心率组的住院率低。因此，心率控制在房颤的临床治疗中往往作为首先考虑的方案。目前控制心室率的方法，主要是使用药物，常用的控制心室率的药物为β受体阻滞剂、非二氢吡啶钙离子拮抗剂和洋地黄类药物（地高辛等），各自作用特点不同，临床医生要熟悉每类药物的作用机制、注意事项，在临床治疗中正确、合理地使用。

房颤的主要危害之一是血栓栓塞，所以无论是节律控制还是心率控制，防治血栓栓塞在房颤的治疗中都最为重要。脑栓塞（缺血性脑卒中）是房颤引起的最主要栓塞事件，同时也是房颤患者致残率最高的并发症。房颤发生率随年龄而增加，可使各年龄段脑卒中的危险增加4~5倍[18]，对房颤尤其是老年房颤患者，预防缺血性脑卒中尤为重要。目前常用的抗栓药物有华法林、阿司匹林、氯吡格雷等。房颤血栓栓塞的一级预防试验荟萃分析提示，华法林使脑卒中的相对危险降低68%[19]，ACTIVE-W试验证实，华法林降低房颤脑卒中显著优于联用阿司匹林和氯吡格雷[20]。指南推荐脑卒中高危房颤患者须服用华法林并维持国际标准化比值（INR）在 2~3[21]。

同药物治疗相比，经导管射频消融治疗房颤的优势之一就是可能治愈房颤，消融成功后患者有可能不需要终身服用华法林；但《2007 HRS/EHRA/ECAS 房颤导管和外科消融专家共识》[22]也指出，脑卒中高危患者即使消融成功也不宜停用华法林。

为了了解我国房颤的发病率和治疗现状以及华法林应用的合适剂量，胡大一老师组织在全国进行了房颤流行病学调查和药物研究。结果显示，根据我国 13 个省 14 个自然人群近 30000 人的抽样调查结果，我国约有 400 万房颤患者，房颤总患病率为 0.77%，男性患病率高于女性（0.9% 对 0.7%，$P=0.013$），患病率随年龄增加而升高，80 岁以上的人群高达 7.5%，房颤患者脑卒中患病率达 25%，明显高于非房颤人群。而住院房颤患者接受抗凝治疗者不到 10%，门诊患者不到 2%；约 50% 的患者应用阿司匹林，约 30% 的患者无预防性抗栓治疗；除了不能耐受华法林和有禁忌证外，华法林抗凝治疗适应证的房颤患者中，50% 以上没有接受抗凝治疗。同时，该调查和药物研究对国人华法林治疗剂量也进行了探讨，结果显示，国人华法林应用剂量的 INR 目标值同样应达到 2~3，为我国房颤的防治和抗凝治疗药物的选择提供了重要的流行病学数据和依据。

（3）心力衰竭：慢性心力衰竭是心内科治疗学上的难题，是使患者丧失工作能力、具有较高死亡率的严重疾患。

近几十年来，慢性心力衰竭的发病率逐年增加。流行病学资料显示，全球心力衰竭患病人数高达 2250 万，并且每年新增病例数 200 万。心力衰竭发生与年龄相关，根据 1988~1991 年的调查，年龄大于 70 岁的人，大约 10% 患有心力衰竭。心力衰竭的死亡率与临床严重程度相关，对中重度心力衰竭，其 5 年死亡率可达 30%~50%。每年因心力衰竭引发的医疗花费达 400 亿美元。心力衰竭的病理生理机制是神经体液激活，即交感神经系统和肾素—血管紧张素系统（RAS）的激活在心力衰竭发生和发展中起了重要作用，所以药物治疗，包括 ACEI、β 受体阻滞剂、醛固酮拮抗剂等，在心力衰竭的治疗中举足轻重。

ACEI 的临床应用可以认为是近 30 年慢性心力衰竭治疗中最重要的进展。基础研究证实，该药物能逆转左心室肥厚，防止心室的重构（ventricular remodeling），在相当程度上逆转心力衰竭的病理过程。许多大型临床试验已证实，其不仅能缓解心力衰竭的症状，还可以降低患者的死亡率和改善预后，并在心力衰竭的一级预防和二级预防中发挥积极作用，被誉为治疗慢性收缩性心力衰竭药物的"基石"。所谓慢性心力衰竭标准治疗或常规治疗就是 ACEI 单用或加用利尿剂；纽约心脏协会（NYHA）心功能分级 Ⅱ、Ⅲ 级患者加用 β 受体阻滞剂，可合用亦可不用地高辛。

2. 学习和遵循指南，进一步规范药物治疗

尽管大量的循证医学研究结果和指南在不断更新，冠心病的一、二级预防均存在巨大的"治疗差距"。即使在美国，高血压和高血脂的治疗率和控制率仍较低。2005 年美国预防、检测、评估与治疗高血压全国联合委员会第 7 次报告（JNC7）的全国健康和营养检测调研报道，发现有 5000 万的高血压患者，虽然经过 20 多年的教育和普及，情况仍然比较尴尬：1988~1991 年治疗率 55%，控制率 29%；1991~1994 年治疗率 54%，控制率 27%；1999~2000 年治疗率 59%，控制率 34%。冠心病患者达到国家胆固醇教育计划（NCEP）治疗目标的比率：从 1994 年 7 月 1 日至 1996 年 10 月 1 日，在 140 间社区医生诊所至少就诊 2 次的 48586 名冠心病患者中，只有 39% 接受调脂治疗，只有 25%LDL-C 治疗达标。再看我国高血压的控制情况：2004 年全国营养与健康综合调查（≥ 18 岁居民）显示，高血压患者约有 1.6 亿，治疗率 24.7%，控制率 6.1%。我国血脂的控制情况：只有 5% 的冠心病患者血脂治疗达标，只有 21% 的糖尿病患者血脂治疗达标。

美国加州大学 CHAMP 研究[23] 显示，院内启动治疗，改进临床实践模式、缩小治疗差距，带来了临床事件的明显减少，患者死亡/再发心肌梗死明显减少，由 14.8% 降至 6.4%。CHAMP 研究后，作为冠心病二级预防的一种治疗模式，1995 年国际上相继兴起了"生命网"活动。胡大一老师在我国自 1998 年倡导发起"生命网"（Heart care network，HCN），全国有近 40 家三级甲等医院参加。"生命网"作为冠心病二级预防模式，主要针对急性心肌梗死、心绞痛和接受冠状动脉介入术（PCI）以及冠状动脉旁路移植术（CABG）的冠心病患者，以减少再次心血管事件的发生或血运重建术的需求；现在进一步扩大到冠心病的一级预防，即冠心病高危患者。"生命网"可跟踪冠心病患者及冠心病高危患者的治疗方案，在患者出院前尽早给予阿司匹林、他汀类药物、β 受体阻滞剂以及 RAAS 阻断剂，并结合戒烟、饮食控制和运动指导，出院后紧密随访，评估治疗率及改进患者健康教育。

房颤的抗凝治疗同样存在"治疗差距"。尽管临床试验已证实华法林预防高危房颤患者脑卒中的有效性，然而其临床应用率仍然很低。欧美发达国家华法林应用率也仅为 42%~59.3%[24]。国内同期研究显示，房颤患者华法林使用率仅为 2%，房颤住院患者华法林使用率仅为 6.6%。

文章写到这里，我们并非争论技术和药物在抵抗心血管疾病时的优劣，而是强调根据患者的实际情况（包括疾病、个体差异、意愿以及经济状况等）进行综合分析，制订出患者利益最大化的治疗方案。

参考文献

[1] Boden WE, et al. Clinical Outcomes Utilizing Percutaneous Coronary Resvascuarization and Aggressive Guideline-driven Drug Evaluation. *N Engl J Med*, 2007, 356:1503-16.

[2] Parisi AF, Folland ED, Haartigan P. A comparison of angioplasty with medical therapy in the

treatment of single-vessel coronary artery disease.*N Engl J Med*, 1992, 326:10-6.

[3] The Scandinavian Simvastatin Survival Study Group.Randomised trial of cholesterol lowering in 4444 patients with coronary heart disease:the Scandinavian Simvastatin Survival Study（4S）. *Lancet*, 1994, 344:1383-1389.

[4] Sacks FM , Pfeffer MA, Moye LA, et al.The effect of pravastatin on coronary events after myocardial infarction in patients with average cholesterol levels.*N Engl J Med*, 1996, 335:1001-1009.

[5] The Long-Term Intervention with Pravastatin in Ischaemic Disease（LIPID）Study Group. Prevention of Cardiovascular Events and Death with Pravastatin in Patients with Coronary Heart Disease and a Broad Range of Initial Cholesterol Levels.*N Engl J Med*, 1998, 339:1349-1357.

[6] Shepherd J, Cobbe SM, Ford I, et al.Prevention of coronary heart disease with pravastatin in men with Hypercholesterolemia.*N Engl J Med*, 1995, 333:1301-1307.

[7] Downs JR, Clearfield M, Wies S, et al.Primary prevention of acute coronary events with lovastatin in men and women with average cholesterol levels:results of AFCAPS/TexCAPS.Air Force/Texas Coronary Atherosclerosis Prevention Study.*JAMA*, 1998, 299（20）:1615-1621.

[8] Pitt B, Waters D Brown WV, et al.Aggressive lipid-lowering therapy compared with angioplasty in stable coronary artery disease Atorvastatin versus Revascularization Treatment Investigators. *N Engl J Med*, 1999, 341:70-76.

[9] Serruys PWJC, de Feyter P, Macaya C, et al.Fluvastatin for prevention of cardiac events following successful first percutaneous coronary intervention.*JAMA* , 2002, 287:3215-3222.

[10] Cannon CP, Braunwald E, McCabe CH, et al.Comprison Intensive and Moderate Lipid Lowering with Statins after Acute Coronary Syndromes.*N Engl J Med*, 2004, 350:1495-1504.

[11] Roberts WC.The underused miracle drugs:the statin drugs are to artherosclerosis what penicillin was to infectious disease.*Am J Cardiol*, 1996, 78:377-378.

[12] Topol EJ.Intensive statin therapy-A sea change in cardiovascular prevention.*N Engl J Med*, 2004, 350:1562-1564.

[13] The AFFIRM investigator.A comparison of rate control and rhythm control in patients with

recurrent persistent atrial fibrillation.*N Engl J Med*, 2002,347:1825-1833.

[14] Van Gelder IC, Hagens VE, Bosker HA,et al.Rate control versus Electrical Cardio version for Persistent Atrial fibrillation Study Group.A comparison of rate control and rhythm control in patients with recurrent persistent atrial fibrillation.*N Engl J Med*, 2002,347:1834-1840.

[15] Carlson J,Miketic S,Windeler J,et al.Randomized trial of rate-control in patient atrial fibrillation:the Strategies of Treatment of Atrial Fibrillation (STAF) study.*J Am Coll Cardiol*,2003,41:1690-1696.

[16] Hohnloser S, Kuick Karl.Lilienthal J, Rhythm or rate control in atrial fibrillation:Pharmacological Intervention in Atrial Fibrillation (PIAF) :a randomized trial.*Lancet*,2000,356:1789-1794.

[17] Brignole M, Menozzi C, Gasparini M, et al.PAF2 study investigators.An evaluation of the strategy of maintenance of sinus rhythm by antiarrhythmic drug therapy after ablation and pacing therapy in patients with paroxysmal atrial fibrillation.*Eur Heart J,* 2002,23:892-900.

[18] Wolf PA, Abbott RD, Kannel WB.Atrial fibrillation as an independent risk factor for stroke: the Framingham Study.*Stroke*,1991,22（8）:983-988.

[19] Investigators AF.Risk factors for stroke and efficacy of antithrombotic therapy in atrial fibrillation.Analysis of pooled data from five randomized controlled trials.*Arch Intern Med*,1994,154（13）:1449-1457.

[20] Connolly S,Pogue J,Hart R, et al.Clopidogrel plus aspirin versus oral anticoagulation for atrial fibrillation in the Atrial fibrillation Clopidogrel Trial with Irbesartan for prevention of Vascular Events (ACTIVE W) :a randomised controlled trial.*Lancet*, 2006,367（9526）:1903-1912.

[21] Fuster V, Rydén LE, Cannom DS,et al.ACC/AHA/ESC 2006 Guidelines for the Management of Patients with Atrial Fibrillation:a report of the American College of Cardiology/American Heart Association Task Force on Practice Guidelines and the European Society of Cardiology Committee for Practice Guidelines (Writing Committee to Revise the 2001 Guidelines for the Management of Patients With Atrial Fibrillation) :developed in collaboration with the European Heart Rhythm Association and the Heart Rhythm Society.*Circulation*,2006,114（7）:e257-354.

[22] Calkins H, Brugada J, Packer DL, et al.HRS/EHRA/ECAS expert Consensus Statement on catheter and surgical ablation of atrial fibrillation:recommendations for personnel, policy, procedures and follow-up.A report of the Heart Rhythm Society (HRS) Task Force on catheter and surgical ablation of atrial fibrillation.*Heart Rhythm*, 2007,4（6）:816-861.

[23] Fonarow G C,Anna Gawlinski,Samira Moughrabi, et al.Improved treatment of coronary heart disease by implementation of a Cardiac Hospitalization Atherosclerosis Management Program (CHAMP) [J].*Am J Cardiol*, 2001, 87:819-822.

[24] Go AS, Hylek EM, Borowsky LH, et al.Warfarin use among ambulatory patients with nonvalvular atrial fibrillation: the anticoagulation and risk factors in atrial fibrillation (ATRIA) study.*Ann Intern Med*, 1999, 131:927-934.

八
心血管疾病从经验医学到循证医学的转变

■ 胡大一（2006年）

1. 从经验医学到循证医学的转变

从1965年我走进北京医学院（现北京大学医学部）的大门成为一名医学生，到1970年我毕业到北京医学院第一附属医院（现北京大学第一医院，简称北大医院）做一名内科医生，再到1985年我去美国做访问学者，大约20年的时间，临床上用药主要遵循的是经验医学模式。20世纪60~70年代用于心血管疾病的药物相对较少，并且医生评价药物疗效的标准主要为替代指标，例如治疗心力衰竭时，洋地黄的强心作用，利尿剂利尿减轻肺循环与体循环淤血水肿的作用。之后，当血管扩张剂用于治疗心力衰竭时，大家查房、为学生出试题的热点是什么药减轻前负荷，什么药减轻后负荷，什么药对前后负荷都减轻。当时北大医院心内科的诊疗常规中有"心痛定"（硝苯地平的平片）可减轻心脏后负荷，而推荐用于心力衰竭的治疗。含服"心痛定"快速降血压也经常见于医疗实践。

1985~2005年的20年间，心血管医学临床用药方面最大的变化是从经验医学模式向循证医学模式的转变。

引起我对循证医学关注和产生浓厚兴趣的是我在美国期间亲眼看到的心律失常抑制试验（Cardiac Arrhythmia Suppression Trial, CAST）[1]。该试验曾在我国引起争鸣，相关文章发表在《中华心血管病杂志》上。CAST研究入选的是心肌梗死后有左室射血分数下降和频发室性早搏或非持续性室性心动过速，并且经当时的 IC 类抗心律失常新药氟卡尼（flecainide，用于左室功能相对较好的患者）或英卡尼（encainide，用于左室功能相对较差的患者）治疗后，室性心律失常被显著抑制的患者 1,498 例，被随机双盲分别持续使用氟卡尼/英卡尼或安慰剂，平均随访 10 个月，持续使用抗心律失常药物的患者的总死亡率和心律失常所致死亡均明显高于安慰剂组。CAST 从根本上挑战了积极使用抗心律失常药物治疗室性早搏或非持续性室性心动过速的传统经验医学实践。我是从研究心律失常走入心内科学术殿堂的，CAST 影响了我此后的医疗实践。

CAST 之后的一系列有关抗心律失常药物的研究一致显示：I 类抗心律失常药物用于心肌梗死后，尤其伴左室收缩功能不全和心力衰竭的患者不但无益，反而显著增加猝死与总死亡率；IA 类抗心律失常药物，例如奎尼丁，用于心房颤动的复律或维持窦性心律有一定的效果，但增加室性心律失常（尖端扭转型室性心动过速）或猝死的风险。基于这些临床研究，人们发现所有的抗心律失常（antiarrhythmia）药物都可能有致（促）心律失常（proarrhythmia）作用，即引起用药前没有的更为严重的心律失常（如奎尼丁晕厥）或使原有的心律失常恶化，如 IC 类抗心律失常药物使心肌梗死后患者的室性心动过速变得连续，难以终止。

20 世纪 60~70 年代，经静脉使用利多卡因是在急性心肌梗死早期预防室性心律失常的常规，但与安慰剂对照的临床试验显示，这种医疗实践无效而有害。同一时期我国的多本教科书与学术著作都讲过，洋地黄类药物和非二氢吡啶类钙拮抗剂维拉帕米可用于阵发性心房颤动的复律治疗，而随机的安慰剂对照研究表明无论是复律的成功率，还是从给药至恢复窦性心律的时间，治疗组与安慰剂对照组之间都没有显著性差异。

经过临床试验的验证，被人们寄予极大希望的用于治疗心力衰竭的非洋地黄类正性变力性药物纷纷落马，而经过 25 年的漫长循证，对有负性变力性作用的 β 受体阻滞剂来说慢性心力衰竭终于从禁忌证变成了适应证。

与经验医学不同，循证医学模式评价药物采用预后终点（outcome endpoint）或硬终点（hard endpoint），而不是经验医学注重的症状、体征、血液动力学等替代终点（surrogate endpoint）。预后终点强调与安慰剂对比或与传统治疗药物对比，新药物能够：

①显著降低总死亡率（total mortality）或全因死亡率（all-cause mortality），延长患者生存，例如多种降血脂药物中只有他汀类药物能降低总死亡率。

②减少有致残致命后果的临床事件（clinical events），如脑卒中、心肌梗死、心脏骤停（cardiac arrest）。

③提高生活质量。

④卫生经济学和药品经济学评估较好，如成本/效益比（cost-effectiveness ratio）。

在循证医学模式下，针对临床上存在的问题，针对研发的新药和对老药再评价，设计和实施临床试验，汇总同类试验获取证据，对证据的可信可靠性评估，由相关的政府部门或学术机构组织专家委员会，制订指南，指导临床用药和医疗行为。

循证医学并不排斥临床经验，临床试验和指南的原则是针对一类患者的一般性原则，而临床医生面临的每一个患者都不相同，在临床上治疗每一个患者如何用药都必须个体化。

每一项临床试验都有特定的入选标准和诸多明确的除外标准，往往不包括老年患者、肾功能不全的患者，很少包括儿童患者，并且目前国际上大部分试验对象为白人，很少有亚裔或华裔。因此，这些试验结果以及据此制订的指南在推广时，其适用范围应慎重。

临床上存在的问题极多，临床试验耗时、耗资，不可能在短期内一一回答，大量的临床问题处于"灰区"，其解决仍主要依靠医生的经验，和已有研究的专家共识。

2. 循证心血管医学的重大进展

循证心血管医学（evidence-based cardiovascular medicine）或循证心脏病学（evidence-based cardiology）是循证医学中最活跃的一个分支。

20年来，在心血管疾病防治中，循证心血管医学模式获得了充分证据，被指南所明确推荐应用的药物有如下4类：

（1）降血压药物：无论是传统降血压药物（噻嗪类利尿剂、β受体阻滞剂）或新型降血压药物（钙通道阻滞剂）、ACEI、ARB和α受体阻滞剂，都可有效减少脑卒中和在一定程度上减少冠心病死亡和非致命性心肌梗死，减少心力衰竭。改善预后获益主要归因于血压的下降，降血压以外的有益作用至今缺乏直接的临床试验证据。和安慰剂或不用降血压药物对比，早年的临床试验证实，使用传统降血压药物，只要使收缩压下降10~12mmHg或使舒张压下降5~6mmHg，即可使脑卒中减少40%，达到预期的程度，使心肌梗死减少16%（为预期程度的一半左右）。2005年公布的盎格鲁-斯堪的纳维亚心脏终点试验研究（Anglo-Scandinavian Cardiac Outcome Trial，ASCOT）的结果表明，在未患冠心病、有除高血压外其他3个或更多危险因素的高血压患者，与以传统降血压药物β受体阻滞剂阿替洛尔，必要时联合使用噻嗪类利尿剂苄氟噻嗪的方案对比，使用长效钙拮抗剂氨氯地平，必要时联合使用ACEI培哚普利的方案能显著降低总死亡率、心血管死亡率、脑卒中和总冠心病事件发生率。

（2）他汀类药物降胆固醇预防冠心病：流行病学研究表明，血胆固醇水平每升高1%，冠心病的患病率或死亡率增加2%，无论用什么药物或方法，使血胆固醇水平下降1%，冠心病的患病率或死亡率下降2%。

但在1994年斯堪的纳维亚辛伐他汀存活率研究（Scandinavian Simvastatin

Surival Study, 4S)[2] 结果公布之前，其他类降脂药物和方法与安慰剂对比均未见到总死亡率的下降。4S 首次显示在冠心病患者的二级预防中，辛伐他汀显著优于安慰剂，减少总死亡率，减少非致命性心肌梗死，减少对血管重建（PCI 或 CABG）的需要，未增加非心血管死亡（如癌症）。4S 揭开了"他汀革命"的序幕。随后的一系列临床试验——西苏格兰冠心病预防研究（The West of Scotland Coronary Prevention Study, WOSCOPS）[3]、空军/得克萨斯冠状动脉粥样硬化预防研究（The Air Force Texas Coronary Atherosclerosis Prevention Study, AFCAPS/TexCAPS）[4]、胆固醇和复发事件（Cholesterol and Recurrent Events, CARE）[5] 研究和普伐他汀长期干预缺血性心脏病（Long Term Intervention with Provastatin in Ischemic Disease, LIPID）[6] 研究的结果一致证明，在已患有冠心病，无论有无基线血胆固醇水平明显升高，或尚未患冠心病的心血管病高危人群，使用他汀类药物（辛伐他汀、普伐他汀和洛伐他汀）的常用剂量，可使初发或复发的心肌梗死都减少 30%~40%。这 5 项临床试验提供的证据是今日世界上影响力最大和最权威的血脂异常干预指南——美国成人胆固醇教育计划修订，推出第三个版本（ATP3）的根据。

但上述研究没有入选急性冠脉综合征的患者，他汀类药物干预用于尚未患冠心病的高危人群的一级预防，而用于已患有冠心病，如心肌梗死患者的二级预防时，都是发病后 3~6 个月才开始给药的。

随后针对急性冠脉综合征的一系列临床试验——强化降胆固醇减少心肌缺血试验（Myocardial Ischemia Reduction with Aggressive Cholesterol Lowering, MIRACAL）[7] 和普伐他汀或阿托伐他汀评价试验（Pravastatin or Atovastatin Evaluation and Infection Therapy, PROVEIT）[8] 的结果表明，这些患者发病后及早使用他汀类药物，早期明显获益，并且强化降脂用药安全，为急性冠脉综合征早期他汀强化降脂提供了证据。针对稳定型冠心病的两个重要试验[9,10] 一致支持了强化降脂优于常规剂量他汀类药物的干预。

★ 上述 4 项近期试验表明高危患者强化降脂的时代已经到来。

①强化降脂的目标人群——冠心病的高危和极高危患者[11]：

·高危患者——冠心病和冠心病等危证（包括糖尿病、有症状的颈动脉斑块、下肢动脉斑块粥样硬化、脑卒中/短暂性脑缺血发作（TIA）、腹主动脉瘤、有多重危险因素未来 10 年发生冠心病事件危险超过 20%）。

·极高危患者——已确诊冠心病，同时具有以下任意一项：糖尿病；仍吸烟，不能戒断；多重危险因素，如代谢综合征；急性冠脉综合征。

②强化降脂的目标值[11]：

·高危患者的 LDL-C 降至 100mg/dl 以下。

·极高危患者的 LDL-C 降至 70mg/dl 以下。

·高危与极高危患者的 LDL-C 应从基线下降 30%~40%。

③强化降脂常用的他汀类药物剂量：在临床试验中，计划在相对较短时间内，与常规剂量（而非安慰剂）对比，强化降脂获益更大，需要使用可能使用的他汀类药物最大剂量（阿托伐他汀 80mg/d 或辛伐他汀 80mg/d），同时也非常需要评价在服用最大剂量他汀类药物时的安全性。

但在日常医疗实践中应推行强化降脂达标的策略，实现使 LDL-C 从基线下降 30%~40% 的常用他汀类药物剂量为：阿托伐他汀 10~20mg/d，辛伐他汀 20~40mg/d，普伐他汀 40mg/d 和氟伐他汀 80mg/d。

④强化降脂的安全性[12]：即使用阿托伐他汀 80mg/d，氨基转移酶（肝酶）明显增高的危为 1% 左右，很少发生横纹肌溶解症，不增加癌症和脑出血。在日常临床实践中使用前述的达标剂量范围，他汀类药物强化降脂的安全性很好。

结论：他汀类药物干预预防冠心病，早用药，早获益；强化降脂，更多获益；坚持用药，长期获益。

★ 他汀降脂预防冠心病的临床应用范围在逐渐拓宽。

①高龄患者：高龄患者的临床试验结果证实，普伐他汀的应用安全有效，

与他汀多项研究的高龄亚组分析结果一致。

②高血压患者：ASCOT 的降脂部分显示，在尚未患心肌梗死的高血压患者中，即使在基线血胆固醇无明显增高的情况下，降血压同时，使用阿托伐他汀 10mg/d，平均干预 3.3 年，与安慰剂比较，可显著减少心肌梗死和脑卒中的发生。这与心脏保护研究（Heart Protection Study, HPS）使用辛伐他汀（40mg/d）的高血压亚组结果一致。

③糖尿病患者：阿托伐他汀糖尿病协作研究（Collaborative Atorvastatin Diabetes Study, CARDS）的结果表明，糖尿病患者在控制血糖的同时，联合使用阿托伐他汀 10mg/d，与安慰剂比较，可显著减少心肌梗死和脑卒中的发生，与 HPS 中使用辛伐他汀的糖尿病亚组分析一致。

尽管糖尿病和代谢综合征患者脂代谢异常的特征为甘油三酯高、高密度脂蛋白胆固醇（HDL-C）低，但预防冠心病的首要干预目标为降 LDL-C 达标，非 LDL-C 为降脂的次要目标。

④强化降脂逆转动脉粥样硬化斑块的研究：传统上将冠状动脉造影作为评价药物对冠状动脉粥样硬化斑块影响的金标准。但这一方法仅能观察动脉血管腔的局部狭窄，它所设的正常血管的参照部分常常已有明显病变，因而往往低估动脉粥样硬化病变的总负荷，而过高评价介入治疗的效果。近年来，用冠状动脉血管内超声技术能更全面评估冠状动脉血管壁的斑块总负荷。

i. 使用立普妥逆转动脉粥样硬化（reversal of atherosclerosis with Lipitor, REVERSAL）[13]研究：该研究将 600 例经冠状动脉造影证实有动脉粥样硬化的患者随机分别接受普伐他汀标准剂量 40mg/d 和阿托伐他汀（立普妥）临床最大剂量 80mg/d。研究结果表明，使用在临床试验中与安慰剂相比可显著减少再次发生致命性和非致命性心肌梗死的普伐他汀（40mg/d），经血管内超声评估，动脉粥样硬化斑块负荷仍有所增长，而使用阿托伐他汀 80mg/d 强化降脂后，斑块的增长停止。

ii. 极高强度他汀类药物治疗对逆转冠状动脉粥样硬化的影响（effect of very high-intensity statin therapy on regression of coronary athrosclerosis, ASTEROID）[14]研究：该研究使用瑞舒伐他汀（rosuvastatin）40mg/d，使 LDL-C 平均下降 53.2%，降至 60.8mg/dl，同时使 HDL-C 升高 14.7%。经血管内超声评价发现，冠状动脉粥样硬化斑块明显缩小，病变出现了明显逆转。

（3）血栓栓塞的防治：动脉系统的动脉粥样硬化血栓形成的启动是在血管内皮受损的基础上，血小板黏附、激活和聚集。因此，抗血小板药物起关键作用。百年老药阿司匹林，仍是最常用的基本药物，在心血管高危患者的一级预防、冠心病的二级预防、急性冠脉综合征的早期干预、PCI 中的应用都积累了大量临床试验证据。不可因对"阿司匹林抵抗"现象的研究兴趣，导致对临床上使用阿司匹林的怀疑或迟疑。

不稳定型心绞痛氯吡格雷预防缺血事件（Clopidogrel in Unstable Angina to Prevent Recurrent Ischemic Events，CURE）研究表明对无 ST 段抬高的急性冠脉综合征，无论高、中、低危，无论是否需要 PCI 干预，都应在使用阿司匹林的基础上联合使用血小板 ADP 受体拮抗剂氯吡格雷。接受 PCI 的患者，无论是急性冠脉综合征，还是稳定型心绞痛都需联合使用阿司匹林和氯吡格雷。对于介入治疗的高危患者，除阿司匹林与氯吡格雷外，还须短期联合使用经静脉的血小板膜糖蛋白 IIb/IIIa 受体拮抗剂。

对 ST 段抬高的急性心肌梗死，在起病后 12 小时内如能联合使用阿司匹林和静脉溶栓药物，与双安慰剂相比，可使 30 天总死亡率降低。近年来的两项大规模临床试验显示，对 ST 段抬高的急性心肌梗死未接受 PCI 的患者，联合使用阿司匹林和氯吡格雷，与单用阿司匹林对比，能显著提高梗死相关血管的开通率，并明显降低总死亡率。

经过 10 年左右的循证探索，在无 ST 段抬高的急性冠脉综合征的早期，经皮下注射低分子肝素（根据体重计算剂量，不监测）和传统经静脉使用普通肝素，监测 APTT 至少等效，甚至疗效更好。在这些患者，低分子肝素基本取代了肝素，成为指南明确推荐使用的药物。

心房颤动的血栓栓塞并发症的预防，至今仍然是"华法林时代"。在非瓣膜病心房颤动的血栓栓塞预防，抗血小板药物阿司匹林和（或）氯吡格雷的效果不如华法林（监测 INR2.0~3.0）。新的抗凝药物，如 Xemilagtran 不需监测，使用固定剂量，可能与华法林同样有效，但其对肝脏的安全性和成本/效益比仍需进一步评价。

我国"十五"期间完成的在非瓣膜病心房颤动患者对比阿司匹林（150mg/d）与华法林（监测 INR）的研究结果表明，脑卒中与严重出血的联合终点，华法林组明显低于阿司匹林组（脑卒中明显减少），INR2.0~3.0 的抗凝强度适用于中国患者。

在直接 PCI 被广泛应用之前，ST 段抬高的心肌梗死、早期再灌注、限制缩小梗死面积、降低住院总死亡率的金标准治疗是使用纤溶药物经静脉溶栓，联合使用阿司匹林。而在无 ST 段抬高的急性冠脉综合征，溶栓不但无益，而且可能有害。

近 10 年来，越来越多的临床试验显示，ST 段抬高的急性心肌梗死，尤其在起病后已超过 3 小时的高龄患者，及早进行直接 PCI，显著优于静脉溶栓治疗。但在无进行直接 PCI 条件的医院，患者起病 3 小时内到达，仍应先溶栓。在可做直接 PCI 的医院，易化 PCI（先溶栓再做 PCI）未能证实比直接 PCI 有效，反而不如后者。

（4）拮抗神经-内分泌系统的过度激活：从高血压到心力衰竭，在心血管疾病发生与发展过程中，直到进入疾病终末期，都存在交感神经和肾素-血管紧张素-醛固系统（RAAS）的过度激活。这种过度激活，加速心血管疾病的进展并使预后恶化。大量临床试验证实，拮抗交感神经和 RASS 的过度激活能够延缓心血管疾病进展和改善患者的预后。

β受体阻滞剂通过对交感神经过度激活的拮抗，在众多临床试验中显示出改善预后的证据，尤其在心肌梗死二级预防和慢性心力衰竭的治疗中，β受体阻滞剂与安慰剂比较，能显著降低总死亡率和猝死的危险，并且长期使用能提高心力衰竭患者的生活质量，减少因心力衰竭恶化加重所需的住院次数，从而减少医疗开支。经过四分之一个世纪的探索，对β受体阻滞剂来说，慢性心力衰竭从禁忌证变成了适应证。

和安慰剂对比，ACEI可使慢性心力衰竭患者的总死亡率下降20%左右。对于不能耐受ACEI副作用（如干咳）的患者，ARB（坎地沙坦、缬沙坦）可作为替代药物。联合使用以上两类药物可能进一步减少总死亡率和因心力衰竭恶化加重的住院。ACEI或ARB在心肌梗死的二级预防中有同样的意义。

对重度心力衰竭的患者，在使用β受体阻滞剂、ACEI或ARB基础上，联合使用醛固酮拮抗剂（螺内酯），可进一步改善预后，使总死亡率进一步下降30%。选择性醛固酮拮抗剂的不良反应少于螺内酯，用于治疗高血压并在心肌梗死后有左室收缩功能不良的患者，获得了改善预后的初步证据。在使用醛固酮拮抗剂时，应注意预防和监测高血钾的发生。

3. 如何用循证医学的原则指导临床实践

在应用循证医学的原则指导临床实践时，应注意：

（1）临床试验的结果针对特定的患者群，有明确的入选标准和排除标准，不能将其结果不加限制地推广到其他患者。例如，使用β受体阻滞剂治疗慢性心力衰竭的试验，没有包括左室舒张功能不全、心脏瓣膜病、急性或失代偿心力衰竭、右心衰竭、18岁以下的心力衰竭患者，入选的高龄患者相对较少。由于大多数临床试验在西方发达国家完成，其他地区、种族的研究对象很少。

（2）每一临床试验所选的研究药物大多仅为一类药物中的一个，因此，研究的结果到底是该具体药物的作用（drug effect），还是一类药的作用（class effect），是人们经常关注和讨论的问题。在临床实践中，应强调在试验中实际选用的每一具体药物的作用，而不宜盲目笼统强调"类作用"。例如，尽管数个他汀类药物（辛伐他汀、阿托伐他汀、普伐他汀、洛伐他汀等）都在大规模前瞻随机双盲试验中显示在冠心病一级和二级预防中获得一致的结果，与安慰剂对比可使初发或复发的冠心病死亡和非致命性心肌梗死显著减少，但西立伐他汀（尤其与吉非罗齐联合用药时）引起的严重不良事件——致死性横纹肌溶解症明显多于其他上市的他汀类药物。上述临床应用的他汀类药物降胆固醇强度，对甘油三酯影响的程度，在干预试验中出现作用的快慢也各不相同。β受体阻滞剂这一类药物有非选择性的β受体阻滞剂（普萘洛尔），选择性的$β_1$受体阻滞剂（比索洛尔、美托洛尔和阿替洛尔）和同时阻滞$β_1$、$β_2$和$α_1$受体的卡维地洛；有水溶性β受体阻滞剂（阿替洛尔）和脂溶性β受体阻滞剂（普萘洛尔、美托洛尔、比索洛尔等）；还有具有或不具有内源拟交感活性的β受体阻滞剂。在预防心源性猝死方面，仅有脂溶性β受体阻滞剂有临床试验证据；在治疗稳定的慢性心力衰竭方面，仅有比索洛尔、美托洛尔（缓释片）和卡维地洛有降低患者总死亡率、改善预后的试验证据，而使用布新洛尔的试验，未能显示它可降低这些患者的总死亡率；阿替洛尔的临床研究主要限于治疗高血压和心绞痛。钙通道阻滞剂中，早期应用短效（胶囊剂型）硝苯地平治疗高血压时见到心血管事件危险增加的情况未见于之后一系列使用中、长效钙通道阻滞剂（氨氯地平、硝苯地平控释剂型、尼群地平等）的研究中。钙通道阻滞剂中的二氢吡啶类，可使窦性心律反射性加快（长效药物程度轻），对房室传导的影响不大，在抗高血压和治疗心绞痛时，与β受体阻滞剂合用，可能在对心率的影响方面能减少二者各自的副作用；而非二氢吡啶类钙拮抗剂（地尔硫卓和维拉帕米）减慢窦性心律，抑制房室传导，一般不宜与β受体阻滞剂合用，二者的副作用是叠加的。

（3）有效药物的有效剂量：循证医学模式强调预防和预后改善，评价药物疗效不是针对直观的症状（如心绞痛）或替代终点（如血压、血脂、血糖、心电图显示的早搏或心房颤动等）。因此，不但要在临床实践中选用有试验证据，指南上明确推荐的药物，也要注意有证据的有效剂量。有些药物的有效剂量是一个范围，例如用于冠心病预防的阿司匹林剂量为75~150mg/d，进一步增大剂量，未见疗效增强，而副作用增多。但急性冠脉综合征早期或接受PCI的患者首次使用阿司匹林的剂量不应小于150~300mg/d。用于急性冠脉综合征或接受PCI患者的氯吡格雷的首次剂量为300~600mg/d，之后的维持剂量为75mg/d。有的药物需根据相关监测指标个体化调整和确定剂量，如经静脉使用肝素在心导管室的PCI过程中应监测激活全血凝血时间（ACT），在病房应监测APTT。低分子肝素则根据公斤体重计算剂量，一般无须监测。治疗高血压、糖尿病和血脂异常的药物用量是根据临床试验证据和指南建议的血压、血糖和血脂（如低密度脂蛋白胆固醇）的下降标准水平调整。治疗慢性心力衰竭时，β受体阻滞剂和ACEI的剂量是根据临床试验证据和指南推荐的药物目标剂量，根据每个患者的情况，从小剂量开始，逐渐增加到每一个体可耐受的最大剂量。

（4）临床试验和临床实践：临床试验针对的是特定的人群和患者群，临床医生面对的是每一个具体的患者。临床试验的结果仅是对一个群体防治干预的总体指导原则与策略，临床医生应自觉贯彻循证医学的原则，坚持使用有科学证据的药物、器具和模式，认真掌握适应证，避免技术的过度使用，甚至滥用；同时要坚持在每一个患者的床旁，在为每一个患者服务的实践中，学习和积累临床经验，临床上患者的情况千变万化，大量问题是不能从试验与指南中找到现成答案的。例如，一个患有不稳定型心绞痛刚接受过冠状动脉支架植入治疗的患者，发生了脑出血，应当如何处理？临床的问题千千万，临床试验仅回答了很有限的问题，大量的临床问题属于"灰区"，医生须根据已有的经验判断，甚至推测，在实践中积累经验。一些少见或罕见疾病，一些危重急症，难以或完全不可能组织临床试验评价。

作为一名临床医生，要注意随访追踪自己诊治过的每一例患者，尤其在首次诊疗过程中诊断未能明确，疗效不满意或出现了药物副作用或操作并发症的患者。注意自己开始是怎么想的、后来是怎么想的、中间发生了哪些变化、变化的根据是什么，从中找出规律性的东西。

一名医生应坚持循证用药，规范行医；避免医疗行为的趋利性，不恰当或过度使用，甚至滥用高成本或创伤性技术；不使用没有临床研究证据、疗效不确切的药物、检测指标或器具；又要坚持实践，善于从实践中探索防治疾病的规律，不断提高自己为人民服务的本领，这也是解决"看病难，看病贵"问题的一个重要方面。

在医药卫生领域坚持科学发展观的一个重要方面是坚持循证医学的原则。循证医学是药物、器具、检查手段（临床检查、影像学等）、生活方式干预措施、医疗服务模式的科学评价系统，这种评价的结果和所获证据对重大疾病的防治干预指南的制订，政府主管部门的政策制定与投入依据和医疗保险业的覆盖范围的决策都有重要的指导意义。

参考文献

[1] Rogers W J, Epstein A E, Arciniegas J G, et al. Preliminary report: effect of encainide and flecainide on mortality in a randomized trial of arrhythmia suppression after myocardial infarction. The Cardiac Arrhythmia Suppression Trial（CAST）Investigators[J]. *N Engl J Med*, 1989, 321（6）:406-412.

[2] Scandinavian Simvastatin Survival Study Group. Randomized trial of cholesterol lowering in 4444 patients with coronary heart disease: The Scandinavian Simvastatin Survival Study（4S）. *Lancet*. 1994, 344: 1383-1389.

[3] Shepherd J, Cobbe SM, Ford I, et al.Prevention of coronary heart disease with pravastatin in men with hypercholesterolemia.*N Engl J Med* ,1995, 333:1301-1307.

[4] Downs JR, Clearfield M, Whitney E, et al.Primary prevention of acute coronary events with lovastatin in men and women with average cholesterol levels.Results of AFCAPS/TexCAPS. *JAMA*.1998, 279:1615-1622.

[5] Sacks FM, Pfeffer MA, Moye LA, et al.The effect of pravastatin on coronary events after myocardial infarction in patients with average cholesterol levels.*Am J Cardiol* .1991,68:1436-1446.

[6] The Long Term Intervention with Pravastatin in Ischemic Disease（LIPID）Study Group. Prevention of cardiovascular events and death with pravastatin in patients with coronary heart disease and a broad range of initial cholesterol levels.*N Engl J Med*.1998,339:1349-1357.

[7] Schwartz GG, Olsson AG, Ezekowitz MD, et al.Effects of atorvastatin on early recurrent ischemic events in acute coronary syndromes.The MIRACL study:a randomized controlled trial. *JAMA*.2001:1711-1718.

[8] Cannon CP, Braunwald E, McCabe CH, et al.Intensive versus moderate lipid lowering with statins after acute coronary syndromes.*N Engl J Med*.2004,350:1495-1504.

[9] LaRosa JC, Grundy SM, Waters DD, et al.Treating to New Targets（TNT）Investigators. Intensive lipid lowering with atovastatin in patients with stable coronary disease.*N Engl J Med*.2005,352:1425-1435.

[10] Pederson TR, Faergeman O, Kastelein JJ, et al.Incremental Decrease in End Points Through Aggressive Lipid Lowering（IDEAL）Study Group.High-dose atovastatin vs usual-dose simvastatin for secondary prevention after myocardial infarction:the IDEAL study:a randomized controlled trial.*JAMA*.2005,294:2437-2445.

[11] Grundy SM, Cleeman JI, Merz CN, et al.Coordinating Committee of the National Cholesterol Education Program.Implications of recent clinical trials for the National Cholesterol Education Program Adult Treatment Panel III Guidelines.*J Am Coll Cardiol*.2004,44:720-732.

[12] Mckenney JM, Davidson MH, Jacobson TA, et al.Final conclusions and recommendations

of National Lipid Association statin safety assessment Task Force.*Am J Cardiol*.2006,97 [suppl]:89c-94c.

[13] Nissen SE, Tuzcu EM, Brown BG, et al.Effect of intensive compared with moderate lipid-lowering therapy on progression of coronary atherosclerosis:a randomized controlled trial. *JAMA*.2004,291:1071-1080.

[14] Nissen SE, Nicholls SJ, Sipahi I, et al.Effect of very high-intensity statin therapy on regression of coronary atherosclerosis.*JAMA*.2006:295.

九
心脏五环

■ 胡大一（2002年、2011年）

我们希望整合出心血管疾病总体防治规划，用最小的代价和最高的质量挽救更多的生命。2000年我提出"心脏五环"的大预防概念（涵盖预防、治疗和康复），实现硬技术软着陆——先进的服务体系、机制与模式，加强医务人员对预防理念的认知、执行和推进。心脏五环旨在全程生命关爱和构筑心血管疾病的全面防线，是心血管疾病防治的总体规划。

★ 这个全面防线包括5个层面：

（1）防发病（初级或0级预防）。全民层面的健康促进和健康教育，构建健康的社会环境（如控制PM2.5和公共场所无烟），倡导健康文明的生活方式，防危险因素。

（2）防事件（1级预防）。0吸烟，控制和干预高血压、血脂异常、糖尿病、肥胖等危险因素，及时发现靶器官亚临床损害，保持动脉粥样硬化斑块稳定，预防血栓形成，预防急性冠脉综合征（ACS）和脑卒中等可能致残、致死的严重事件。

（3）防后果。时间就是心肌，时间就是生命。发生ACS等严重事件时，建胸痛中心，开绿色通道，及早识别，及早干预，挽救心肌，挽救生命。

（4）防复发（康复与2级预防）。科学系统地康复和对患者的随访，提供身心全面关爱服务，帮助患者不再重复发生心脑血管事件，减少不必要的反复住院与再次手术，延长寿命，提高生活质量。

（5）防治心力衰竭。我呼吁构筑心血管疾病的全面防线，组建心血管疾病防治的广泛联盟。目前全人类健康运动正面临着战略大转折，从针对传染性疾病（结核、霍乱等）的第一次卫生革命转折到针对慢性非传染性疾病的第二次卫生革命。这个转折的重点是人类的心脑血管疾病的防治，心脑血管疾病的共同基础是动脉粥样硬化。

这使我联想到英文里有个单词叫"global"，在这里可以理解为两层含义：一方面是"全球性"，即全球（包括发达国家和发展中国家）面临着心脑血管疾病，特别是动脉粥样硬化的挑战；另一方面是全身性，身体内哪里有动脉血管，哪里就有可能发生动脉硬化。

据2000年世界卫生组织报告，每年有1700万人死于心脑血管疾病，即全球每3个死者就有1个死于心脑血管疾病，并且这1700万死者中的80%在低、中等收入的国家。2020年，预计因心脑血管疾病死亡的人数将增至2500万，预计1900万在发展中国家，届时心肌梗死与脑卒中将上升至死因的第1位和第4位。特别值得注意的是，发达国家（如美国、一些欧洲国家如芬兰、澳大利亚和新西兰）的心血管疾病患者的死亡率正在下降，而在东欧、中国、印度等国家和地区，心血管疾病死亡率却增长迅速。心血管疾病是全球卫生保健和卫生资源的巨大负担。

冠状动脉粥样硬化的发病机制是一系列的发生发展过程，启动在青少年，发病多在中年以后。其上游是多重危险因素（吸烟、高血压、血脂异常、糖尿病、肥胖等）的流行，必须从源头治理。生活方式的改变是危险因素群集的源头：对洋快餐的大快朵颐，以车代步，拈轻怕重。目前我国超重式肥胖十分常见，30~40岁的人心肌梗死不罕见，占心肌梗死住院患者的1/5。

2002年5月5~9日，在澳大利亚悉尼举办的第14届世界心脏病学大会强调了心血管疾病预防医学的重要性。这个会每4年举行1次，被称为心脏病学的奥运会，特别关注发展中国家心血管疾病防治的现状与未来。此次大会有 82 个国家的 7000 多名代表参加，其中发展中国家的代表超过了半数，1/3 来自亚洲国家，中国去了 300 多名医生。

目前全球有一个非常权威的组织——世界心脏联盟（WHF），这次会就是由 WHF 支持的。WHF 的宗旨是帮助全球各国人民通过预防，控制冠心病和脑卒中，延长人类的寿命，尤其关注发展中国家心血管疾病的防治。WHF 将每年 9 月的最后一个星期日定为世界心脏日（2011 年起改为每年 9 月 29 日），通过举办世界心脏论坛，呼吁公众关注心血管疾病，组建防治心血管疾病的多个相关学科参与的非政府机构与政府相应的职能部门共同组成国际性广泛联盟，构筑心血管疾病的全面防线。

中国有句俗语"防患于未然"。在没发病的时候去防病，对多重危险因素在源头给予综合控制，将我们干预疾病的重点从"下游"转到"上游"，这是一个非常重要的医学模式的转变。我们已经将大量人力、物力和财力放在溶栓、介入和搭桥上了，却对花钱少、效益大的预防重视得非常不够。在这个宝贵的机不可失、失不再来的人类健康问题上，我们再也不能等闲视之。

是什么拉动了死亡率的下降？控制胆固醇对死亡率下降的贡献比例是 24%，血压控制是 16%，控烟戒烟是 12%，提倡运动是 5%（运动的贡献会分解到控制血压和控制血脂上），二级预防和康复是 10%，绿色通道及时救治急性心肌梗死是 12%。如果把疾病管理比作抗洪，医生们总是在洪水决堤之后，研发打捞落水者的工具。我们为什么不在汛期来临之前加固堤坝、植树造林、进行疏浚呢？疾病预防、病情控制和慢病管理应该作为我们下一阶段的学科发展方向。

预防心血管疾病的发生，最基本的措施是改变不健康的生活方式。WHF 宣布 2002 年世界心脏日的主题是"营养、肥胖与锻炼"，鼓励公众增加体育活动，提倡有氧代谢运动，提倡健康饮食与戒烟，特别推荐跳绳作为青少年有氧代谢运动的简便方式在全球开展。

预防心血管疾病的发生，重点有3个：干预血压、干预血脂和干预血糖。对血糖的干预，内分泌专家呼吁甚至应在非糖尿病患者中进行早期识别与诊断代谢综合征。在血脂干预中，干预的是危险水平，而不是单一的血脂水平。

我国迫切需要构建心血管疾病防控的三大体系。

第一个体系是全民健康促进和疾病预防体系。实际上，血运重建技术降低心血管疾病死亡率的作用很小，而改变生活方式，包括运动、限盐、控烟、控制肥胖，以及预防和控制高血压、糖尿病和高脂血症等危险因素，才是降低心血管疾病死亡率的根本出路。芬兰、美国、瑞典、英国和巴西等国家的心血管疾病死亡率下降，最重要的经验就是全民健康促进。从这个角度考虑，我们还有很多工作要做。

第二个体系是构建符合中国国情的心血管疾病急救体系。对于急性ST段抬高心肌梗死（STEMI）患者，以往指南强调应将D2B控制在90 min之内，而美国心脏病学会（ACC）最新指南建议，应在救护车上完成心电图和其他生物学指标检测，并将结果即刻无线传输到有介入资质的胸痛中心，一旦确诊为STEMI，立即安排导管室的医护人员就位，患者绕过急诊科，从救护车直接到导管室开通梗死相关血管。

中国的区域中心医院应根据自己的特点，探索建立胸痛中心，并与国际标准接轨。胸痛中心的建设涉及急诊科、心内科、心外科、检验科和影像科等多个科室，是一项复杂的系统工程。现代的胸痛中心已不再是单一救治急性心肌梗死，不但要诊治主动脉夹层、肺动脉栓塞等其他有胸痛表现的疾病，还要对胸痛患者进行危险分层和避免医疗资源的浪费。中华医学会心血管病学分会已与美国胸痛中心协会达成了一项战略合作计划，以推动我国胸痛中心的建立和发展。此外，院外心肺复苏（CPR）技术的推广和普及，对心脏骤停患者的近期和远期预后都有明确的影响。

第三个体系是从医院到家庭的连续关护体系（即 hospital to home，H2H），包括患者出院后的慢病管理、二级预防、康复（躯体与精神心理）和有效的随访体系，尤其针对有争议的治疗或技术，一定要完成长期、系统的随访与评估。

医学发展经历了经验医学、循证医学时代，今天我们更强调预后价值。作为一名心血管医生，就必须要力争实现改善患者预后、改善公众健康，早日实现心血管病死亡率下降的拐点，并将此拐点转化为一个重要支点，以此撬动肿瘤、糖尿病、慢性阻塞性肺病、慢性肾病和眼病等慢性非传染性疾病的有效防控。十年开放技术，已经使电生理、支架、搭桥等治疗技术得以普及，并家喻户晓。在现代医疗技术足以将人们在生死一线间挽回的今天，我呼吁"关爱健康，珍惜生命"，改变目前"头痛医头，脚痛医脚"的就医观念，如果将患者比作一部完整运转的机器，那么身心的各个组成部分是这部机器正常运行的必要零件。同样，人们的一生也应被视为一个连续不断的过程，让我们认清"一生所需连续不断、系统综合的医疗服务"的全程关爱概念，让健康管理贯穿我们工作的始终。

我不否认生物技术的发展为治疗疾病带来的福音，我也尽了自己最大的努力推广普及先进的诊疗技术。但同时我们必须了解，技术只是可供我们选择的工具之一，不是我们解决所有问题的万能钥匙。只有将先进的技术或诊疗手段镶嵌在科学、合理与可及的服务理念、服务模式、服务体系中才能物尽其用，保护公众健康，保障患者利益，提高我国的医疗水平。怎样管好高血压，怎样管好心力衰竭，怎样做好绿色通道……这种软实力的创新对我们的国家和人民更实惠。希望广大临床医生能看清学科发展的方向和面对医疗实践中出现的具体问题，本着实事求是的态度，脚踏实地地在中华大地上共同走出一条心血管医学综合、平衡、健康、可持续发展的正确之路！

十
贯彻循证医学的原则，做好我国心血管疾病的预防

■ 胡大一访谈记录（2007年）

60%的男性和45%的女性初次患冠心病的临床表现是急性心肌梗死或猝死，等到患者出现症状或事件再去干预是失效的策略，冠心病防治必须强调预防第一。早期的预防势在必行。我前几年发起"迎奥运，再长征，健康从心做起"的活动，就是呼吁大家除了对自己的事业和工作关心以外，还应该对自己的生命和健康多关心、多上心、多用心；"健康从心做起"的第二层意思是，健康是心身的健康，不仅要有健康的体魄，还要有健康的心态和心灵；当然，还有第三层意思，那就是倘若我们国家的政府、学会、医生、媒体和企业能从有证据的措施做起，来预防心血管疾病，可以事半功倍，达到预防多种与不健康生活方式相关的慢性非传染性疾病的效果。改变生活方式，如不吸烟，不仅有利于心血管健康，也有益于肿瘤、糖尿病和慢性呼吸道疾病的预防，这是健康管理需要探索的。我们准备用很小的力量撬起很沉重的"巨石"，提高全国人民的健康水平，延长我们的生命，提高我们的生活质量。

设想我自己等到哪天有胸痛了才去看病是非常遗憾的结局。医生只当传统的坐堂医生，等待患者有症状，出现心肌梗死再做支架、溶栓、手术，这是医生的责任缺失。假如一个50岁的男性，无糖尿病，不吸烟，总胆固醇290mg/dl，高密度脂蛋白胆固醇不低，收缩压高（160mmHg）。让我们按十年估计，他有7%的心血管疾病的危险，但他终身的危险却是70%。他比一个

同样年龄，胆固醇和血压在更理想状态的男性大约少活 11 年。如果这个患者 50 岁以后才开始干预自己的血压和血脂，则为时过晚，应该从 40 岁启动预防。心血管疾病预防要"战略前移"。

我们迫切需要从对疾病终末期的救治转向对疾病的早期预防，从源头治理，从青少年抓起，中年强化，老年持续；要从经验医学向循证医学转化；从单一学科分别干预不同的危险因素（血糖、血脂、血压），走向多学科联合，综合控制多重危险因素；大医院诊断复杂病例、救治危重患者，把疾病前预防、疾病后管理"沉淀"在社区和农村，只有具备强大的社区和农村医疗体系才能把病前预防和病后管理搞好，大医院的功能永远是救治危重患者。如果大医院每天忙于看高血压、看感冒，是中国的悲剧；从针对病变、针对疾病走向到针对健康，才是大医院需要实现的转变和担负的责任。维护人类健康是医生最神圣的使命，"医生"是最引人自豪的职业，医生要树立大健康、大卫生的概念。动脉粥样硬化是会伴随我们一生的疾病，投资自己的动脉就是投资自己的养老金。

1. 动脉粥样硬化是全球性重负和世纪挑战

动脉粥样硬化血栓形成是一个连续的整体疾病，应强调疾病发生发展的系统过程，因此需要建立从健康到疾病的系统管理。它累及供应不同脏器或系统的动脉血管，可以导致一过性脑缺血发作（TIA）和脑卒中，心绞痛、心肌梗死和心源性猝死，动脉粥样硬化性肾病以及间歇性跛行。动脉粥样硬化血栓形成是全身性疾病，涉及多个学科，多个专业领域，作为医务人员，我们应该破除围墙文化，要多学科联盟；作为心内科医生不仅要关注心绞痛、心肌梗死、心力衰竭、高血压等常见病和多发病，也要充分关注容易被忽略的外周血管疾病，这些疾病同样是心血管事件的预测信号，早期发现、干预其进程是心内科医生的责任。

如果患者第一次发作的是心肌梗死，他未来发生心肌梗死的风险增加 4~6 倍，发生脑卒中的风险增加 3~4 倍；如果患者第一次的事件是脑卒中，那么他未来发生脑卒中的风险增加 9 倍，发生心肌梗死的风险增加 2~3 倍；如果患者有外周动脉粥样硬化疾病，无论是否有间歇性跛行的症状，其发生心肌梗死的风险增加 4 倍，发生脑卒中的风险增加 2~3 倍。病在腿上，险在心脑；颈动脉内膜中层厚度（IMT）与脑卒中有关，但 IMT 也是预测心肌梗死非常重要的指标。这些事实要求我们不能"头痛医头，脚痛医脚"，在疾病管理与预防上应有整体的概念。国外最近发表的外周动脉粥样硬化血栓疾病防治的指南，牵头单位排在最前面的实际上是美国心脏协会（AHA）和美国心脏病学会（ACC），同时联合了美国血管外科学会、血管造影学会、放射介入学会、血管医学会和生物医学会。这种做法在中国很难实行，我们中国的心血管学会对外周血管疾病和肺血管疾病关注非常不够。美国的 AHA 和 ACC 除了重视心血管疾病防治，还重视脑卒中防治，对下肢动脉疾病也有充分的关注。外周动脉粥样硬化血栓形成值得关注，是因为它的预后很差，五年的死亡率类似于结肠癌或非霍奇金淋巴瘤。外周动脉粥样硬化的患者，随访十年 2%~4% 需要截肢，最常见的死因是冠心病（占 55%），10% 死于脑血管病。特别值得关注的是没有症状的下肢动脉粥样硬化同样会影响预后。美国国家胆固醇教育计划有一个非常重要的观点，就是外周动脉粥样硬化是冠心病的等危证。如果一个患者有下肢动脉粥样硬化，他的低密度脂蛋白胆固醇要降到 100mg/dl 以下，和已患冠心病的患者需要降的程度是一样的。这些不同部位的动脉粥样硬化血栓形成有共同的危险因素，我们在干预这些危险因素的同时会得到预防全身血管疾病的效果。无论是外周动脉粥样硬化还是冠状动脉粥样硬化，血脂异常、糖尿病、高血压和吸烟，都是危险因素；少量饮酒（相当于每天不超过 10g 酒精，即啤酒 250ml、葡萄酒 100ml 或白酒 50ml）可能是保护因素，但大量饮酒容易升高血压，引起心房颤动（如节假日综合征）

和酒精性心肌病，甚至导致心肌梗死或脑卒中。

为什么我多年来呼吁大家要关注踝—臂指数（ABI）的检测？因为 ABI 是及早查出一些高危人群有下肢动脉粥样硬化疾病的非常适用的检测方法，无创伤，成本效益合理，如同检测血压一样简便。ABI 诊断外周血管动脉粥样硬化的敏感性为 95%，特异性为 99%，不但可用以确诊外周动脉粥样硬化血栓疾病，而且有益于识别心血管疾病的高危患者，完全可取代有创性的血管造影。随着 ABI 值的降低，死亡率增高。下肢动脉粥样硬化血栓形成是一种老年性疾病。根据美国的资料，在 65 岁以上的老年人中，每 5 人就有 1 人患外周动脉粥样硬化，而每 10 个患者中只有 1 个有间歇性跛行，因此必须强调没有症状不一定没有风险，不能忽视干预没有症状的患者预防心肌梗死和脑卒中。所以，识别这些下肢动脉粥样硬化的患者，尤其是没有症状的患者意义更大。

非常遗憾的是我们国家缺乏这些流行病学数据，这是美国的资料。我估计现在全国有 100 多家医院可以检测 ABI，我们大家努力，在我们国家组织一个外周动脉粥样硬化疾病的流行病学调查，尽快为国家拿出这方面的数据很有意义。科学的发展观是科学决策，按规律做事情，按数据作决定，我们现在非常需要数据。Evidence-based，首先要 Data-based（编注：循证首先要有基础数据）!

美国糖尿病协会（ADA）明确推荐：所有大于 50 岁的糖尿病患者，或小于 50 岁但有吸烟、高血压、血脂异常这些危险因素或糖尿病病史超过 10 年的患者，都应常规检查 ABI，每 5 年复查一次。动脉粥样硬化血栓形成是全身动脉系统疾病的共同基础。

2000 年世界卫生组织（WHO）报告，全球 1700 万人死于心血管疾病，占各种原因死亡的 1/3，其中 80% 发生在经济欠发达国家。2020 年这一死亡数字将增加至 2500 万，其中的 1900 万将发生在发展中国家。全世界烟民有

10亿，超重肥胖者有12亿，缺乏运动的静息生活方式是更多人的生活时尚，这对18岁以下青少年的影响和危害尤其大。

中国2004年公布的中国城乡居民健康营养调查表明，我国的烟民数高达3.5亿，5.4亿人被动吸烟。1998年中国有260万人死于脑卒中或心肌梗死，心血管疾病每13秒钟夺去一个中国人的生命。我国的高血压患者有1.6亿（现预计有2亿），血脂异常1.6亿，糖尿病4000万，肥胖6000万，超重2亿。值得关注的是脑卒中在持续增长的同时，心肌梗死患病率与死亡率在急剧增长并且发病快速年轻化。1984~1999年北京成人胆固醇水平增加了24%，增加了40mg/dl。北京市心肌梗死患者死亡数量增加非常迅猛，尤其是35~44岁北京男性心肌梗死的死亡率在这15年间增加了154%，校正后是111%。

我们培养一个本科生、硕士生、博士生，走向工作岗位，不管做什么，从35岁到45岁，无论是对个人的生命、一生的事业，还是对家庭、社会的责任与贡献，他（她）都是处在有非常重要的生产力的年龄段。如果一个人英年早逝或英年致残，是因为缺乏健康意识，没有掌握预防疾病的常识，是非常遗憾的。不用科学引领健康和指导预防，就不是真正关注自己的健康。

为什么北京市心肌梗死患病和死亡风险增加得这么迅猛，而且迅速年轻化？77%归因于血胆固醇水平的增高，这非常有道理。这不是说吸烟对疾病发生不重要，吸烟和高血压的情况在这15年间变化不大。中国是高血压大国，吸烟很普遍。这段时间变化最大的是饮食。告别了贫困，肉食、蛋类凭票供应的时代过去了，大家放开吃，加上运动减少，所以这一段时间胆固醇水平急剧升高，心肌梗死发病急剧上升且呈年轻化。因此，中国面临双重挑战，一是继续抓好高血压的控制，一是不失时机地重视胆固醇。一手抓高血压，一手抓胆固醇，这是解决脑卒中和心肌梗死这两个最重要的致残致死心脑血管疾病的非常关键的举措。

医务工作者们面临的不仅是动脉粥样硬化血栓形成的全身性疾病，也是全球的重负、世纪的挑战。

2. 心血管疾病可防可控

动脉粥样硬化血栓形成发展的规律不同于第一次卫生革命的对象——传染性疾病。传染性疾病是单一因素，因果关系明确，有传播途径的疾病，如冠状病毒导致非典型性肺炎，结核杆菌导致结核病。动脉粥样硬化血栓形成源头是不健康的生活方式，这占比最大，遗传因素占比相对较小（10%），二者互动，形成多种危险因素，导致糖类、脂肪等的代谢异常，作用于动脉血管壁，产生一系列血管生物学改变，如血管内皮功能异常和炎症反应等。

心血管疾病实际上是代谢性血管疾病。糖尿病又是冠心病的等危证，糖尿病是心血管疾病。这一系列颠覆性的概念变化都是近年来提出来的。一半左右的冠心病患者首发的临床症状是心肌梗死或猝死，显然应强调防患于未然。另一半患者可有多年的慢性稳定型心绞痛症状，但不发生致残致死后果，如果这些患者坚持采取二级预防措施，可能多年保持稳定。这些相当多的稳定患者真正需要支架或冠状动脉旁路移植术吗？我的回答是"NO"！

对症状稳定患者的冠状动脉斑块，任何一种支架，任何一种介入治疗都是破坏斑块稳定性的，这些方法只是暂时性缓解症状。即使放了支架，仍然需要吃药，离不开他汀类药物、β受体阻滞剂、ACEI 和阿司匹林。如果心绞痛症状用药物控制得很好，多数患者并不需要介入或手术。现实存在的问题是技术的不恰当使用，过度使用，甚至滥用。经济利益驱动，追求利益最大化，使可做可不做的做了，不该做的也做了。患者投入了，医保投入了，国家投入了，到底投入的是否物有所值，缺乏有效的评估系统。科学的发展观，没有评估哪来科学地发展？我们只是盲目在做，每年报增加了多少例介入，多少支架，多少例手术，各医院间也在攀比，却忘记了评估治疗给患者和社会带来的益处。

这些慢性心绞痛患者疾病的基础是"**稳定斑块**"。尽管斑块会导致血管腔严重狭窄,引起典型的劳力性心绞痛,但它是一种脂核小,纤维帽厚,没有活跃的炎症细胞的稳定斑块,很像附着在血管壁上的"**小馅厚皮饺子**",不容易破;不破,就不会有血小板黏附聚集,就不会有血栓;无血栓,则无事件。倒是另外一半患者,虽然无症状无先兆,却突然出现急性心肌梗死或猝死。现在我们知道其基础是"**易损斑块**"。这种斑块大多不导致管腔严重狭窄,因而平时无心绞痛症状,但它的脂核大,纤维帽薄,有大量活跃的炎症细胞,很像附着在血管壁上的"**大馅薄皮饺子**",容易破裂;一旦斑块破裂,则血小板黏附和聚集,凝血酶激活血栓形成。所以易损斑块和血栓是急性心肌梗死或猝死的关键病理生理基础。如果是以血小板为主的白(灰)血栓,导致管腔狭窄急剧加重,但尚未完全闭塞病变血管,临床表现为无 ST 段抬高的急性冠脉综合征(ACS);如果发生以纤维蛋白为主的完全闭塞病变血管的红色血栓,则出现 ST 段抬高的急性心肌梗死(AMI),这两者可互相转化。如果长期做好预防措施,改变不良生活方式,应用预防药物可以使斑块长期稳定,减少致残致死的后果;如果不做好预防,稳定斑块可能向不稳定转化;及时采取预防干预措施,不稳定状态可能转为稳定。对 ST 段抬高的 AMI 和高危的无 ST 段抬高的 ACS,应及早介入干预,开通血管,挽救心肌,挽救生命。就我本人的经历而言,最有成就感的还是 1995 年我在朝阳医院做绿色通道救治急性心肌梗死患者。对慢性稳定型心绞痛到底怎么做?哪些做介入,哪些不做?确实应该坚持以人为本,患者利益第一,坚持科学证据,遵循指南,规范行医。对这些患者,介入或手术都仅仅是暂时性改善心绞痛症状,对预后的改善有限。

存活下来的心肌梗死患者,如不及早使用充分剂量的 β 受体阻滞剂、ACEI 预防左心室重构,最终会出现心力衰竭,一旦发展到有症状的心力衰竭

（是仅次于肺癌的恶性疾病），五年存活率不到 50%。只要心血管医生坚持循证和重视预防，确实能把心血管疾病防控住。重要的是应理解动脉粥样硬化血栓形成不是动脉造影看到的、孤立的、导致症状或事件的血管腔疾病，而是一个全身性弥散性血管壁疾病。如果我们过度强调导致症状和事件的造影看到的局部的管腔疾病，我们就会明显低估动脉粥样硬化血栓形成的总负荷，过分夸大介入治疗、血管重建技术的作用，而忽略了长期坚持预防为本的策略。

2004 年公布的 INTER-HEART 研究有 52 个国家参加，其中包括 7000 多名来自中国大陆的人参与的病例对照试验，回答了对冠心病来说到底遗传因素是主要的，还是后天可变的不健康生活方式和危险因素是主要的。这个研究最重要的结果是：90% 的心肌梗死可被我们身边可检测、可控制、可改变的传统因素所解释、所预测。按照其权重由大到小进行排序是：血脂异常、吸烟、糖尿病、高血压、腹型肥胖、缺乏运动、饮食缺少蔬菜水果、精神紧张、坚持少量饮酒（保护因素）。根据该研究结果，10 例心肌梗死中 9 例可以被解释，6 例心肌梗死中 5 例可以被预防。美国近 30 年来人均寿命延长了 6 年，其中 3.9 年归功于心血管危险因素的控制和有效预防。这期间美国在控制癌症方面做了不少投资，贡献是 4 个月，主要是成功抓了戒烟，成人高血压检测、评估、干预和国家胆固醇教育计划。这非常值得我们借鉴。

从 1949 年到 1979 年，30 年间，我们国家人均寿命翻了一番，从 35 岁到 70 岁左右，其关键是传染病的控制。毛主席提出医疗卫生的第一方针就是预防为主，当年血吸虫病未被控制住时，作为人民领袖他夜不能寐，当听到江西省余江县控制了血吸虫病流行时，他欣然挥笔写下"送瘟神"。中国现在要将人均寿命从 70 岁延长到 80 岁，我觉得关键是在继续控制"复燃"的老传染病和新的传染病的同时，要下很大的力气做好因不健康的生活方式导致的慢性非传染性疾病，而这里最好的切口是心血管疾病，因为它可防可控。一且抓住了心血管疾病预防这个"龙头",让人们把烟戒了、把饮食和运动管好、把心态调整好,不但预防了心血管疾病,对肿瘤、糖尿病、慢性阻塞性肺部疾病的预防都有好处,有"一石多鸟"的效果。

在人均寿命延长方面,心血管疾病的预防贡献很大。预防医学家预言:如果人类告别癌症,对人类寿命的贡献是3年;如果人类征服脑卒中、心肌梗死,将有10年的寿命可延长。殷大奎会长讲"90活不过,那是您的错",我十分赞同。所以心血管疾病一定要强调预防,不管疾病发展到哪个阶段,都要把预防放在首位。我们今天讲预防不仅是救患者,同时也是救自己。

3. 坚持循证医学原则,用科学的证据指引健康,指引心血管疾病预防

中国是卫生资源匮乏的国家,同时也是医疗卫生资源浪费较大的国家之一。为什么?缺乏科学的发展观,没有用科学证据引领健康、引领疾病预防。广大老百姓还是靠看广告来维护健康、做健康投资。但如今在报纸、电视上天天做广告的绝大多数都是缺乏科学证据的内容,因为有证据的东西目前不允许做广告。重要的是把准确的信息用科学的证据告诉大家。例如,老百姓追求没有副作用,实际上没有副作用的也没有作用。

要想解决中国2亿高血压和1.6亿血脂异常患者这么大的慢性病负担,必须依靠把准确的医疗保健信息,把预防医学、循证医学的证据,用非医学专业人员听得懂、记得住、用得上的语言传播到千家万户,帮助人们增强健康意识,掌握科学知识和自救技能。热门的中风预报和血液黏稠度,查完之后干什么?一些企业卖降黏(稠度)药物,患者一次就得买一个疗程的,什么证据也没有。不少人被误导定期输液稀释血液甚至洗血,这真是谋财不救命还要命。有糖尿病、高血压、血脂异常,把指标控制下来,用上阿司匹林,还要降什么黏(稠度)呢?如果对医生的期望只是哪天患了心肌梗死就去做介入,这是很失败的一种期望,也是我们作为医生的失败。我们一定要自己主动维护自己的健康，预防自己的疾病，不要等到了疾病的终末阶段才去治疗。应该用有限的卫生资源解决实际问题。

坚持循证医学的原则引领健康，做好预防，首先是改变不健康的生活方式。心血管疾病的预防应从青少年开始，认为心血管疾病是中老年的事情是个很大的误区。虽然发生症状、发生事件和致残致死在中老年，但是心血管疾病的源头在青少年，不良的生活方式对青少年的诱惑最大，人们18岁以前形成的精神心理素质和生活习惯决定了他一生的寿命和命运。所以，重要的是"提倡健康的生活方式，从青少年就抓起"。尽管已经形成的不良生活习惯改起来很难，也要坚决改，戒烟、坚持合理的饮食和运动、养成好的心态，这些问题非常关键。

关于戒烟，世界卫生组织明确界定烟草依赖是疾病不是嗜好，这一问题许多医生都不了解。我国50%的男医生吸烟。关于坚持热爱运动，走路是最好的运动，便于实行，不需要特殊条件，而且走路安全，对老年人关节、肌肉、韧带损害小，对心脏不会造成太大负担。关于合理饮食，我认为最重要的问题不是吃什么、不吃什么，什么都要吃，关键是总量控制好和合理搭配。饭吃八成饱非常重要，不但有益健康也是生活质量的基本体现。关于好的心态，我们应该有一个平静的心态，耐得住寂寞，坚守这些不能改变的东西，也要适应社会，促进社会的变化。这不是一天两天的事情，大家不能不坚持。面对社会上急功近利的现象，如造假、考试作弊等问题，在浮躁的社会风气下坚守平静的心态是很困难的。但我始终坚信，有些基本的东西是不能变的。从李时珍到白求恩再到今天的华益慰，当医生，首先要维护患者的权益，处处为患者着想，把患者利益放在第一位，这是医生永远需要坚守的，是不能改变的思想。谁改变这一点谁就不是真正的医生。心态非常重要，没有好的心态就没有愉快的生活，也没有好的生活质量。

坚持循证医学的原则引领健康，做好预防，还要坚持使用被科学证据证明有预防作用和能够改善预后的药物，即循证用药，控制心血管疾病多种危险因素达标。

第一类推荐的循证药物是控制血压的药物。20世纪40~50年代，高血压是不治之症，没有降血压药物。斯大林、罗斯福都死于高血压脑出血。1953年，徐悲鸿先生一星期两次脑出血，医生束手无策。更重要的是当时的医生，尤其肾脏科医生认为血压升高是对肾脏保护的代偿机制，降血压，肾功能会恶化。今天肾脏科医生与时俱进，脑血管医生也在改变，肾脏科医生比心内科医生更接受积极降压。20世纪50年代初，印度首先发现了从植物中提取萝芙木（降压灵），之后又人工合成利血平；60年代有了噻嗪类利尿剂和β受体阻滞剂；中国第一个上市的是心得安（普萘洛尔），此后心得安用于临床，随后又因不良反应退市；后来是阿替洛尔。现在我们有钙通道阻滞剂、ACEI、ARB、α受体阻滞剂一系列新药，又有了一些新的复方组合，如ACEI或ARB与噻嗪类利尿剂的复方制剂、ACEI或ARB与长效钙通道阻滞剂的复方制剂。现在人类确实拥有了有效的降压药物，能把血压降下来。

大半个世纪以来，在高血压防治领域最重要的成就和证据是——降压达标是硬道理。与安慰剂或不治疗相比，既使使用传统降压药物，只要把收缩压下降10~12mmHg或舒张压下降5~6mmHg，脑卒中减少40%，心肌梗死减少16%，心力衰竭减少50%，而且不增加癌症和其他非心血管疾病死亡。

接着大家论证血压到底降到什么水平，争论高血压的诊断标准是什么。一直到20世纪70年代高血压的诊断标准还是160/95mmHg以上。现在我们知道高血压的诊断标准是收缩压≥140 mmHg和（或）舒张压≥90mmHg，糖尿病、有肾损害和已患有冠心病或脑卒中的患者血压应降至130/80mmHg以下。

接着大家讨论到底收缩压升高危害大，还是舒张压升高危害大。

一直到近期大家才认识到，老年收缩压升高不是一个生理老化的过程，而是非常重要的危险因素，是疾病。收缩压升高更常见，更危险，更难控制。

我读大学时的教材说的是老年人高血压诊断标准"水涨船高"，年龄增加10岁收缩压升高10mmHg，70岁血压170mmHg以下不算高。很多老年人怕血压低，说低了危险，会出现脑供血不足。现在对高血压的认识有颠覆性的改变，高血压是个综合征，而不是一个简单的血压数值，应把它连接到代谢和血管生物学的链条上去思考，伴有很多代谢的改变。

第二类推荐的循证药物是降血脂的药物。心血管疾病药物预防循证医学的第二个成就是"他汀革命"。尽管他汀类药物之前有多种降脂药物，但他汀类药物的研发是人类征服冠心病的第一缕曙光，非常像当年青霉素的问世令人类看到了征服传染病的希望。他汀类药物的贡献是非常大的，证据也非常充分。他汀类药物可使心肌梗死的初发或复发减少30%~40%，可使动脉粥样硬化斑块稳定、发展延缓甚至逆转。他汀类药物安全，如今对心血管疾病高危人群的血脂异常干预是以他汀类药物为基础的联合用药。

第三类推荐的循证药物是抗血栓形成的药物。致残致死后果的导火索是血栓形成，动脉系统血栓形成的上游是血小板的黏附和聚集。无血栓则无事件，预防血栓就能预防致残致死后果。在这个领域的研究非常活跃，内容极为丰富，在阿司匹林的基础上，氯吡格雷、血小板膜糖蛋白Ⅱb或Ⅲa受体拮抗剂的研究和应用，低分子肝素在逐渐取代普通肝素，低分子肝素后时代又涌现出一系列针对Ⅱa或Ⅹa更高选择性的人工合成的抗凝药物，最终出现不需要监测，口服使用和固定剂量的抗凝药物，大大易化了抗凝治疗，广大患者可以在家使用，不需要到医院去打针、计算公斤体重和抽血监测国际标准化比率（INR）。

第四类推荐的循证药物是拮抗神经—内分泌系统过度激活的药物。拮抗交感神经过度激活的β受体阻滞剂、拮抗肾素—血管紧张素—醛固酮系统（RAAS）过度激活的ACEI/ARB和选择性醛固酮拮抗剂的研发和证据的获取也是非常重要的研究领域。从高血压到心肌梗死再到心力衰竭和猝死，整个过程都有交感神经和 RAAS 的过度激活，这不但加快了疾病的发展和恶化，也促发了致残致死后果。这些药物的广泛使用对预防心血管疾病非常重要。

循证医学，我们寻找什么证据？医疗工作者既是实践者也是探索者，强调预后终点是非常重要的，而循证医学的临床试验针对的正是预后终点的改变。无论是一根针、一把草还是一片药或一种手术方式的使用必须是为了让人类活得更长、活得更好，能减少致残致死后果的出现（如减少心肌梗死和脑卒中的发生），同时成本效益合理又安全，这非常重要。

然而围绕抗高血压和他汀类药物降胆固醇的试验，为了在相对不太长的时间，能够在一定样本量的患者中出现有统计学意义的差异，大多选择高危人群、年龄相对偏大（如男性＞55 岁）或已患病（心肌梗死或脑卒中）的患者。可是谁来研究 30~40 岁的青年男性呢？我们强调预后终点，就应该针对更早期的预防，尤其在代谢和血管生物学研究这个平台上，在疾病的亚临床阶段关注能够反映疾病发生发展的生物学过程，有可能间接地判断或预测一些预后终点的替代终点，例如颈动脉内膜中层厚度（IMT）。那么，大动脉弹性有没有可能成为干预的替代终点？而在心力衰竭的干预方面，左室重构指标可能是干预的重要替代终点。医务工作者应重视选择替代终点，如胰岛素水平、高脂血症、体重指数或者腹围等中间指标。对中青年和少年儿童，不大可能做预后终点试验。

4. 规范介入治疗

由于药物支架的血栓隐患，美国的药物支架应用已从原来总支架使用量的 90% 下降至 70%，一些欧洲国家进一步降至 50%~70%，新加坡则对使用药物支架做了明确限定，我国药物支架的使用率几乎为 100%。

从世界上第一例经皮冠状动脉腔内成形术（PTCA）成功完成至今已有 30 年的时间，其间冠心病介入技术经历了球囊扩张、裸金属支架和药物洗脱支架三个发展阶段。随着技术的发展，与冠状动脉旁路移植术对比，介入技术后再狭窄率逐步减少，可第一代药物洗脱支架植入后的血栓是有待进一步解决的问题。同时，由于放入药物洗脱支架后，需要长期应用阿司匹林和氯吡格雷，出血并发症的危险应予以关注。

我国的冠状动脉介入技术起步晚于欧美国家，近10年进入了快速发展推广期。和任何一项医疗技术一样回顾这项技术发展的历史，一个十分值得我们关注和重视的问题是如何实现其保护人类生命与健康的价值。今天我们必须高举公益、规范和预防的旗帜。

任何一项医疗卫生技术的研发与推广，首先要坚持公益性，目的是造福患者，保护患者的利益。我们需要考虑的问题，不是自己能（会）做什么，而是患者最需要什么。坚持公益性就要旗帜鲜明地反对趋利性，不能容忍患者的无序流动，延误救治时间。

规范使用技术是实现介入技术公益性的根本保证。哪些医院、医生被准许从事介入技术？哪些患者需要接受冠状动脉旁路移植术？哪些患者应该接受冠状动脉介入治疗？哪些患者应该接受药物治疗而无须非药物治疗？接受介入治疗的患者哪些应使用药物洗脱支架，哪些应首选裸金属支架？这一切都要坚持循证，贯彻指南，规范医疗行为。正如前文谈到的，及时介入治疗可挽救急性心肌梗死患者的生命，而对多数稳定的冠心病患者介入的意义仅在于缓解心绞痛症状，并不改变预后，介入治疗仅适用于经充分药物治疗后仍不能控制心绞痛的患者。

血管重建术是针对冠心病终末期的姑息疗法，解决冠心病的根本出路是预防。他汀类药物临床试验的一致结果显示，与安慰剂对比，该类药物能明显减少对介入和手术的需要。我们迫切需要建立"防、救、管"的完整体系，解决"病前不防，病后不管，得了急性心肌梗死救治还太晚"的困局。

要实现介入技术的社会价值，就要破除单纯技术观点和聚焦病变的"管状视野"。从队伍的文化建设与文化重构层面上认真思考，医疗从业人员要认真改变过分相信、依赖技术，忽视甚至不相信生活方式的改变（如戒烟）对健康的真实促进意义，不重视预防的现状。医学需要回归人文、回归临床和回归基本功（三基三严①）。

5. 心血管疾病的全面防线：从青少年到老年的终身健康管理

心血管疾病可防可控，合理使用卫生资源需要科学证据，需要用循证医学来引领健康和指导预防，需要根据科学证据制订我们的预防策略。预防从青少年抓起，中年强化（尤其是30~40岁的男性），老年继续。从青少年开始启动主要是针对肥胖和代谢综合征，不沾染第一口烟草，强调健康生活方式，预防危险因素。人到中年，尤其是男性，吸烟、肥胖、血压高、血脂异常等危险因素已经形成，已经从不良生活方式转化为代谢指标的改变。这段时间最重要的是及时针对危险因素的控制和代谢指标的干预，患者应定期体检筛查血压、血糖、血脂，评估自己10年心血管事件的危险，注意亚临床变化（如IMT增厚）。老年阶段要继续注意危险因素的控制。健康管理是终身管理。

1953年美国发布的研究显示，对在朝鲜战争中死亡的300名美国士兵（平均年龄22.1岁）的尸体进行解剖发现，这些士兵生前没有心肌梗死和心绞痛症状，77%有动脉硬化，40%左右有导致血管腔狭窄的斑块。2001年发表的研究文章显示，以美国近期车祸脑死亡牺牲者的心脏作为供体，成功心脏移植后，用血管内超声检查262个供体心脏，20岁以下约17%有动脉粥样硬化斑块，即大约每5个人中有1个。如果年龄≥50岁，这一比率达85%，即每5个人中有4个以上没有冠心病临床症状的"健康人"有动脉粥样硬化斑块。因此，心血管疾病的预防要从青少年抓起。

过去存在的一些问题在哪里？我们花了很大力气搞健康大课堂，搞健康

---

① "三基"指基本理论、基本知识、基本技能，"三严"指严格要求、严密组织、严谨作风。

快车，但一开会来的都是白发苍苍的老人。退了休、上了年纪才开始关注健康，在职的中年人缺乏健康意识和危机感，这些人是最需要保护的劳动力和生产力。医院与其搞非常豪华的干部病房，患者得了心肌梗死住最好条件的病房，用最好的支架，不如先把血压、血脂和血糖降下来，把生活方式改变了，预防得病，防患于未然。健康管理应该是分类管理。青少年的健康管理要通过学校、学生家长，教育孩子先得教育家长。中年人很忙，总感觉力不从心、身不由己，这就需要我们上门服务，甚至把科学防病的健康经典浓缩成非常简练的像顺口溜一样的东西，让他们一看就读得懂、记得住、用得上。再就是定期检查，工作再忙也可以上门服务，比如早上到患者的办公室进行取血，可推广仅需一滴指血的现场检验（POCT）。不同人群也需要配合不同的健康管理模式，对农民工和办公室职员就肯定不能采取同样的方式方法。对老年人也要做分类管理。疾病发生发展不同阶段需要系统管理。我们的管理一定要强调服务意识，不是在讲堂上说教，对不同的群体服务，要想办法服务好，让他们能通过医生的指导改变不健康的生活方式。

每个城市都要构筑自己快速高效的救助系统，一旦有人发生急性心肌梗死，我们尽快挽救心肌、挽救生命。尽管直接经皮冠状动脉介入治疗（PCI）非常值得推广，1995年我在朝阳医院推动这项技术的发展，但是静脉溶栓依然是我国绝大多数老百姓获救的最基本的治疗。目前不可能要求每个城市每个医院都去做介入治疗。所以我们不但要学会做介入放支架，最重要的是建立一种模式，快速救治的模式，让高危患者尤其是40岁以上高危患者有胸痛症状能够快速到达医院。同时对35~40岁的女性，如没有危险因素，不要滥用冠状动脉造影或多排CT。对绝经期前没有危险因素的女性，也盲目做造影和CT，就没有科学与道德的底线了。院外对突发心肌梗死或猝死要早识别、早复苏、早除颤、早转运，院内要快速救助，快速地理性化、人性化地处置，10分钟完成心电图，30分钟溶栓，90分钟开始介入的第一次球囊扩张。

救治要有管理，对院外急救系统有管理，对院内急诊系统有管理，救治存活后也要有管理。现在我们医生对做支架钻研得很深，用药也到位，但在改变生活方式的意识和知识技能方面做得很差，自己都不知道该怎么办，怎么戒烟，怎么吃，怎么睡觉，怎么运动，给患者讲的都是理论上的条条框框，不具体，没有可操作性。

预防重构、改善预后，不仅要用有证据的药物，也要用有证据的剂量。预防左室重构、猝死、血栓、斑块的增长和不稳定，强化降脂，用他汀类药物降胆固醇达标，血压降得更低一点，拮抗左室重构，预防心力衰竭，没有可以直观看到的指标，要用指南提出的有试验证据和患者可耐受的最大剂量的β受体阻滞剂和 ACEI。

办好双心门诊，要关注心血管疾病患者的精神卫生。我呼吁大家要格外关注到心血管门诊就医的患者的精神心理卫生。很多到心血管门诊就医的女性患者并没有器质性心血管疾病，却花了很大成本做有创的造影或心脏 64 排螺旋 CT（简称 64 排 CT）。如果大家都关注患者的精神心理卫生，可能用很低的成本让很多人解脱。在赵本山的小品中一个原本健康的人可以被忽悠着买拐再买轮椅，我们通过双心门诊可以使这些女性扔掉拐，扔掉轮椅，重新站起来，去爬香山，爬长城，恢复工作，恢复正常生活。所以双心服务，同时关注患者心血管健康和生活质量的模式，是非常重要的。

患有心肌梗死，接受过支架植入、冠状动脉旁路移植术、起搏器或除颤器植入治疗的患者，除了躯体创伤，精神心理创伤也是巨大的，需要双心服务。我们应重视心血管疾病患者的康复。

6. 组建预防心血管疾病的广泛联盟

做好疾病预防迫切需要破除"围墙文化"，实现疾病预防的广泛联盟。第一，建立不同学科之间的横向联盟。第二，建立各级医院和社区的纵向联盟。

大医院要承担发展建设社区的一份责任,同时在与社区的互动过程中找到大医院可持续发展的机制和前景。第三,建立政府、学会、专家、媒体和企业的立体联盟。大家看美国过去 30 年的成就,经验是政府出面和主导,研究机构组织所有相关专业学会共同制订指南,诠释健康和预防疾病。美国过去 30 年人均寿命延长了 6 年,主要抓了三件大事:第一,戒烟非常成功;第二,高血压的监测评估干预计划,从 JNC1 到 JNC7,根据证据的更新不断修订;第三,成人胆固醇教育计划。戒烟、降血压和降胆固醇,对预防和减少脑卒中和心肌梗死这两个最重要的致残致死疾病具有重要的作用。把这三件事抓好,可完成心血管疾病预防的 90% 左右。在新的时期,如果我们能及时抓住运动和饮食,控制肥胖,预防糖尿病,对心血管疾病预防会有更积极的作用。

为什么要强调多学科联合?现在有一个颠覆性的理念,糖尿病是心血管疾病,是冠心病等危证,彻底改变了糖尿病的干预只管血糖这种局限思维。糖尿病患者主要死于脑卒中和心肌梗死这些大血管病。未患心肌梗死的糖尿病患者,未来 10 年发生心肌梗死的风险和已患过心肌梗死患者再发心肌梗死的风险一样,10 年内每 5 个人中有 1 人会初发或再发心肌梗死;有糖尿病又有心肌梗死的患者是极高危人群,未来 10 年每 2 个人中可能有 1 人会发生心肌梗死。这个理念提出来后,大家走出了糖尿病单一管血糖的局限,开始重视更严格地控制患者的血压,把血压降到 130/80mmHg 以下,比单独控制血糖能更大幅度地减少心肌梗死的发生;再用他汀类药物把胆固醇降下来,LDL-C 降到 100mg/dl 以下,甚至 80mg/dl 以下,可以大幅度减少心肌梗死和脑卒中的发生;另一方面,心血管医生也应关注冠心病患者的糖代谢,否则冠心病患者合并糖尿病的 80% 就会被漏掉,87% 的糖尿病前期就会被漏诊。因此,对所有明确冠心病诊断的患者要推行**"常规三部曲"**:

①常规问有没有糖尿病。

②若患者不知道有没有糖尿病,常规查空腹血糖。

③若空腹血糖正常，常规做口服葡萄糖耐量试验（OGTT）。

发现患者有冠心病同时OGTT异常非常有意义，其意义远超单纯对这些患者及早降血糖。

对我们的医生公众是信服的。要有更多医生去钻研怎么讲科普，不能随便讲，要讲得既有科学性和时代感，又通俗易懂，使听的人听得懂、记得住、用得上；语言的表达要兼顾听众的特点（农民、工人和公务员等）；道理讲得要让听众明白，并付诸行动。

回顾过去，展望未来，我们高举"公益、规范和预防"三面旗帜；倡议在每一个城市建立起病前防、病时快速急救和救后系统管理三个系统；抓好队伍思想文化建设，实现**五个转变**：

①从针对疾病终末期的治疗转向早期的预防。

②从经验医学转向循证医学。

③从以大医院为中心转向以社区为中心，建立疾病预防和健康促进/教育/管理网络。

④从不同学科分别控制不同危险因素（像"铁路警察各管一段"）转向学科联盟、综合控制多重危险因素。

⑤从坐堂医生、针对疾病转向重视健康与预防，医生走出医院大门，向公众传播科学的健康含义、循证指导预防的知识和技能。

让我们抓住发展机遇，在新的起跑线上，转变理念，坚持以人为本和科学的发展观，坚持预防为主，用循证医学原则指导我国心血管疾病的预防，唱响健康主旋律，掀起健康风暴，构建健康的健康产业，改变坐堂行医的传统，走上健康大课堂，登上健康快车，做好健康教育、健康促进和健康管理，迎接健康奥运、无烟奥运，为实现健康中国和健康中国人的宏伟目标而奋斗！

十一
转变理念，做实我国心血管疾病的预防，实现健康理想、理想健康
（心血管疾病防控"4+4"策略）

■ 胡大一（2008年、2010年、2011年）

我国心血管疾病流行趋势日益严峻。根据2006年和2008年卫生部（现国家卫生健康委员会）统计信息中心发布的数据，从1990年起心血管疾病始终居我国居民死因首位，且其死亡率呈不断上升趋势，心血管疾病死亡构成比2006年为34.8%，到2008已上升到40.27%。《中国心血管病报告2007》公布数据显示，每年全国心血管疾病死亡人数达300万人，每死亡3人中就有1人是死于心血管疾病。每年用于心血管疾病的直接医疗费用达1300亿元，与1993年统计数据比较增加了约7倍。

在心血管疾病诊疗手段日益进步的今天，我国在心血管疾病方面的医疗技术已与国际平齐，部分技术已达国际先进水平。然而，进步的医疗科技没能遏制我国居民心血管疾病死亡率的迅猛增加，仅2006~2008年心血管疾病死亡率就增加了5.5%。

赵冬教授公布的1984~1999年15年间的一组统计数据很直接地说明了问题。心绞痛或者心肌梗死的患者经过治疗减少了642例心肌梗死死亡，这里面贡献最大的是绿色通道，占41%；搭桥和介入治疗稳定型心绞痛对死亡下降的贡献是2%；然而，减少了642例死亡的同期却增加了1822例新的死亡。为什么会这样？因为没有控制危险因素。例如，1984~1999年我国人民生活

水平不断提高，收入也增加了不少，可以"敞开吃"了，所以胆固醇就高了，心肌梗死就多了，得心肌梗死的人也更年轻了。如果我们还是一如既往地等到患者病了才给予治疗手段，不管疾病的防控，那么会产生两个最直接的问题：其一，也许患者的病我们已经无能为力了；其二，不是所有的患者都会到医院看病。出现了上面的统计数字令人震惊，但震惊在心里而不是在逻辑上。救了642例，额外增加了1822例死亡，医学对抗疾病的战役是输在了医生手里，并不是医学本身。

★ **先进的医疗科技没能遏制我国心血管疾病死亡率的迅猛增加，着手预防帮助美国居民心血管疾病死亡率下降了50%。**

美国本来是世界上做心脏搭桥和支架植入术最多的国家，无论总数还是人均数都是最多的。但是，我们来看看美国医疗界半个世纪以来还做了什么？美国居民心血管疾病死亡率从1968年到2000年下降了50%，法国、芬兰等欧洲国家也都出现了心血管疾病死亡率下降的拐点。获得这一成就的原因是他们先后发动了"三大战役"——控烟、控制高血压和胆固醇教育计划。经分析发现，对心血管疾病死亡率下降贡献最大的是对危险因素的控制：美国全人群胆固醇水平下降0.34mmol/L，贡献率为24%；收缩压下降5.1mmHg，贡献率为20%；吸烟率下降11.7%，贡献率为12%。而针对冠心病的治疗的贡献率仅为11%，预防心力衰竭的贡献率为9%。针对心血管疾病高危人群，美国国立卫生研究院（NIH）提出了强化降压、降脂、降糖的干预措施，通过健康生活方式和药物治疗，一定要把血压降到120/80 mmHg以下，血糖控制到6mmol/L以下，总胆固醇控制到5.2mmol/L以下。事实证明，这是一个可以复制的成功模式。

21世纪以来，美国心血管疾病死亡下降趋势走缓，尤其中青年人群死亡率增加趋势超过老年人群，但吸烟率、高血压和高胆固醇血症患病率均下降。是什么原因导致死亡率下降趋缓呢？美国心脏协会（AHA）研究发现，是不健康生活方式的流行导致了美国居民肥胖和糖尿病患病率增加 17%。肥胖和糖尿病成为了新的挑战。

反观我国，控烟形势非常严峻，吸烟人数 3.5 亿，只有 26% 的人希望戒烟，戒烟成功率仅为 11.5%；我国每年新增高血压和血脂异常人数达 1000 万，血压的控制率不到 10%，与发达国家 30%~50% 的血压控制率相比还有非常明显的差距；胆固醇教育计划刚刚起步 5 年。一波未平，一波又起，肥胖和糖尿病在我国比在西方发达国家蔓延得更严重。不但在北京、上海、广州这样的大城市，在国内很多偏远的乡镇也能看到不少"未富先胖，未富先病"的现象。1992~2002 年，10 年间，城市糖尿病患病率上升 40%，超重和肥胖患病人数增加了 1 亿，差不多每 4 个人中就有 1 个是超重或肥胖，成年人坚持锻炼的人数不到 1/3。卫生部（现国家卫生健康委员会）2004 年统计数据显示，中国有 2000 万糖尿病患者。2010 年发表在《新英格兰医学杂志》上的流行病学资料显示，中国现有 9200 万糖尿病患者，将近 1.5 亿糖尿病前期患者。欧美国家第一阶段的成就我们还没有达到的时候，现在却同样面临着更为严峻的肥胖和糖尿病的挑战与威胁。

无论如何，心血管疾病的预防具有非常强的可操作性，还可以拉动整个慢性病的防护。肿瘤的危险因素也包括肥胖和吸烟，假使通过心血管疾病的预防人们把烟戒了，让体重得到控制，保持健康生活方式，控制精神紧张，肿瘤和呼吸系统疾病领域也受益，这就是事半功倍。

健康需要一生的维护。打个比方，车行万里路是靠维护，不是靠大修。很多中青年人对自己的车精心爱护，而对自己的身体却马马虎虎甚至肆意破坏，得了心脏病去医院"大修"一次，放支架也好，做手术也罢。车子的零件可以换新的，人的零件就只能修修补补了。

冠心病是一种可防可控性疾病。INTER-HEART 研究显示，通过改变生活方式和恰当的药物治疗，如戒烟、健康饮食和加强锻炼可以使心肌梗死的发病危险降低 80%。只有等到患者出现症状或事件才知去干预，只懂得用技术应对病变，这样的策略是失败的策略，这样的医生是落伍的医生。我们迫切需要将工作重点从对疾病终末期的救治转向疾病的早期预防，从源头治理，从青少年抓起，中年强化，老年持续；从经验医学向循证医学转化，强调医疗行为规范。可喜的是，我国针对冠心病的应对策略已经开始从"重治轻防，重技术轻模式，重躯体轻心理"的老旧观念上偏离，越来越多的心血管医生开始重视预防（包括防控危险因素和防控疾病）与慢病管理模式的探索。

我们开展的"中国初发急性心肌梗死研究"和张抒扬牵头的"早发冠心病的临床特点研究"就分别从不同的角度分析了我国冠心病人群的发病特点，提出我国人群与冠心病相关的主要危险因素是：吸烟、高血压、血脂异常、糖尿病、心理社会因素、不健康饮食和缺乏体育锻炼。

女性是冠心病发病的一个特殊群体，但在我国很久以来未得到足够重视，国内这方面的研究也很少。张运等研究的"性别对急性心肌梗死患者住院预后的影响"，分析了我国人群中性别对冠心病预后的影响，提出了导致我国女性心血管疾病患者预后差的各种因素，对提高我国女性心血管疾病预防有着实际意义。

目前，我国对代谢性危险因素的重视程度较高；对非代谢性危险因素包括吸烟、心理社会因素、不健康生活方式的重视程度不够，导致冠心病发病年龄提前；对女性心血管疾病缺乏了解，导致女性冠心病患者预后很差。因此，我们在加强对代谢性危险因素的控制的同时，要加强对非代谢性危险因素的控制和女性冠心病的研究。

1. 吸烟与心血管疾病

烟草是各种慢性疾病最重要的致病因素，原则上也是唯一能够完全控制的致病因素。2004 年中国城乡居民健康营养调查表明，我国有烟民 3.5 亿，被动吸烟人数达 5.4 亿，每年约有 100 万人死于吸烟相关疾病，冠心病是我国吸烟致死的前三位疾病之一。

烟草烟雾中的一氧化碳、一氧化氮、气相自由基等物质能损害血管内皮功能，增加血液黏稠度，促进血栓形成，增强氧化应激和炎症反应，诱发或加剧心血管疾病。冠心病、脑血管疾病、心源性猝死、外周动脉疾病和主动脉瘤都与吸烟有相关关系。《中国初发心肌梗死研究》显示，在北京和沈阳两个城市，吸烟是急性心肌梗死最重要的危险因素，其相对危险增加 3.17 倍，人群归因危险度为 38.79%。我国广大医务人员了解脑卒中与冠心病、高血压与冠心病和胆固醇与冠心病的线性关系，但很少有人了解吸烟与心肌梗死的线性关系。即使每日吸 1~5 支烟，也显著增加心肌梗死的风险；每日吸 1~2 盒烟者的心肌梗死危险是不吸烟者的 6~8 倍。

戒烟不仅可使冠心病的发病率下降，也可降低很多疾病的发病率和死亡率，包括脑卒中、外周血管性疾病、急性心肌梗死、猝死和各种癌症等。同时，戒烟也是改善心血管疾病远期预后最经济有效的措施。譬如，戒烟可使冠心病远期死亡率下降 36%，所需费用为 1.5 万~4.5 万元；相比之下，他汀类药物、β 受体阻滞剂和阿司匹林分别使心血管疾病远期死亡率下降 29%、23% 和 23%，其中降压治疗所需费用为 6.5 万~19 万元，降血脂治疗所需费用为 36 万~140 万元。

因此，心血管医生积极开展戒烟，带头远离烟草，劝导吸烟者尤其是吸烟的心血管疾病患者戒烟是义不容辞的责任。2007 年《中国临床戒烟指南试行本》和 2008 年《中国心血管医生临床戒烟实践共识》的发布，为我国医学界开展控烟工作提供了重要的学术支持。

2. 综合防治多种代谢性危险因素

（1）控制血压达标：50 年来预防心血管疾病最重要的成就和证据之一是

降压达标。与安慰剂或不治疗相比,即使使用传统降压药物,只要把收缩压下降10~12mmHg或舒张压下降5~6mmHg,就可使脑卒中发病减少40%,心肌梗死发病减少16%,心力衰竭发病减少50%,难治性高血压发病减少94%,而且不增加癌症和其他非心血管疾病死亡。但是如何实现心肌梗死预防中未达到的另一半预期?盎格鲁—斯堪的纳维亚心脏终点试验(ASCOT)研究证实,降压联合应用他汀类药物治疗,可使脑卒中发病进一步降低27%,冠心病发病减少36%,使心肌梗死、猝死复发减少33%。在中高危高血压患者中,降压药物联合降胆固醇药物将成为高血压治疗的新策略。

血压控制达标已经成为降压治疗策略的核心。依据2002年的调查资料,无论北方或南方,无论城市或农村,血压控制率均低于10%。影响血压控制达标的因素很多,不能坚持长期治疗是影响血压控制达标的一个重要因素。采用固定剂量复方降压制剂,有助于提高患者的依从性,较快达到降压效果,提高控制率,减少不良反应,从而有利于控制发生心血管疾病的风险。

(2)规范降脂治疗:血浆总胆固醇或低密度脂蛋白胆固醇升高是冠心病最重要的独立危险因素之一。血脂异常是我国居民的一个重要公共卫生问题。从20世纪60年代开始,全世界范围进行的许多有关降低胆固醇防治冠心病的研究结果表明,血浆胆固醇降低1%,冠心病事件发生危险降低2%。为此,中华医学会心血管病学分会、糖尿病学分会、内分泌学分会、检验医学分会和卫生部心血管病防治研究中心(现国家心血管病中心)组织全国专家,联合相关学术团体,依据循证医学的证据,于2007年制订了适合我国国情的《中国成人血脂异常防治指南》(以下简称《指南》),并由卫生部行文发布。《指南》是在1997年《中国成人血脂异常防治建议》的基础上丰富发展而来,它的发布是我国心血管疾病防治历程中的一个重要里程碑。《指南》在参考国际指南的基础上,根据我国自己的流行病学资料制订,是体现我国血脂异常特点的第一个"本土化"指南，与美国国家胆固醇教育计划（NCEP）《成人治疗小组第三次指南》（ATP Ⅲ）不同之处在于：血脂水平分层切点不同，危险因素中特别提出高血压的重要性，极高危定义简化，LDL-C 目标值不同。

从最近的调查结果看，我国临床血脂的控制状况仍离要求很远，血脂异常的知晓率、治疗率和达标率仍很低，医务人员对调脂治疗的了解程度也有待提高。因此，应加大推广《指南》的实施力度：学习指南，领会指南，宣传指南，贯彻指南。由卫生部"面向农村和基层推广医药卫生适宜技术'十年百项计划'"（简称十年百项计划）立项，历时 4 年的中国胆固醇教育计划（CCEP）在 2008 年大力推进《指南》的宣传与落实。

（3）糖尿病是心血管疾病：根据芬兰 East-West 研究的结论，1999 年美国心脏协会（AHA）《糖尿病与心血管疾病指南》明确提出"糖尿病是心血管疾病"的新概念。2002 年，NCEP-ATP Ⅲ将糖尿病列为冠心病的等危证。这一概念的提出，彻底改变了糖尿病的干预只管血糖的认知和观念。糖尿病和心血管行动（ADVANCE）研究提示糖尿病患者须更严格地控制血压，把血压降到 130/80mmHg 以下，比单独控制血糖能更大幅度地降低心肌梗死发生率。阿托伐他汀糖尿病合作研究（CARDS）发现糖尿病患者强化降脂治疗，把 LDL-C 降到 100mg/dl 以下，甚至 80mg/dl 以下，可以大幅度减少心肌梗死和脑卒中发病。

同时，中国心脏研究提醒心血管医生应关注冠心病患者的糖代谢。目前的情况是，冠心病患者中，80% 的糖尿病和 87% 的糖尿病前期被漏诊。因此对所有明确冠心病诊断的患者要推行常规三部曲：第一，常规问有没有糖尿病；第二，若患者不知道有没有糖尿病，常规查空腹血糖；第三，若空腹血糖正常，常规做 OGTT。对 OGTT 异常的冠心病患者进行干预是否有意义，正在进行的阿卡波糖心血管评估（ACE）研究将给我们一个结论。

3. 改变不健康生活方式

张抒扬等的"早发冠心病的临床特点研究"提示我们，冠心病发病年龄在提前，而且这一人群发病的重要危险因素是吸烟、代谢综合征和冠心病家族史，即不健康生活方式是早发冠心病的主要原因。代谢综合征主要表现为腹型肥胖、糖脂代谢异常，其源头是不健康的饮食习惯和缺乏运动。

1984~1999 年北京市心肌梗死患者死亡率迅猛增加，尤其是 35~44 岁北京男性心肌梗死的死亡率增加了 154%，校正后是 111%。为什么北京市居民心肌梗死患病和死亡的风险激增，而且迅速年轻化？77% 归因于血胆固醇水平的增高。北京成人血胆固醇水平在这 15 年间增加了 24%（40mg/dl）。

冠心病致残致死往往发生在中老年，起病在青少年。从小培养坚持运动、合理饮食、保持理想体重和不沾染第一口烟草的好的生活习惯，对预防冠心病非常重要。"中国初发急性心肌梗死研究"发现，食用海鱼和豆类有明显的保护作用，保护程度分别为 24.96% 和 33.72%，说明良好的饮食习惯对预防冠心病很重要。心血管疾病医生应该认真学习《中国居民膳食指南》，掌握合理饮食和合理运动的方法，更有实效地指导心血管疾病患者保持健康的生活方式。

4. 双心医学

《中国初发急性心肌梗死研究》中特别提到心理社会因素在急性心肌梗死发生中的作用，心理压力水平和 6 个月内负性生活事件对 AMI 的人群归因危险度分别为 36.03% 和 14.83%，仅次于吸烟排在第二位。此结论与 INTER-HEART 结果一致，其心理社会因素可预测 28.8% 的 AMI。对心理社会因素在 AMI 发生中的作用应予以充分重视。

患有心肌梗死，接受过支架植入、冠状动脉旁路移植术、起搏器或除颤器治疗的患者，除了躯体创伤，精神心理的创伤也是巨大的，伴有抑郁焦虑的比例约为30%~45%。研究显示，5~10年重度抑郁患者心源性死亡率比无抑郁者增加82%，10年以上增加72%。应重视心血管疾病患者的机体和心理康复，进行以运动为主的综合心脏康复计划，可以降低死亡率，提高生存质量，改善冠心病患者预后。

5. 重视我国女性心血管健康

全世界每年约有1750万人死于心血管疾病，大约一半为女性，世界上平均每1分钟就有16个女性死于心脑血管疾病。因为对女性冠心病的认识不足，以及女性胸痛症状不典型，导致女性冠心病的漏诊漏治和女性心血管疾病死亡率高于男性。为了维护女性心血管健康，世界心脏联盟（WHF）和美国心脏协会（AHA）发起"珍爱女人心"（GO RED FOR WOMAN）运动，目的是提醒女性关注自己的心脏，提醒医生重视女性的心血管疾病。

在我国，心血管疾病同样是女性最大的"杀手"。好在我国医生已经开始重视女性心血管疾病，张运等的"性别对急性心肌梗死患者住院预后的影响"研究提示我们，我国急性心肌梗死患者住院预后存在性别差异，女性病死率显著高于男性，造成这一差异的原因是女性患者年龄较大，伴随危险因素较多，急性期再灌注治疗和β受体阻滞剂及调脂药的使用率低，其关键原因还是对女性冠心病的认识不足，造成治疗延误和不积极。

6. 医学回归

血管重建术是针对冠心病终末期的姑息疗法，解决冠心病的根本出路是预防。临床试验的一致结果显示，与安慰剂对比，他汀类药物能明显减少对介入和手术的需要。我们迫切需要建立防、救、管的完整体系，改变"病前不防，病后不管，得了急性心肌梗死救治还太晚"的尴尬局面。

要实现血管重建术的社会价值，就要破除单纯的经济价值观和聚焦病变的"管状视野"，转而从队伍的文化建设与文化重构层面上认真思考。医学需要回归人文，回归临床和回归基本功。

7. 组建心血管疾病预防的广泛联盟

做好心血管疾病的预防迫切需要破除"围墙文化"，需要实现疾病预防的广泛联盟。

（1）组建不同学科之间的横向联盟。从单一学科分别干预不同危险因素（如血糖、血脂、血压），走向多学科联合，综合控制、统一治理多重危险因素。

（2）组建各级医院和社区、农村医疗卫生保健网络的纵向联盟。大医院要承担起指导和帮扶社区、农村医疗卫生保健系统发展的义务，同时在互动过程中找到自身可持续发展的机制和前景。建设健全社区和农村医疗卫生保健体系，以大医院为中心诊断复杂病例、救治危重患者，把疾病前预防和疾病后管理"沉淀"在社区和农村。只有完备的社区和农村医疗体系才能把病前预防和病后管理搞好。

8. 健康理想与理想健康，健康 4+4 策略

"理想健康状态"是指拥有理想健康行为和理想健康因素，无心血管疾病危险因素，无临床心血管疾病（包括冠心病、脑卒中和心力衰竭等）。

针对心血管疾病预防，我们提出"健康 4+4"策略，用 4 个理想的健康行为和 4 个理想的健康因素，来推动全民健康促进运动。

★ 4 个理想的健康行为

①不吸烟或戒烟超过 1 年。

②坚持有氧代谢运动。每周从事中等强度的运动 150 分钟，或剧烈运动 75 分钟。这些抽象的数字可以简单换算为每周运动 5 天，每次不少于 30 分钟，连续快走或慢跑。

③健康饮食。在这方面，我们面临的最大难题是控盐，我国居民普遍吃盐超标。世界卫生组织提出每人每天盐的摄入量应少于 5 克，患有高血压、

心脏病、糖尿病和肾脏病的人须更严格控制；严格限制反式脂肪酸和饱和脂肪酸的摄入；少喝含糖饮料；多吃新鲜蔬菜水果和富含钾的食物。

④理想体重。维持体重指数（BMI）[体重（千克）÷身高（米）^{2}]小于24。

★ 4个理想的健康因素

①不吸烟或戒烟超过1年。

②不需药物治疗血压＜120/80mmHg。

③不需药物治疗总胆固醇＜5.2mmol/L。

④不需药物治疗空腹血糖＜6mmol/L。

AHA强调健康生活方式对理想健康的重要性，只有通过健康行为使体重、血压、血脂、血糖保持在理想水平，才能称为"理想健康状态"。已经患有糖尿病、高血压和高胆固醇血症的患者，即使是经过药物治疗使血糖、血压和血脂水平达标，其未来发生心血管疾病的危险仍高于"理想健康状态"，只能归为"中等健康水平"。

我们设想，一个人从出生到成年单纯依靠健康的生活方式，如健康饮食习惯、坚持规律运动等，持续保持血压、血脂和血糖在理想水平，直到七八十岁。那么，可以肯定这个人不但寿命长，生活质量高，而且可以为社会做出更多、更大的贡献。我们习惯讲科技是生产力。事实上，健康也是生产力。生产力有三个要素，劳动者、劳动工具和劳动对象，只有健康的劳动者使用正确的劳动工具，才能生产出人类需要的劳动产品和成果，也才能有社会财富的积累和社会进步。全民健康是支撑社会发展最基础的因素之一。

其实，即便是通过治疗才令血压、血脂和血糖达标，效果虽然没有自然达标好，但亦可有效减少各种心血管并发症的发生和发展。

对我们个人来讲，健康是尊严，健康是幸福，健康是成功人生的基础，健康也是基本权利。如何才能让生活更美好？不得病生活不一定美好，但是得了病生活一定不美好。

我非常认同"理想健康状态"的提法，并且从实践中得出结论："理想健康状态"是可实现的，健康生活方式就是金钥匙。2000 年前后，我的血糖、血脂和体重都高于正常，我想把体重尽快降下来，就服用减肥药，但是效果不好。于是，我改变了方法，开始坚持锻炼身体，每天走 10000 步，控制饮食每餐八分饱，注意避免摄入反式脂肪酸和饱和脂肪酸，不喝酒，半年后体重减了 30 斤，血糖、血脂也都正常了。现在我仍然是饮食每餐八分饱，荤素搭配，坚持每天走 10000 步，我的体重一直很稳定，血糖、血脂也都正常。虽然每天的工作紧张繁重，但我并不感觉疲劳。不少患者做了和我同样的现身说法。有位老先生退休之前是单位的负责人，工作紧张，应酬多，肥胖、高血压、高血脂、糖尿病"一应俱全"，每天吃一大把药。后来他退休了，每天活动至少 1 小时，主要就是快步走和打球，戒烟，戒酒，饮食荤素搭配，每餐八分饱，一年后体重减了 20 多公斤，人精神了，体形标准了，血压、血糖、血脂正常了，一粒药都不吃了。慢慢地，我逐步在反思——"高血压、糖尿病等都需要终身服药才能控制"的想法不完全对，只要坚持规律的中等强度运动，控制饮食的规律、结构和总量，保持正常体重，这些疾病就有可能不再需要药物治疗。

说"理想健康状态"可实现，还因为健康的生活方式是完全可实现的。我们就以通常人们最难实现的体育锻炼为例。我也没有专门抽出一整块时间来运动，怎么能坚持 10000 步？腰间别上计步器，能走路时绝不坐车，能爬楼梯绝不坐电梯，等车或候机时来回走，晚上忙完案头工作，放松一下准备休息时看看当天还有多少步没走，补齐它。运动不难，只要积极行动，不要纸上谈兵。管住嘴、迈开腿、保持好心态和规律作息，是维护心血管健康和身体健康最重要的法宝。

9. 政府的责任

芬兰一名心脏病医生和他的团队，与当地政府、企业合作，用了 35 年的时间倡导民众改变生活方式。例如，他们先倡导人们吃面包时逐渐减少黄油的用量；接着通过立法，反对反式脂肪酸等物质进入食品；最后提倡民众吃植物油。35年后，人们的期望寿命延长了十几年，冠心病患者减少了80%。他们发现，对寿命延长贡献最大的不是心脏支架，不是更多的药物，而是发动社会各种资源，促进全民健康。

要使健康促进卓有成效，医疗专业人员的努力只是冰山一角，一定要发挥政府中各个相关部门的行政职能。公共卫生政策对全人群健康干预策略落实的价值不可估量。譬如，改善我国居民的饮食结构，医生能做的事仅限于告诉患者不要吃反式脂肪酸和少吃饱和脂肪酸，然后再举一些食物的例子，可是食品种类这么多，医生也不是做营养专业的；如果政府立法限制反式脂肪酸在食品中的添加，那么无疑是在一个更高更广的层面推动了饮食革命。美国、爱尔兰、意大利、芬兰等国家的政府通过调控公共卫生政策，如限制食品中的盐、反式脂肪酸、食用油种类，在食品中添加叶酸等，使全民血压、血脂水平明显下降。

再说控烟。中国是世界上最大的烟草消费市场，也是吸烟人数最多的国家。原卫生部副部长、中国控烟协会会长黄洁夫称，中国在控烟问题上"不但没有雨点，雷声也不大"。劝说一个人戒烟非常困难，然而为了遏止吸烟人群扩大和二手烟的危害，推动无烟环境建设不能停。推动无烟环境建设的轴心是政府的领导：明确主管部门，明确禁烟的目的是保护人民的健康和生命，协调和组织包括医务工作者在内的各方力量，从实际出发制定综合系统、可操作和有实效的治理和处罚措施并严格贯彻执行。

还有一个非常重要的问题是青少年的健康状况。相比20世纪50~60年代，我国青少年的体质明显退步。从政策法律法规上保护青少年的运动健康和饮食健康是必要的。例如，现在已经出台的政策要求各地中小学校保障学生每天校内、校外各1个小时体育活动时间和"关注西部学生小餐桌"计划。

我认为在这些基本保障的基础上可以更加深入和细化。例如，杜绝青少年沾染烟草，预防控制儿童肥胖、高血压和糖尿病等。

健康从心做起，领跑健康中国。芬兰35年全民心血管健康促进的经验显示，总死亡率下降的80%归因于心血管疾病死亡率的下降。美国30年间人均期望寿命延长的6年中，3.9年归因于心血管疾病的死亡率下降。慢性非传染性疾病的防控有许多齐抓共管的措施，它们的主要共同危险因素包括烟草使用，饮食中饱和脂肪酸和反式脂肪酸、食盐和糖（尤其含糖饮料）过多、缺乏体力活动和有害饮酒。这些危险因素明显增加由其导致的慢性非传染性疾病的并发症，并导致这些疾病占所有新发病例的2/3。心血管疾病预防是防控主要慢性非传染性疾病杠杆的支点，做好心血管疾病预防，可以有效带动癌症、糖尿病、慢性阻塞性肺病（COPD）、肾脏病和视力障碍疾病的防控，也就是美国NIH提出的"一带五的效果"。目前，这5种慢性非传染性疾病的防控工作落后于心血管疾病预防。带头做好全民心血管健康促进和疾病防控，领跑健康中国是我们光荣的历史使命和重大的社会责任。

在我国，国家和个人医疗费用负担正在日益加剧，通过倡导推行健康生活方式或改变不健康生活方式，让更多的人达到"理想健康状态"，减少危险因素和疾病的发生，疾病治疗的相关费用自然下降，公共医疗费用的巨大负担自然缓解。

回顾过去，展望未来，我们要高举公益、预防、规范和创新这四面旗帜，抓住发展机遇，在新的起跑线上，解放思想，转变理念，坚持以人为本和科学的发展观，坚持预防为主，发扬愚公移山的精神，为我国心血管疾病预防的伟大事业努力奋斗，为实现我国心血管疾病死亡率的下降，并拉动总死亡率下降，提高我国人民的健康水平努力奋斗。

十二
疾病预防，宣传先行

■ 丁荣晶

从2005年开始，我们开展了"健康从'心'做起——迎奥运、再长征，健康知识全国巡讲活动"。这个项目及时抓住了迎接北京奥运会的契机和推动全民健康的机遇，恰逢中国工农红军历经千辛万苦到达陕北70周年之时，以积极的态度响应了国务院关于"2006年卫生工作以社区卫生和农村卫生为重点"的工作部署，推广循证医学概念，推动心血管疾病的预防，倡导健康的生活方式，强调血压、血糖、血脂达标，帮助老少边穷地区广大医务人员了解和掌握心血管疾病的基本知识和防控技能，介绍本学科的最新进展和学术动态。其中重要的一个内容是"高血压防治指南和合理用药"的推广，配套图书包括《健康从"心"做起》《登上健康快车》和"循证心血管病学系列丛书"的《循证高血压防治》。

为了促进社区医疗保健、预防、健康教育、康复、卫生服务能力和水平的提高，卫生部、科技部和中国科学技术协会（中国科协）共同发起了"卫生科技进社区"项目。胡大一老师接受委托，担任该项目心血管专业负责人，在中华医学会的支持下，从2007年起陆续在全国开展"心血管危险因素控制"的巡讲活动，每年在全国挑选8个省15个城市，截至2009年，3000人接受了培训。配套教材包括《心血管疾病社区防治适宜技术培训教材》以及"知名专家进社区谈医说病"丛书的《高血压》《高脂血症》《冠心病》《糖尿病》等。

作为"世界心脏日"中国区执行主席，胡老师希望通过世界心脏日活动的宣传，教育公众合理饮食、戒烟、坚持运动，控制心血管疾病各种危险因素（包括高血压、肥胖、糖尿病等），建立起"人人拥有一颗健康的心脏"的概念和信心。中国区世界心脏日开始于 2002 年，主题分别为：（2002 年）营养、肥胖与锻炼；（2003 年）妇女、冠心病与中风；（2004 年）儿童、青少年与心脏病；（2005 年）肥胖与心脏病；（2006 年）你的心脏有多年轻；（2007 年）健康家庭、和谐社会；（2008 年）了解你的危险因素。中国医师协会心血管病学分会和中华医学会心血管病分会联合制订了《"know your risk"简易危险评估量表》，目的是让公众了解自己的危险因素，更加重视和更有效地控制血压、血糖、血脂、体重和吸烟等危险因素。

十三
控烟，医疗系统可先行

■ 改编自黄灿采访胡大一医生的文章

2003年，第56届世界卫生大会上，世界卫生组织（WHO）192个成员国一致通过了第一个限制烟草的全球性公约《烟草控制框架公约》，其主要目的是保护当代和后代人免于烟草对健康、社会、环境和经济造成的破坏性影响。我国于2003年11月，成为该公约的第77个签约国。自2011年5月1日起，我国所有室内公共场所、室内工作场所、公共交通工具和其他可能的室外工作场所全面禁烟，以保护非吸烟者免受被动吸烟的危害。

实现这一目标非常有意义，但也非常不容易。从全民的健康出发，面对这样一种花费时间和精力可以完成的任务，我们没有理由不去做。

我国是世界上最大的烟草生产国和消费国。据WHO估计，目前我国有3亿~3.5亿烟民（其中男性的吸烟率超过50%，青少年吸烟者约1500万人），接近全世界吸烟人群总数的1/3，遭受二手烟危害的人数高达5.4亿，每年由于吸烟造成的死亡人数约120万。全国卫生服务调查数据显示：2000年，吸烟造成的额外医疗费用达140亿元，占全国卫生总费用的3.1%；吸烟引起的生产力损失为270亿元。烟草行业的巨大利润已经给中国社会带来了负的经济效益。

1. 医疗机构，控烟的首阵地和最后防线

既然禁烟证据来源于医生，那么戒烟活动从医疗卫生机构和医生做起，

可能是非常好的启动方式。1948~1988年，英国医疗界对医生群体吸烟与健康的相关性进行研究。结果表明，吸烟的医生与非吸烟的医生寿命相差10年；从不吸烟的医生，80%能活过70岁，30%以上寿命超过85岁；吸烟的医生能活过70岁的占50%，活过85岁的仅有8%。

10年前，吸烟和吃饭、睡觉一样作为生活的一部分，没人觉得不对，更没什么可批评的。可是近年来，从国际到国内再到地区的医疗学术会议都开设了戒烟论坛，充分说明在医疗系统内部戒烟的论调和观点在思想上已经达成共识。据来自美国和苏格兰社区的研究资料显示，只要在社区和公共场所戒烟1年，心肌梗死的发病风险就减少一半。

医院和医生应始终作为推广戒烟的首阵地和最后防线。医生作为控烟推广的一线工作者，对烟草的危害有更加清楚的认识，会更易于接受戒烟教育和接受戒烟。针对医务人员开展戒烟，效果应该相当明显。我国的医务工作者们还在实践中摸索出科主任带头戒烟的模式。科主任吸烟、不吸烟或者戒烟对于本科室男医生（尤其是年轻男医生）和吸烟女医生的影响颇大。吸烟的科主任劝下属戒烟难有说服力，然而科主任戒烟后，上行下效，促使无烟科室的建设成为可能；无烟科室又成为打造无烟医院的发动机，一环带动一环，形成良性循环；环环相扣，以医疗卫生系统为轴心带动起全社会的戒烟氛围。

实践也证明，医生是协助人们戒烟最适合的人选：

（1）医生具有专业资质，可运用医学手段对戒烟者提供帮助，比如可以应用尼古丁替代疗法，该方法效果明显；为患者提供专业咨询和心理指导，帮助患者制订戒烟计划，并进行随访以督促其有效地贯彻执行。

（2）对仍然沉浸烟草不能自拔的人，医生需要担负健康教育的社会责任，运用各种可及的渠道阐明、讲解和宣传吸烟有害健康也给周围的人造成危害，每个个体都必须对全社会负责，个人对社会的责任心是社会文明发展程度的体现，它对社会发展的评估价值不亚于人均 GDP 的增长。医生对吸烟患者做出的适当劝诫和指导，会对患者的吸烟行为产生实质性改变。美国著名药物化学家柯卓生（Jotham Coe）博士曾说："戒烟不仅考验我们的决心，也考验我们的智慧。新戒烟药的问世已经证明了科学家的智慧，如今需要吸烟者证明他们的智慧。最好的方法就是，找到医生，一同选择正确的戒烟方法。"

2009 年 5 月，我国发布了《关于 2011 年起全国医疗卫生系统全面禁烟的决定》，要求到 2010 年军地所有卫生行政部门和至少 50% 的医疗卫生机构要建成无烟单位，确保 2011 年实现卫生行政部门和医疗卫生机构全面禁烟目标。医疗机构禁烟政策的相继出台，证明了国家对禁烟干预力度的加大；院内吸烟处罚有法可依，这对推广"戒烟从医生做起"是一个进步。

2. 推广医疗系统可行的戒烟方案

控烟在医疗系统已经拉开了序幕，我们下一步的工作是要制订出一套完整、有效、可行的戒烟推广方案。我认为需要从以下几个方面入手，希望可以借此抛砖引玉，引发相关领域的讨论，并最终促成这套方案的落地和实施。

（1）把无烟医院的建设纳入医院医疗质量管理评估系统，让医院管理者重视全院的戒烟情况，并接受卫生行政部门的监督。近年来，从国家、省、市级层面对医院的医疗质量管理进行评估次数较多，医院对各项评估工作也相当重视，从评估结果来看，各医院完成质量都比较高。在评估系统中加入"无烟医院建设"，会直接带动院内戒烟的执行与推广；从整个医院层面开展戒烟，有利于形成一种良好氛围，督促吸烟的医生戒烟，患者和家属也能受到戒烟教育；同时也为来医院就诊的患者免于二手烟的危害提供了基础保证。

（2）发动广大医生积极参与禁烟，将"吸烟问询"纳入医生的首诊制度。医生接诊患者后，除了问一些常规的病史如高血压、糖尿病等，还要询问患者的吸烟史。此举主要鉴于将血压测定纳入患者首诊，该项目目前在各医院执行得非常好。若患者吸烟的话，则要询问吸烟量、烟龄，并努力帮助患者循序渐进地进入戒烟治疗（例如从讲解吸烟的危害以及戒烟的益处开始，渐渐激发患者的戒烟意愿），把吸烟史和对患者的戒烟指导记入病历。如未能照做，则按照规定视为不合格病历，从而影响到医生的奖金、资格认证以及职称晋升等。

（3）建议担任公共卫生管理的专员应首先做到不吸烟。公共卫生管理者的基本职责是致力于提高广大人民群众的健康水平。吸烟可引起全身慢性疾病，对公众的生命健康造成极大的危害，控烟戒烟是基于广大人民群众生命健康考虑的一项举措。公共卫生管理者做到不吸烟，既是使命也是责任；公共卫生管理者当众吸烟会带来非常大的负面影响，成为吸烟氛围的推手。WHO作为全球性的卫生管理组织有明确规定，不招聘吸烟者作为成员，对于已在组织任职的吸烟者要帮助其戒烟。此项举措并非歧视吸烟者，而是提升卫生管理者的责任感和职业道德内涵。

3. 国家政策助力

不可否认，在戒烟活动的推广过程中遇到的阻力是相当大的，需要政府尽快颁布控烟的各项公共卫生政策和法律法规，关键是指定监管部门和明确处罚条款，尽可能广地创造无烟场所，防控和消除二手烟的危害，保护非吸烟者（尤其是妇女、儿童）的健康权和生命权。

要保证戒烟有成效，就必须做到有制度、有法规、措施实施到位。同时，也必须强调，通过立法推动全社会无烟是为了人民生活得更好、更健康，这其中也包括烟民的生活和健康。因此，"戒烟"立法和执法的目的不是处罚了事。所以，医疗机构和医务人员必须被考虑在整个政策、法律法规的执行体系之内，医生或者戒烟门诊可以为吸烟者提供戒烟指导和戒烟咨询服务，医疗专家可以成为政府的智囊团。总之，国家在政策方面的干预并致力于长期推动这项工作的执行,无疑为推动无烟社会的进程注入了一针强心剂,也给了医疗战线上的有识之士实实在在的鼓励和信心,我们希望运用自己的一技之长把好的决策向好的方向引导,吸烟患者问题的最终解决是"戒烟""控烟"这场"战役"取胜的关键。

控烟是一项长期的系统的工程,要高质量完成需要全社会的共同努力。以医疗卫生系统为控烟的中心,进而向周围延伸,逐步扩大范围,或许是一种有效的途径。

十四
中国心血管医生控烟工作介绍及展望

■ 丁荣晶（2011年）

  医生、护士，尤其从事心血管疾病防治的医务人员应该带头不吸烟、戒烟，并自觉承担起劝诫和帮助患者戒烟的责任。实际上，患急性心肌梗死、不稳定型心绞痛、接受冠状动脉搭桥手术或介入（支架）治疗的患者最容易成功戒烟，而最好的劝说与指导者是给其治病的医护人员。遗憾的是，许多心血管专家只把给患者搭桥、放支架作为自己的责任，而不认为自己有责任去劝诫患者戒烟，甚至医生自己就是烟民。

  1985~1987年我在美国的医院进修时，看到医生在患者接受心脏移植手术前与患者认真谈话，要求患者要认真改变生活方式，戒烟，不吃不健康食品。而至今我们的医护人员对这一问题还是非常不重视。

  我认为，一个患了心肌梗死、接受搭桥或支架治疗的患者不戒烟是"无药可救"的，早晚还会旧病复发；而一个只给患者搭桥、放支架，不劝诫、指导患者戒烟、改变生活方式的医生是不负责任的医生。

——摘自《胡大一医生浅谈心脏健康》

  目前中国有烟民3.5亿，被动吸烟者5.4亿，每年有约百万人死于吸烟相关疾病，按照现在的增长速度推算，预计我国到2020年每年被烟草"杀害"的人数将增加到200万，50年内将有1亿人死于烟草相关疾病。随着世界卫生组织《烟草控制框架公约》在我国的生效以及"无烟奥运"的开展，宣告中国正在积极开展控烟行动，保卫人民健康。

心血管系统是烟草烟雾的直接受害"靶位"，戒烟可以降低心血管疾病的发病率和死亡率，包括脑卒中、外周血管性疾病、急性心肌梗死、猝死等。同时，戒烟也是改善心血管疾病远期预后最经济有效的措施。因此，帮助吸烟者戒烟是预防心血管疾病的重要措施，心血管医生责无旁贷。

1. 我国控烟的征程始于打造合格的专业医疗队伍

国外的经验是先有医生吸烟率的下降，然后有民众吸烟率的下降。然而，我国的医务人员在戒烟方面的行为、认知和技能现状不容乐观。2004年中国六城市医生吸烟状况调查表明，中国医生吸烟率男性为45.8%，女性为1.3%。有近1/3的医生在患者面前吸烟。6个城市医生总戒烟率仅为10.6%，低于普通人群戒烟率（男性10.4%，女性19.0%）。正确掌握吸烟危害知识的医生不足50%，97.4%的医生不了解尼古丁替代疗法，只有7.1%的医生能够帮助吸烟者制订戒烟计划。心血管医生同样如此，调查显示，大部分心血管医生忽视吸烟的危害和戒烟的益处，在日常诊疗工作中只重视阿司匹林、他汀类药物、ACEI、β受体阻滞剂等药物治疗和介入治疗的应用，而忽视对吸烟患者戒烟的劝告和指导，结果是很多冠心病患者即使发生了心肌梗死、植入了支架仍然继续吸烟。

我们在胡大一老师的指导下，从2002年至今开展了一系列教育活动，呼吁中国心血管疾病医生参与到控烟工作中来，对心血管医生进行吸烟危害和戒烟知识的教育。戒烟工作从无到有已走过9年，取得了多方面的进步。

（1）在全国心血管学术会议上设"戒烟论坛"：从2002年至今，每届"长城国际心脏病学大会"（GW-ICC，简称"长城会"）都设立了"戒烟论坛"，向广大心血管医生普及戒烟知识。其主要内容有：国内外烟草流行病学特点及控制策略，烟草成瘾的病理生理机制，吸烟与心血管疾病发病机制的联系和特点，戒烟方法，中国心血管医生如何更好地将戒烟纳入临床工作，国内外戒烟的相关研究。9年来，长城会戒烟论坛一如既往地宣传戒烟、控烟的相关知识和研究进展，受到越来越多医生的欢迎，也掀起了全国各种心血管疾病学术会议上开设"戒烟论坛"的热潮。

（2）心血管医生控烟宣言：2007年7月，中国医师协会心血管内科医师分会在遵义召开全体委员会，全国200多位三甲医院心内科主任参加了此次大会。与会者讨论了如何在心内科开展戒烟教育，提高心内科医生戒烟意识，重点讨论并通过了"中国心血管医生戒烟宣言"（简称"戒烟宣言"）和"控烟十大行动"。2008年第十九届长城国际心脏病学大会开幕式上，胡大一老师带领近万名参会的心血管医生共同宣读"戒烟宣言"，意在推动心内科医生戒烟意识的提高，很多医生当场签下戒烟协议书。

>>> **中国心血管医生戒烟宣言**

我们将行动起来：

自觉拒绝烟草，身体力行，做控烟表率；

将控烟融入日常临床工作，"给每一个吸烟患者3分钟时间讨论戒烟"；

充分认识"烟草依赖是一种慢性疾病"，将控烟提升到治疗疾病的高度，积极掌握治疗方法；

努力创建无烟科室，推动创建无烟医院，传播戒烟知识。

拒绝烟草，减少疾病！

让我们为人类创造一个无烟的健康环境而共同努力！

> **控烟十大行动**
>
> ①发布"戒烟宣言";
>
> ②制订"戒烟共识";
>
> ③在全国范围内开展对心血管医护人员控烟基本知识、基本技能的培训;
>
> ④鼓励医生积极参与和推动无烟医院的建设;
>
> ⑤把控烟、戒烟融入门诊病房的日常临床工作;
>
> ⑥推动心内科主任带头参与控烟和自我戒烟,建立无烟心内科活动;
>
> ⑦鼓励医生积极开展烟草与心血管疾病的基础、人群临床研究;
>
> ⑧激励对控烟做出积极贡献和戒烟成功的医生;
>
> ⑨开展中国心血管医生吸烟的现状基线调查;
>
> ⑩推动全国的各心血管学术会议设立戒烟相关论坛。

上述控烟十大行动中,除第5条略有欠缺外,其余都已经完成。

(3)制订有心血管专业特色的《戒烟共识》:欧美发达国家均先后制订了依据本国国情的"戒烟指南",各国医学界亚学科如心血管科、口腔科、眼科等也分别制订了适合本学科的"戒烟共识",极大推动了戒烟工作的顺利开展。基于他们的经验,根据欧美国家的"戒烟指南"和《2007年版中国临床戒烟指南(试行本)》,胡大一老师在2008年领导中国医师协会心血管内科医师分会制订了《中国心血管医生临床戒烟实践共识》(以下简称《戒烟共识》)。《戒烟共识》向心血管医生强调吸烟的危害和戒烟的益处,阐明心血管医生在我国控烟运动中的地位和作用,同时为心血管医生开展戒烟服务提供指导(帮助医务人员掌握戒烟理念和技能、提高戒烟服务能力),力争达到为戒烟者提供切实有效的专业助力,把戒烟服务变成每天医疗实践中的重要内容,促进和协助吸烟者戒烟,真正把控制心血管疾病的关口前移,把"预防为主"的治疗理念落实到实际工作中。《戒烟共识》内容简洁，目的是让心血管医生用很短的时间了解烟草的危害和戒烟的方法。

《戒烟共识》于 2008 年 4 月经中国医师协会心血管内科医师分会全体委员会工作会议讨论通过，这次会议同时讨论通过了"戒烟技能培训"统一教材与课件，以及在全国开展"全国心血管医护人员戒烟基本知识和基本技能培训"的议题，为我国心血管医生开展控烟工作提供了有力的学术支持。

（4）开展中国心血管医生吸烟现状调查：同样是 2008 年，胡大一老师牵头开展了"中国心血管医师吸烟现状基线调查"。样本来源于"中国医师心血管风险评估"（China CARE）研究，该研究从 2008 年 6 月至 2008 年 8 月，在中国的 31 个省、自治区、直辖市共 386 家综合性医院对心内科医生进行流行病学调查，共计 4032 位心内科医生参与了调查，最终入选的全部研究对象均为我国心血管内科执业医师，年龄大于或等于 35 岁，最终获得有效研究对象 4008 例。研究结果显示，中国心血管医生中，男性吸烟率 29.8%，女性吸烟率 0.2%；男性吸烟者平均支数为 10.9±0.6 支/日；男性吸烟者平均吸烟年数为 17.01±8.4 年。研究提示，中国有 1/3 的心血管医生在吸烟，远高于欧美发达国家吸烟的心血管医生比例；医生吸烟是"反面教材"，非常不利于对心血管病患者的戒烟干预。

（5）鼓励心血管医生做"戒烟表率""控烟先锋"：2008 年，中国医师协会心血管内科医师分会号召心内科医生积极参与和推动无烟医院的建设，推动"心内科主任带头参与控烟和自我戒烟，建立无烟心内科"活动。迄今为止，我国已有近 1/3 吸烟的心内科主任成功戒烟，约 70% 的心内科医生戒烟或开始戒烟。为奖励控烟有实效、有成就和戒烟成功的心内科医生，鼓励更多医生参与戒烟和控烟，2008 年由中国医师协会心血管内科医师分会发起，在全国范围内通过科室推荐和自荐方式选拔出"戒烟表率"和"控烟先锋"各 10 名，在第十九届长城国际心脏病学术大会开幕式上公布获奖名单并颁发获奖证书。各位获奖者不但在大会"控烟论坛"上分享经验，还投身带动全国各地更多的心血管医生参与戒烟和控烟工作。

2. 中国心血管病患者戒烟模式的探讨

在努力打造合格的专业医疗队伍的同时，我们积极开展烟草与心血管疾病的基础与人群临床研究，探讨适合我国国情的心血管疾病控烟模式，把戒烟服务纳入心血管慢病管理系统，并把戒烟服务融入门诊和病房的日常临床工作。为此，在胡大一老师的主持下，中国医师协会心血管内科医师分会和中国疾病预防控制中心控烟办公室联合进行了"心血管疾病患者及心内科医师吸烟情况调查及戒烟干预效果研究"，旨在了解中国心血管疾病门诊及住院患者的吸烟现状、心内科医生的吸烟现状，以及该人群对吸烟危害及控烟的认知、态度和行为，再对其中的吸烟人群进行戒烟干预研究，以探讨成功戒烟模式和戒烟收益、改善慢病管理模式，为政府决策提供科学依据。研究从2009年开始，纳入全国10家医院心血管疾病患者约1000人，分为强化干预组和健康教育组：对强化干预组患者给予戒烟药物治疗、戒烟短信、热线电话和随访支持；对健康教育组患者继续目前临床医生戒烟干预的方式，不给予其药物治疗、戒烟短信、热线电话和随访支持。随访1年，在2011年底结束。

3. 积极推动政府戒烟立法工作

2006年1月9日，世界卫生组织《烟草控制框架公约》在我国正式生效，公共场所和工作场所禁止吸烟成为我国政府控烟工作的重点。胡大一老师向卫生部提出了3项建议：

（1）医疗机构建立首诊询问吸烟史制度。

（2）将其纳入病历考核标准。

（3）医生向吸烟患者提供戒烟指导。

2009年由卫生部、国家中医药管理局、中国人民解放军总后勤部卫生部、武警部队后勤部等联合发布的《关于2011年起全国医疗卫生系统全面禁烟的决定》采纳了上述建议。该决定规定，军地各级卫生行政部门要结合卫生城市（镇）、文明城市、健康城市以及部队文明卫生军营建设，加强控烟宣传和法治建设。要将工作人员戒烟、不在工作场所和公共场所吸烟、宣传烟草危害知识、劝阻吸烟和提供戒烟服务等指标纳入《医院管理评价指南》《各级疾病预防控制中心基本职责》以及其他医疗卫生机构管理规定，全面推进各级各类无烟医疗卫生机构建设，努力实现室内公共场所和工作场所全面禁烟目标。军地各级各类医疗机构应建立首诊询问吸烟史制度，并将其纳入病历考核标准，为吸烟病人提供戒烟指导。军地各级卫生行政部门和医疗卫生机构禁止使用卷烟接待宾客，要为吸烟工作人员提供戒烟帮助。

基于上述规定，中国有望在2011年实现全国医疗卫生机构全面禁烟，并以此为契机带动全国控烟工作。

4. 专门医疗学术机构的建立

2010年，胡大一老师和多学科专家共同发起，联合成立了中国控制吸烟协会的"吸烟与疾病控制专业委员会"，为我国吸烟危害的防治提供了有力的组织保证。2011年春，胡大一老师带领心血管专业医生开始对《中国心血管医生临床戒烟共识》进行更新，内容从2008年的呼吁心血管医生重视戒烟，转移到心血管医生如何干预戒烟，和需要掌握的戒烟技能。

谈到对未来控烟工作的希望时，胡大一老师表示：今后不仅要继续鼓励医生积极开展烟草与心血管疾病的基础、人群临床研究，探讨戒烟模式和方法，还要建立吸烟患者出院后的戒烟随访系统，把戒烟真正纳入慢病管理体系；落实我国政府要求的2011年实现全国医疗卫生机构全面禁烟的规定，力争实现心血管医生"零吸烟"的目标。

5. 别让孩子们被烟草"埋葬"

在孩子们面临的若干心血管疾病危险因素中，有两个突出的重点：吸烟和肥胖。在美国，所有可以预防的致死原因中，吸烟占第一位，肥胖占第二位。

（1）烟瘾源自少年时：世界范围内，绝大多数的吸烟者的吸烟史要追溯到他们的青少年时期，而且 1/3~1/2 的香烟尝试者会成为长期烟民。在发达国家有 90% 的吸烟者在 18 岁以前开始吸烟。在我国部分城市进行调查的结果显示，青少年吸烟者大多在 15 岁以前甚至在 7~8 岁时就已经开始接触烟草。

值得警惕的是，开始吸烟的年龄越早，越容易成瘾和难以戒除，也就越容易发生吸烟可能引发的相关性疾病。吸烟的青少年易患慢性支气管炎、肺气肿、肺源性心脏病和肺癌。15~19 岁开始吸烟的人患上述病症的死亡率比 20~25 岁后才吸烟的人高 55%，比不吸烟者高一倍多。

动物实验还发现，吸烟对记忆力有不良影响。尼古丁会损伤大鼠的学习和记忆能力，尤其是使其记忆能力明显下降。吸烟对青少年的影响普遍反映为吸烟后往往出现头晕，上课时注意力难以集中，思考能力和记忆力明显下降，学习成绩下降。

更糟糕的是，青少年经济没有独立，吸烟的花费成了必须解决的问题，因此吸烟也确实导致了一些青少年犯罪的发生。

（2）我国青少年吸烟问题严重：1999 年，在山东、广东、天津和重庆 4 个省、直辖市对 11957 名初中一至三年级（13~15 岁）的学生进行了吸烟情况调查。结果显示，尝试过吸烟的学生所占比例初中一年级为 21.8%，初中二年级为 23.1%，初中三年级为 20.0%，总尝试吸烟率为 22.5%，平均起始年龄为 10.7 岁。

早在 1999 年，世界卫生组织神户会议就已经提出了"关注烟草对妇女和年轻人造成的危害"。而在我国，83% 的吸烟学生没有遇到过因年龄太小而买不到烟的情况。

需要指出的是，无论是主动吸烟还是被动吸烟，几乎对现今人类的主要致死原因都"作出了贡献"。吸烟使人别无选择地迅速消耗着生命。

再来看"被动吸烟"这个词，通常是描述吸入二手烟的人，但吸烟者本身是否也存在"被动吸烟"的问题呢？你是否曾经思考过，每次点燃手中的烟，是真的出于喜好，还是成瘾导致的"自然而然"，甚至是不得已而为之呢？是烟草控制人类，还是人类控制烟草？

我想，答案是明确的。虽然任重道远，但我们责无旁贷。

十五
胡大一医生与有氧代谢运动

■ 胡大一，整理自《胡大一医生浅谈心脏健康》

1. 我与有氧代谢（运动）结缘

1986年，我到美国得克萨斯州去参加一个国际的心脏病年会，通过一位朋友的介绍，我住在了肯尼思·库珀博士的有氧代谢运动中心，就这样认识了库珀，也一下子被他的有氧代谢吸引住了。

库珀苦学8年获得了医学博士学位，在此之后成为了一名心脏内科医生。中学与大学时代的他广泛涉猎各种体育活动如篮球、中长跑和水上运动等。但他在攻读博士学位的4年中，运动中止、饮食过量，体重从77千克增长至92千克，血压上升。毕业后繁忙的工作常使他感到精疲力竭。工作前后形成的不良生活方式，导致了库珀肥胖、全身无力和睡眠不好，以至于不能坚持紧张的工作。于是他对自己和周围人的健康状况进行反思，决心从自己的事例中找出缺乏运动、精神紧张、不良饮食习惯以及肥胖与健康的关系，最终做出了一个惊人的决定，回到母校哈佛大学攻读公共卫生学的硕士学位，将自己的人生定位从健康的"下游"挪到了"上游"。通过跑步和合理饮食，库珀的体重从最高的95千克下降到77千克。之后，他研究出了著名的"12分钟体能测验"与"有氧代谢运动得分制"，成为全世界推广有氧代谢运动的第一人，并在20世纪60年代创办了全球第一个预防科学研究所。美国总统卡特、布什、克林顿都接受过库珀的有氧代谢指导训练。

库珀"预防比治疗更重要"的理论已经经过了半个多世纪的实践验证，他首推的有氧代谢运动使20世纪60年代曾"猖獗"美国并占死亡率第一位的心血管疾病早在40年前就得到了一定程度的有效控制。美国人类健康统计中心公布的数字表明，1968年仅24%的美国成年人参加跑步运动，1984年增加到59%。同期，美国吸烟人数减少了一半，心肌梗死死亡率下降37%，脑卒中死亡率下降50%，高血压人数降低了30%以上，高血压死亡率下降60%，人均寿命从70岁增至75岁。据报道，1970~1980年美国人平均寿命增加4年，几乎是以往任何一个10年里寿命增多的4倍。这一成就是美国历史上从未有过的。

（1）有氧代谢（运动）的相关概念：人体运动时需要的能量来源于体内营养物质的化学反应分解释放，这些能量释放的过程需要氧气。体内这一系列需要氧气才能进行的化学反应就称为"有氧代谢"。

"有氧代谢运动"是指以增强人体吸入、输送与使用氧气能力为目的的耐久性运动，在整个运动过程中，人体吸入的氧气大体与需求相等。也就是说，人在运动中需要增加氧气的供给，而在有氧代谢运动的同时机体自身就可以满足这一需求，实现氧气的供需平衡。

（2）有氧代谢运动的特点：锻炼身体并不意味着一定要去健身房或购买特殊的运动设备。人类的健康来源于科学的运动，并非任何运动都有益于健康，也不是运动量越大，运动越剧烈，出汗越多，运动后越疲劳就越有效。有氧代谢运动是增进健康的最佳方式。

有氧代谢运动的特点是强度低、有节奏、不中断和持续时间较长。一般来讲，其对技巧要求不高，因而方便易行，容易坚持。常见的有氧代谢运动包括步行、跑步、骑车、游泳、跳健身舞、做健身操、扭秧歌、滑雪等一些中低强度但能持续时间较长的运动项目。无论年龄和性别，有氧代谢运动都对促进身体健康、增强体质、治疗慢性疾病具有重要作用。

以跑步为例，中长跑（800 米、1500 米）属于半有氧代谢、半无氧代谢运动。距离再长就以有氧代谢为主了，因为肌肉不可能在缺氧的情况下工作这么长时间。

平衡是有氧代谢运动的核心概念。平衡是健康之本，它包括机体动与静的平衡，心理上紧张与松弛的平衡，以及新陈代谢的平衡。

（3）有氧代谢的理论基础：库珀在全世界首次推出的有氧代谢理论是建立在抗氧化理论基础之上的。这个理论假设胆固醇如果不氧化就不会有动脉粥样硬化斑块形成。抗氧化就是抗氧自由基，氧自由基的概念已在全世界得到广泛重视，但目前还没有循证医学的证据。已有的动物实验证实，肥胖的高血脂的小老鼠经有氧代谢运动（每日跑步、游泳训练 1 小时），血清总胆固醇与低密度脂蛋白胆固醇明显下降。

2. 我伴随有氧代谢（运动）成长

认识库珀还有一个意外的收获，他送给我一本他写的有关有氧代谢运动的书。此前，这本书在几十个国家畅销，被翻译成了 24 种语言。回国后，我立即动手把这本书翻译成简体中文版。1988 年，中国广播电视出版社出版了这本书，由于当时国内了解有氧代谢运动的人很少，编辑认为"有氧代谢"这个名词太生僻、太不好懂了，在没经过我同意的情况下，自作主张将其改成了《健身秘诀》，真令我哭笑不得。也就是这本《健身秘诀》在当年获得了一个优秀图书奖。

1988 年，库珀在我的邀请下第一次来华。他非常高兴地要带领中国人跑步，因为这是他在世界各国推广有氧代谢运动的醒目标志。库珀的每一次出访，都以他雄壮健美的领跑激起强烈的"有氧代谢"冲击波：在新加坡，全市人民在市长率领下跟着库珀长跑；在巴西，库珀身后涌动着总统带队的长跑洪流；在东京，跟着他长跑的也有几千人。而在当时的我国，跟在库珀身后的仅有3个人，我、曹杰（北京大学卫生学硕士研究生）和杨宏健（长城饭店健身房教练），这两个人是和我一起翻译库珀《有氧代谢》一书的志同道合者。

正当我不遗余力地宣传有氧代谢的时候，碰上了一个绝好的契机，北京市卫生局与《北京晚报》在1995年开办了"健康快车"专栏，我成为在"健康快车"专栏、健康大课堂和健康广场专家咨询时亮相最多的一名"列车长"。

终于，"有氧代谢"这一理论与实践乘坐"健康快车"成为改变中国人健康理念的"星星之火"，以燎原之势燃起了"熊熊烈焰"。

（1）改善心理状态：有氧代谢运动帮助人们整理心情，提高应对生活中各种压力的能力。

我主持翻译的另一本库珀所著的全世界最畅销的健康书之一是 *Total Wellbeing*，我将之译为《全面身心健康》。紧张（Stress）是心血管疾病的危险因素。预防心血管疾病，不但要关注自己的血压、血脂、血糖和腰围，而且要重视自身的精神心理健康。克服紧张可以提高机体免疫力，降低心血管疾病和其他慢性病的发病率，总而言之，重塑一个更健康的身体。

那么，当你处于紧张状态的时候，怎样才能从根本上而不是形式上使机体对紧张产生生理保护性反应呢？

从精神卫生意义上讲，有氧代谢运动是最理想的调节紧张、完善性格的方式。因为有氧代谢运动不仅对呼吸系统、血液循环系统、骨骼肌肉、消化系统、内分泌系统以及神经系统有好处，也能锻炼了人的意志和耐力。

美国曾就有氧代谢运动调节紧张的作用做了大量的妇女调查研究工作。调查表明，一般不常运动的妇女的静息心率为75~80次/分，但是经过一段时间的小量有氧代谢运动后，她们的静息心率明显下降至60~65次/分。这有什么好处呢？

答案是：这种受过"锻炼"的心脏的效率大大提高了，心脏每次收缩泵出的血液多了，血流速度减慢了，从而使导致紧张的肾上腺素分泌减少。这样，即使处在紧张的状态之下，心率的减慢所带来的一系列反应也会使我们沉着冷静，能很好地控制自己的情绪。

所以，持之以恒的有氧代谢运动不仅带给我们健美的体魄，同时从根本上达到了控制紧张的目的，并潜移默化地改变着我们的性格，使我们在有氧代谢运动中更加趋于成熟与完善。

（2）体检在先：有氧代谢运动必须达到一定的"质"与"量"，你能承受吗？实施计划前做一次全面体检，这对40岁以上的人尤为重要。不要漏查运动心电图，即在踏车或活动平板上行走时进行心电图的监测与记录；如果查出心脏缺血就要在医生指导下运动；运动中一旦出现身体不适，要及时找医生查明原因。

总之，安全有效是有氧代谢运动的原则，所有慢性病患者和有冠心病危险因素的人都应该体检在先，并在医生指导下运动锻炼。

（3）谨防过度运动：锻炼身体可以带来益处，如果运动不当，就会存在风险。运动过程中最常见的风险多与骨骼、肌肉损伤有关。损伤的危险性随着运动强度、频度和时间的增加而加大，不同的运动形式引起损伤的风险也不一样。

较严重但罕见的运动并发症是心肌梗死或心源性猝死。发生过这样一个故事：一位有氧代谢运动的忠实爱好者在一天晨练长跑时倒地猝死。后来查明他的运动量超过了极限。并且，他有冠心病基因，家族中几代人都有死于冠心病的例子。事实上，他是一名不稳定斑块破裂形成血栓的受害者。

★ 无氧阈

人体运动时从有氧代谢到无氧代谢的界限，过了无氧阈后，属于无氧代谢运动，人体内乳酸堆积，处于酸性状态（正常情况下人体内偏碱性），导致电解质紊乱，尤其心脏病患者更容易出现意外，如心肌缺血加重、恶性心律失常或心脏骤停。

所以，我特别强调：

①先评价再运动。

②有氧代谢运动是一种循序渐进的持续而温和的运动。

在儿童和年轻人当中，与运动相关的死亡并不常见。但有先天性心脏缺陷（如肥厚型心肌病、严重的主动脉瓣狭窄、心脏传导异常）或心肌炎的青少年，不能参加剧烈的体育运动，必须在医生的指导下进行适度活动。

另外，过度的运动使身体产生过多的氧自由基，从而有碍于心血管健康。一位中年妇女20多年来一直坚持每天跑步5000米，近半年来却跑不了5000米了，而且稍微活动多一点儿就心慌气短，容易感冒。经检查确定，她除了血压高、心率快，没有其他异常。医生认为，每天5000米的运动量超过了医学建议的有氧代谢运动量的范围。

许多事实也证明，无论是否正在从事运动锻炼，只要存在剧烈的体力或情绪变化，就可能促使心脏快速搏动，并可能造成致命的心源性猝死。一位熟悉有氧代谢运动的空姐谈起了自己的亲身经历：

就在几天前，我们的飞机在起飞前接到通知说有一位迟到的旅客要上飞机。于是，我走到飞机尾部，降下梯子，帮助一位40岁的男子上飞机。当时我注意到他呼吸困难，大汗淋漓，面色苍白如纸。他一只手提着一个大箱子，另一只手拿着一个笨重的手提包。

帮助他坐到飞机尾部吸烟区的座位上后，我就重新回到了自己的位置。刚刚坐下就看到警报灯亮了起来。我告诉机长可能遇到了麻烦，然后冲到飞机尾部。此时，那位旅客已经昏倒在座位上。我尝试用人工呼吸和胸外心脏按压的方法进行抢救，但是一切毫无效果。

当面对以上类似的状况时，经受过有氧代谢运动"锻炼"的心脏反而可以更好地应对突发事件。

无论如何，根据自己的年龄和身体状况合理地安排锻炼计划，就能把风险降为"0"。

3. 从"减肥"到"体重管理"

有没有人告诉过你需要减轻体重了？那么在为自己的体重发愁之前，起码要知道为什么减轻体重。虽然有许多正当的理由支持我们减掉多余的体重，不过绝不是因为别人这样说，而是为了我们自己。因为我们希望自己无论看起来，还是自我感觉都变得更好。总而言之，我们希望生活更快乐。

谁也不会对当下的减肥风潮感到陌生。比如减肥食品的推销，或者有人告诉你可以在30天减掉30斤。如果这些方法有效，为什么如今超过半数的美国人仍然超重？答案的关键词是"长期效果"。更为严重的是，不正确的减肥方法还会将身体健康推向危险的边缘。虽然也有一些安全有效的方法，但是这些方法没有教会人们如何防止体重反弹。

是否应用"体重管理"的概念取代单纯的"减肥"观念？减轻体重的关键在于：营养均衡和有规律地锻炼，养成良好的生活习惯，循序渐进。还应突出医生的作用，因为获得医务人员专业知识的支持在某些情况下是必须的，一切的基础是安全。

（1）当减重成为需要：身体健康不受体形的限制，任何体形的人都可以拥有健康的身体。不是每个人都要去追求"瘦"。注意，"瘦"不代表健康。虽然大多数杂志被"瘦人"充斥，但记住：这些模特的体重通常低于自身的健康标准。

在开始减重计划或制订减重目标之前应向医生咨询，了解自身的健康状况。这一点对吸烟或本身患有疾病的人尤为重要，以便他们了解有利于自身健康的减重目标。

对有些人来说符合自身健康标准的体重比供参考的标准或高或低。就像裁缝做衣服，追求健康也一样，需要量体裁衣。

那么，"超重"如何定义呢？目前常用的评价指标有腰围和体重指数。

a. 腰围：它是反映脂肪重量和脂肪分布的综合指标，是衡量人们是否应该采取行动的金标准。

细胳膊、细腿、大肚子就是"腹型肥胖"的鲜明写照。这种类型的肥胖之所以最危险，是因为腹型肥胖的形成源自脂肪堆积在腹部皮下和腹内脏器周围，包括心脏、肝脏、胰脏等重要器官，导致患冠心病、脂肪肝和糖尿病的危险性都非常高。

男性腰围应小于 85 厘米，女性腰围应小于 80 厘米。俗话说，腰带越长，寿命越短。

b. 体重指数（BMI）：BMI= 体重（千克）/ 身高^2（米的平方）

我国医疗系统关于 BMI 与体型的界定参见下表：

BMI	体型
< 18.5	体重过低
18.5~23.9	体重正常
24.0~27.9	超重
≥ 28.0	肥胖

必须明确的是，BMI 存在局限性。第一，BMI 并不能有效评价腹型肥胖的程度。第二，应用时要具体情况具体分析，譬如，肌肉发达的运动员或者水肿相关疾病的患者的 BMI 可能导致过高估计其肥胖程度；老年人的肌肉组织与脂肪组织相比，肌肉组织减少得较多，其 BMI 可能导致过低估计其肥胖程度；BMI 相等的女性体脂率一般大于男性等。

另外，针对儿童、青少年，应该把年龄因素（生长发育状况）考虑进去，参见下表。

7~17 岁青少年体重判断标准

性别	年龄	超重	肥胖
女	7	17.2 ≤ BMI < 18.9	BMI ≥ 18.9
	8	18.1 ≤ BMI < 19.9	BMI ≥ 19.9
	9	19.0 ≤ BMI < 21.0	BMI ≥ 21.0
	10	20.0 ≤ BMI < 22.1	BMI ≥ 22.1
	11	21.1 ≤ BMI < 23.3	BMI ≥ 23.3
	12	21.9 ≤ BMI < 24.5	BMI ≥ 24.5
	13	22.6 ≤ BMI < 25.6	BMI ≥ 25.6
	14	23.0 ≤ BMI < 26.3	BMI ≥ 26.3
	15	23.4 ≤ BMI < 26.9	BMI ≥ 26.9
	16	23.7 ≤ BMI < 27.4	BMI ≥ 27.4
	17	23.8 ≤ BMI < 27.7	BMI ≥ 27.7
男	7	17.4 ≤ BMI < 19.2	BMI ≥ 19.2
	8	18.1 ≤ BMI < 20.3	BMI ≥ 20.3
	9	18.9 ≤ BMI < 21.4	BMI ≥ 21.4
	10	19.6 ≤ BMI < 22.5	BMI ≥ 22.5
	11	20.3 ≤ BMI < 23.6	BMI ≥ 23.6
	12	21.0 ≤ BMI < 24.7	BMI ≥ 24.7
	13	21.9 ≤ BMI < 25.7	BMI ≥ 25.7
	14	22.6 ≤ BMI < 26.4	BMI ≥ 26.4
	15	23.1 ≤ BMI < 26.9	BMI ≥ 26.9
	16	23.5 ≤ BMI < 27.4	BMI ≥ 27.4
	17	23.8 ≤ BMI < 27.8	BMI ≥ 27.8

（2）应该吃什么？什么时候吃？为什么要吃这些东西和怎么吃？

a. 按顿吃饭。一顿饭不吃经常导致下一顿吃得过量，或者机体对食物更"猛烈"地吸收。最好是将进餐时间在一天内均匀分配。

b. 不挑食。这么做不仅有益于健康，也可以防止不正确的饮食习惯。

c. 我们当中的很多人吃东西是因为无聊、压力大、不安、疲倦，或者仅仅是出于礼貌。学会倾听自己身体的呼唤。如果你不饿，那么做些别的事情来代替，例如散步。

d. 细嚼慢咽。胃将饱腹感传达给大脑需要 20 分钟。细嚼慢咽会帮助我们不过量饮食。

e. 吃饭时集中注意力。不要边看书或者边看电视……边吃饭。

f. 少吃脂肪。低脂食物中同样含有热量！不要只因为包装上写着"低脂"或"脱脂"，就一次吃掉一整盒饼干。

g. 多吃蔬菜和水果（不是果汁），五谷杂粮。这些食物（高纤维食品）消化起来比低纤维食品慢得多，所以你会有更长时间的饱腹感。

h. 补充足够的水分。喝足够的水可以充斥你的胃，使你不总是感觉到饿。并且水是消化系统正常工作的必要条件，尤其是当摄入大量膳食纤维的时候。多喝水不会让人长"浮膘"。努力每天至少喝 8 杯 240 毫升的水。除了白开水之外，还可以适当饮用不含热量、不含咖啡因的饮料。还可以随身带着水：在车里放瓶水，在办公桌上放瓶水，运动时也带瓶水在身边，等等。

i. 购买食品时，注意阅读食物标签。大多数包装食品都要求在食物标签上列出相关信息。了解这些内容，会帮助人们做出正确的选择。

（3）总结前文，关于"体重管理"和"减肥"，可以归纳出以下几点注意事项：

a. 相信自己的判断，如果某个商业化的减肥项目听起来好得不像是真的，那么它就不是真的。

b. 如果某个减重计划许诺在短期内会使你大幅度减轻体重，这个计划起码有悖健康原则。

c. 一定注意某个减重计划是否要求只食用某类或某几类食品，或者要求食用某些特定的食物。事实上，任何食物都不是体重增减的关键，营养均衡才有利于人体健康。

d. 防止体重反弹最有效的方式是养成良好的生活习惯，它是人们追求健康的一种生活方式和态度，绝不单纯只是一次阶段性的减肥过程。

e. 不要拿健康开玩笑，在实施减肥计划之前做好健康检查。

4. 有氧代谢运动与儿童、青少年

因为缺乏运动和与肥胖相关的疾病，人类历史上第一次出现了孩子的寿命将比自己的父母短的情况。以下情况值得我们时刻注意：

只要心血管危险因素足够强，儿童期间不但可能发生严重的动脉粥样硬化，还能出现急性心血管事件；

动脉粥样硬化起病在孩童时期，这种情况更容易在超重儿童中发生；

大多数超重的孩子体内至少还潜伏着一个导致心血管疾病的主要危险因素与超重并存，例如，高胆固醇、高甘油三酯、高胰岛素或高血压等；

成年后，超重儿童的心脏更有可能发展成不正常的肥厚心肌组织，将导致患心脏病和心力衰竭的概率增高；

超重的青少年有70%的可能性在成年后继续超重或肥胖；

就目前情况分析，超重儿童的比例将继续上升；

如果儿童、青少年在其成长岁月里继续保持不良的饮食和作息习惯，其未来健康的机会就会减少，因此，年轻人应该从小就开始参加定期运动，培养良好的生活习惯。

（1）开始锻炼的最佳年龄是几岁？

a. 孩子一旦出生就应该开始锻炼！鼓励他们用小手、小脚、小胳膊、小腿做运动，如抓球或其他力所能及的活动。

b. 至于有氧代谢运动，不应当鼓励孩子在10岁以前参加要求很高和时间过长的活动。因为 10 岁以下的孩子骨骼和肌肉发育尚未完善，因而在紧张的有氧代谢运动中容易出现损伤。

c. 孩子进入 4 年级后，可以参加严格的体育训练、定期参加一些身体适应的运动。

d. 孩子进入中学以后，循序渐进的有氧代谢运动应该成为他们生活中的一个重要组成部分。

家庭是儿童生活的主要场所，家庭对儿童的影响是潜移默化却又决不容忽视的。当父母缺乏与子女交流的经验时，会导致自己与子女间的接触减少。而经常参加运动的家庭，则有许多可以分享的乐趣，并且常常因此能够进行充分交流而关系融洽。全家运动的习惯有助于增强父母与子女间的交流，尤其是增强家长和 10 岁左右子女间的交流。我们遇到过无数的家庭讲述他们是如何通过定期运动、良好饮食及其他有益于健康的活动使得家庭成员间的沟通障碍得以消除的。

这里，我们提出一个警告：**正如不能强迫孩子做其他事情一样，也不能强迫他们运动**。除非他们自己喜欢，过分要求孩子只会激起他们的憎恨和逃避，从而导致他们进一步远离父母。

另外，一些好心的父母在尝试提高孩子适应性方面走得过了头儿。在国外，一位父亲经常鼓励子女参加运动，而且在后院建了一个小巧别致的运动场。孩子每跑完一圈就可以获得 50 美分的奖励。这个方法开始时似乎很有效，孩子们为了挣钱常常跑得很远。然而当他停止给钱时，孩子们也就停下了脚步。

根据从参加运动的家庭中所得到的经验，我们认为鼓励孩子的正确方法是：**家长为孩子做榜样，而不是单纯要求孩子去完成**。孩子们总是会模仿大人，不论吸烟（坏习惯）、喝酒（坏习惯），还是运动（好习惯）。

鼓励孩子开动脑筋，寻找自己的兴趣。如果孩子对跑步不感兴趣，他也许喜欢足球。家长对孩子的期待，应该与家长对自己的期待相同，发现并鼓励孩子参加经他们自己选择并且喜欢的有氧代谢运动，对整个家庭来说，运动就会变得自然和富有乐趣了。

（2）儿童体重控制的重点是防止体重增加，而不是积极减轻体重。

儿童一旦肥胖，由于体内脂肪比例增高、酸性代谢产物排泄不充分蓄积量增大，会经常感觉疲乏、贪睡、不愿活动；又因为肥胖导致水液、糖类、脂肪代谢紊乱，出现高胰岛素血症等，从而出现异常饥饿感，表现为嘴馋甚至特别贪吃。越是肥胖，越是贪吃，越是懒惰，越不愿运动，儿童在失去天真活泼的天性的同时，也养成了惰性，变得既贪吃又贪睡，越来越胖，形成恶性循环。90%的肥胖儿童成年后依然肥胖。（"增生性"肥胖是指脂肪细胞数目大量增加，并且常伴随细胞体积加大，这在小胖孩身上最容易体现。所以说，小胖孩本身细胞基数大，因此成年后更容易发生肥胖，程度也更严重。）

有的小孩儿极胖，颈部和腋下皮肤发黑，血糖高到可以诊断为糖尿病的程度。有的家长看到孩子的脖子又黑又粗糙，常责怪孩子不洗脖子。其实这种情况被称为"肥胖性黑棘皮病"，是肥胖引起胰岛素抵抗的结果，除了减肥以减轻胰岛素抵抗之外别无选择，洗是根本洗不干净的。目前在我国，这种儿童2型糖尿病已经占到儿童糖尿病的一半。第五届国际糖尿病联盟西太区大会已经把儿童2型糖尿病的问题提到了相当重要的地位。

然而，儿童的体重管理是个严肃的医学行为，在减少脂肪的同时，还必须保证身体和智力发育。儿童肥胖治疗与成人的不同之处在于防止体重增加比力求减轻体重更重要。"快速减肥"减掉的多是水分，脂肪没有被减掉，因而效果不能持久。随着儿童的成长，身体组织的增加，维持脂肪组织的恒定有助于体重的正常化。治疗儿童肥胖最好、最有效的方法是鼓励整个家庭运动和养成健康膳食习惯，而并非单单针对儿童。

所以，问题的关键不是要在计划时间内（三个月、半年、一年或者更长的时间），将肥胖儿童的体重明显降下来，而是要在这样一段时间里帮助儿童和家长树立正确的健康观念（身体、心理和社会适应能力的三维立体健康观），帮助儿童下定自觉控制体重的决心。并且在一种比较活泼的气氛中让儿童掌握一些生活技能。儿童的可塑性极大，在家长的鼓励和督促下，帮助他们树立信心，端正态度，改变不良的生活方式，使他们在今后的生活中逐渐获得行为的改变，从而达到自觉而科学减重的目的。

孩子们的人生才刚刚起步，所有的坏习惯还没有成形，如同假性近视，还可以矫正；他们在大脑中形成的影像，首先来自于家庭。在现如今孩子被各种各样的教育包裹得"密不透风"的社会里，"健康的生活方式"必须成为他们首当其冲应该面对的课程，至少在开始时为他们提供正确的选项，从而摆脱父母和更上一辈人对健康的辛勤摸索。

十六
中国高血压防治的经历与思考

■ 丁荣晶

在 20 世纪 40~50 年代，高血压是不治之症，没有降压药，降压对患者是好是坏，是利大于弊还是弊大于利，都不清晰，也有人顾虑降压会导致肾功能恶化，认为血压高是一种生理代偿，不宜治疗。高血压防治的历史是抗高血压药物研发和经历循证模式评估的历史。

1. 第一个阶段是证明"降压是硬道理"

听胡大一老师说过，他在刚毕业做住院医生的时候，看到一些急进型高血压、恶性高血压和难治性高血压中青年患者，因缺乏有效的降压药物，心、脑、肾功能急转直下，英年早逝。斯大林、罗斯福、任弼时和徐悲鸿都死于高血压脑出血。

自印度研发的植物药萝芙木（降压灵）问世，此后合成了利血平，临床上开始有了降血压的药物。早期降压药的应用显示只要降血压就能看到显著效果。降压和不降压相比，收缩压下降 10mmHg 或舒张压下降 510mmHg，脑卒中发病风险降低 40%，心肌梗死发病风险降低 16%，心力衰竭发生风险降低 50%，恶性急进型高血压发生风险减少 94%，同时不增加癌症或其他非心血管疾病的死亡风险。这是前辈们亲眼见到的转折。

中国作为高血压大国，在老少边穷地区高血压患病率很高。虽然目前在诸多心血管危险因素中，针对高血压的控制工作做得最多，并且取得了进展

（控制率从过去的 4% 提高到现在的不到 10%），然而对比发达国家，甚至我国台湾地区，我国大陆地区的现状仍存在明显差距。问题的症结在于，农村人群高血压控制率很低。所以，走出大城市，走出大医院，到农村，进社区，指导社区医生和乡村医生根据患者需要用药，提升社区和乡、镇、县的高血压控制能力和水平才更加具有实际意义。针对"以药养医"的现状，可以借鉴国外先进经验，通过改变激励政策的方法予以改善。英国对社区医生工作的评估，不是按处方量提成，而是根据他的工作业绩（如每年高血压的控制率提高了几个百分点）来打分，打质量分，只有提高控制率才能得到更多的经济报酬。英国目前高血压控制率约为 40%。

面对"看病贵"的问题，为了贫困患者同样能得到必要的干预（以尊重生命和维护患者的生命权为宗旨），医生可以处方便宜而有效的降压药，比如 2 元钱 100 片的复方降压片，3 元钱 100 片的国产卡托普利和 0.8 元 100 片的氢氯噻嗪、国产的阿替洛尔。胡老师目前仍在努力推广"一口水一片药"的降压理念，他说，当今对中国两亿的高血压患者，过于强调降压药的降压外作用，从科学上讲并没有明确的证据，也不符合两亿高血压患者的基本利益。

胡老师回忆他刚刚毕业的 20 世纪 70 年代，我国实行的还是计划经济，可用药品虽然非常少，但是高血压的管理方面却非常先进。那个时候胡老师到北京市的时装厂、皮鞋厂和重型机械厂等工厂培训红医工，就是教初中、高中毕业的工人学会量血压，知道高血压的诊断标准，怎么使用常规的药物（复方降压片），每天早上红医工提前半小时上班，用大暖水壶晾好温开水，然后把降压药送到每一位患高血压的老工人的工作台前。当时皮鞋厂老工人比例很大，高血压患病率非常高，胡老师他们在那里做高血压普查，了解高血压患者的情况，然后每天早上"一口水一片药"用的是最便宜的药，亲自把温开水和降压药送到老工人的工作台前，看着他们把药吃掉，患者依从性非常好。当时还探索过中西医结合的一些思路，进行生活方式的改变，普及太极拳，通过工间操来缓解紧张，都非常有成效，显著减少了高血压的并发症，成本都非常低。1977~1978年，胡老师到西藏阿里医疗队工作，也对高原地区高血压流行病学的特点进行了调查（流调）。在高原地区，他们也是用最便宜的药物做了一些干预，很有成就感。

"一口水一片药"这个模式在新形势下又得到了验证。2004年，胡老师和孙英贤教授在辽宁阜新蒙古族自治县（简称阜新县）的农村地区进行了"高血压流行趋势及低成本综合干预预防脑卒中研究"，在这里走村串户得到的数据是：高血压的患病率高达40%。爷爷、父亲两辈人因脑卒中躺在床上的现象很常见，这个县是贫困县，高血压患者头疼就吃片药，不头疼就拉倒。我们的流调资料表明，按照140/90mmHg的达标标准，这个县高血压的控制率不到1%。根据调查结果，项目组用最便宜的降压药进行治疗，免费把药发给当地农民，平均每人每年所用降压药的费用仅20元人民币。经过5年努力，截至2009年，这个县高血压控制率达到40%，该项目因此获得"辽宁省科学技术奖一等奖""中华医学科技奖"和"2010年度国家科学技术进步奖二等奖"。

总之，对高血压的控制不应单纯追求新药。新药研发意味着医疗领域的进步，可是对患者而言，更加必要的是在社区和农村等基层建立适当的血压干预管理模式，提高患者依从性，提高血压控制率，把高血压防控落实到位，降低脑卒中与冠心病的危险。

2. 第二个阶段是多重危险因素的综合控制

单纯降压治疗使脑卒中发生风险的减少达到了流行病学的预期，而心肌梗死发生风险的减少始终是一个困惑，只达到流行病学预期的一半。所以近年来有很多抗高血压的新药和老药、新药和新药的对比研究，大家希望找到一些新的降压药物能在降低心肌梗死发生风险方面胜出，主要还是希望看到降压药的降压外作用，即药物的多效性。但是非常遗憾，这一系列研究都没有看到在降低心肌梗死发生风险方面的突破。

ASCOT 研究通过降压联合降脂治疗，实现了使发生风险心肌梗死降低一半的目标。大量的临床研究结果显示，一级预防中他汀类药物不但减少心肌梗死的发生，也减少脑卒中的发生；脑卒中二级预防也得到了相关的临床试验证据。所以近年来更强调把高血压作为一个窗口，进行多重危险因素的综合控制，尤其是将重视高血压、关注胆固醇联合起来，双管齐下，比单纯的降压治疗能进一步减少脑卒中和心肌梗死的发生。

除了传统危险因素以外，胡老师提出应重视近年来引起关注的脑卒中新危险因素，如高同型半胱氨酸血症。过去西方国家口服叶酸和维生素 B 族，没有看到心肌梗死发病率降低，却似乎看到了脑卒中发病的减少，可能除了关注胆固醇之外，还有一些新的需要干预的危险因素。能不能从这些新的危险因素中获得一些思路并将其作为切入点，进行高血压多重危险因素综合干预的探索？中国是高血压大国、脑卒中大国，我们国家没有叶酸的食品添加政策，高血压患者同型半胱氨酸水平增高的比例也高于欧美国家。这个研究在中国做最适合。

我国"全国高血压日"的设立对高血压防控有重要的意义，胡大一老师正是呼吁与促成此事的医生之一。从 1993 年开始，胡老师还同各位专家一道筹划并落实了享誉京城、影响全国的"健康列车"和"首都健康大课堂"项目，其中的重点话题之一就是高血压的防控。

当然，在"高血压"的话题上，加强多学会之间的合作与促进国际交流是必不可少的。譬如，我们与高血压联盟合作的 China Status 研究，调查结果清晰地反映了中国高血压患者血压达标的现状。"长城会"是一个很好的多学会联合以及国际交流的平台。1996年起,"长城会"开设了"高血压论坛";2006年起,"长城会"与欧洲高血压学会(ESH)合作设立了"中欧高血压论坛",目的是将欧美国家的高血压诊疗理念介绍给中国医生,同时也将中国医生所做的工作介绍给欧美医生。经过数年的实践,事实证明这种模式是成功的。

十七
中国胆固醇教育计划（CCEP）

■ 史旭波　仝其广

人类自诞生之日就面临着疾病的困扰，几百万年的人类历史，数千年的文明史，也是人类和疾病的斗争史。伴随人类社会的进步，疾病谱也发生了巨大的改变。人们曾长期与细菌或病毒等导致的感染性疾病作斗争，天花、霍乱、鼠疫等疾病曾经导致成千上万人死亡。由于医学的发展，霍乱、鼠疫早已得到控制，天花已经绝迹，然而人类与疾病的斗争并没有结束，反而变得更加艰巨与复杂。

1. 美国国家胆固醇教育计划（NCEP）对中国的启示

根据世界卫生组织的报告，动脉粥样硬化是目前导致人类死亡的最主要病因，就慢性病而言，全球每两个人死亡就有一个人死于以动脉粥样硬化病变为主的心脑血管疾病。与以往的感染性疾病不同，动脉粥样硬化性疾病与人类的生活方式有关，而且与人们所追求的生活水平的"改善"相关：吃得"更好"（高热量、高饱和脂肪酸），"累活"更少（体力工作减少、以机器代人工、以车代步）。

工业化革命以后，欧美国家动脉粥样硬化的发病率及死亡率逐渐上升，在20世纪50~60年代达到了高峰，许多耳熟能详的公众人物因心肌梗死等突然离世，震惊了整个欧美社会，60年代中后期美国开启了全民健康运动，号召大家改变不良的生活方式。

血胆固醇水平与冠心病相关的科学证据已存在多年。弗莱明翰心脏研究显示，血胆固醇水平越高，发生冠心病以及有关事件的危险越大。移民研究证明，采用较高饱和脂肪的饮食后，血胆固醇水平及冠心病发病率明显升高。不同国家间的比较亦表明饱和脂肪摄入、血胆固醇水平以及冠心病发病率三者呈正相关。动物实验及遗传和生化研究结果也证实胆固醇水平与冠心病有直接联系。但是，直到1984年1月，人们才从脂质研究（Lipid Research）临床冠心病一级预防试验（Clinics Coronary Primary Prevention Trial,CPPT）中获得降低高胆固醇水平确实可降低非致死性心肌梗死及冠心病死亡危险的确切证据。

CPPT的结果公布后，美国国立心肺及血液研究院（NHLBI）立即于1984年12月组织了降低胆固醇预防心脏病共识会议，对有关证据进行了审查。会议的结论为：

①高胆固醇血症是冠心病的一个原因。

②降低高胆固醇水平可以降低冠心病的危险。

由于调查结果显示无论医师还是公众对于胆固醇与冠心病的关系都没有足够的认识，因此会议呼吁、支持NHLBI开展胆固醇教育计划。1985年上半年，NHLBI与有关组织合作针对胆固醇教育计划举行了一系列策划会议，发表了关于降低胆固醇预防心脏病共识的报告，就降脂治疗对象的选择以及怎样进行降脂治疗形成共识。1985年下半年，NHLBI正式启动了美国国家胆固醇教育计划（NCEP）项目，11月召开的协调委员会（Coordinating Committee）会议标志着NCEP工作的开始，从此NCEP扛起了与动脉粥样硬化斗争的大旗。NCEP协调委员会由40多个组织和机构的人员组成，包括了主要的医学及健康专业协会、健康志愿组织、社会团体与政府机构。协调委员会是NCEP的决策领导机构，不仅要对计划的导向及重点提出建议，还要全面协调专业学术机构、政府行政部门、企业以及媒体等各个方面，显著扩大了 NCEP 的工作范围，协调委员会在将一个学术组织的规划转为国家的计划方面起了重要作用。

简而言之，NCEP 的工作宗旨可以概括成两句话：提供证据，推广证据。NCEP 一方面是动脉粥样硬化基础及临床研究最强大的支持者，为制订动脉粥样硬化防治策略建立了坚实的科学基础；另一方面，NCEP 与其他社会组织建立了非常广泛的联系，形成了一个推广成熟技术和理念的强大网络。

NCEP 根据大量基础及临床研究资料为职业医师制订血脂干预指南，并系统教育培训医师使其掌握最优药物干预方式；为大众和卫生服务人员开发教育资料和制订计划，动员媒体及健康教育专家在工作场所、学校和社区进行声势浩大的健康教育；为食品行业和餐饮行业提供科学指导，协助食品业和餐饮业制订符合健康需求的行业标准，为大众提供更健康和优质的食品等。

NCEP 于 1988 年发布了 ATP Ⅰ 报告，这是调脂治疗的第一个纲领性文件；于 1992 年公布了儿童和青少年国家胆固醇教育计划；于 1993 年综合新的证据发布了 ATP Ⅱ 报告；8 年之后，在相继进行的 5 项里程碑意义的他汀调脂大规模临床试验基础上，于 2001 年发布了 ATP Ⅲ。此后，又有 5 项重要临床试验陆续完成，奠定了 2004 年 ATP Ⅲ 更新的基础。这些调脂治疗的指南，以循证医学为基础，对胆固醇的干预具有全球性指导意义，对防治血脂异常和冠心病产生了深远影响。NCEP 不但从学术上发展了完整的胆固醇干预标准和方法，而且从临床指南到临床实践的具体贯彻上，从医师教育到大众教育的方式上，从公共卫生、专业学会、学术机构、政府部门、教育机构、企业协调方面都形成了一套成熟的行之有效的模式，保证了胆固醇教育计划的顺利实施和效果，成为了胆固醇教育和干预的一个样板。NCEP 的产生和开展为我国胆固醇教育提供了有益的经验和借鉴。

2. 中国胆固醇教育计划（CCEP）产生的背景

改革开放以来，我国心血管疾病的发病率、致残率和致死率增加迅速，并且发病呈现年轻化趋势。在中国，每年大约有 260 万人死于心脑血管疾病，每天大约有 7000 人死于心脑血管疾病，每 12 秒就有一人死于心脑血管疾病。心血管疾病已经成为威胁我国大众健康与生命的"头号杀手"。这与我国经济发展、人民生活方式的改变密切相关，而人群胆固醇水平的普遍升高则是最重要的原因。

我国的一项流行病学调查显示，北京市人群总胆固醇水平在 1984 年约为 160mg/dL（男性为 4.15mmol/L，女性为 4.17 mmol/L），此后逐年递增，到 1999 年已达 200mg/dL（男性为 5.25mmol/L，女性为 5.1 mmol/L）。短短的 15 年，人们体内的胆固醇上升了约 40mg/dL，更加可怕的是上升的势头并没有停止，而是呈现加速倾向，并从一线城市迅速向二三线城市和农村蔓延。

流行病学资料表明，冠心病的危险性与总胆固醇水平呈正相关。多种危险因素干预试验（Multiple Risk Factor Intervention Trial,MRFIT）曾对 360000 例男性进行了筛选分析，当总胆固醇水平从 150mg/dL（3.9mmol/L）升至 200mg/dL（5.2mmol/L）时，发生冠心病的危险性持续缓慢升高；超过该点后发生冠心病的危险性迅速提高。总胆固醇水平达 240mg/dL（6.2mmol/L）时发生冠心病的危险性为 200mg/dL（5.2mmol/L）时的 2 倍；240~300mg/dL（6.2~7.8mmol/L）时，冠心病的危险性则为 150~200mg/dL（3.9~5.2mmol/L）时的 4 倍以上。该流行病学情况与我国的情况基本吻合。20 世纪 80 年代以前，我国整体人群的总胆固醇水平较低，冠心病等动脉粥样硬化性疾病的发病率比较低；从 20 世纪 80 年代中后期开始，人群总胆固醇水平呈较快上升趋势，冠心病等的发病率亦呈较快上升趋势。流行病学资料分析显示，从 1984 年到 1999 年北京冠心病死亡率的上升，77% 归因于胆固醇水平增高，19% 归因于糖尿病，4%归因于体重增加，1%归因于吸烟增多。从上述资料我们可以得到两个重要信息：

①虽然动脉粥样硬化最重要的四个危险因素包括血脂异常、高血压、吸烟和糖尿病，但导致近二三十年中国人群冠心病等动脉粥样硬化性疾病发病率迅速上升的最主要因素是人群平均胆固醇水平的快速攀升。降低人群总胆固醇水平，最简单有效的方式是治疗性生活方式改变，对相对高危人群应该采取他汀类药物治疗。

②总胆固醇200mg/dL是一个分水岭，在150~200mg/dL阶段冠心病呈相对缓慢上升，这正好反映了流调资料所显示的北京市1984~1999年经历的冠心病死亡率上升的情况；200mg/dL以后，冠心病的发病率将快速上升，这正是我们当前及未来十几年乃至几十年所面临的情况。如何采取强力措施尽早使中国冠心病等动脉粥样硬化性疾病的上升趋势出现下降的拐点是中国公共卫生事业所面临的最大挑战，其关键是如何使中国整体人群的血清总胆固醇水平上升速度减缓并逆转。

而血脂异常的防治现状是：人群胆固醇水平知晓率以及高胆固醇血症的治疗率和达标率很低；广大临床医生对胆固醇的认识也很有限，对血脂干预的认识误区也有很多。

在这样的大背景下，从2003年开始，胡大一老师组织并启动了中国胆固醇教育计划（China Cholesterol Education Program，CCEP），翻开了我国动脉粥样硬化防治事业的崭新一页。

3. 中国胆固醇教育计划（CCEP）的立项

在筹备中国胆固醇教育计划时，胡老师认为该项目应该有一个依托单位，当时卫生部正积极推行"面向农村和基层推广医药卫生适宜技术'十年百项计划'"（简称十年百项计划）。这是一项持续性公益活动，自1991年起实施，从1991年到2000年的第一个十年，推广适宜技术200余项，贯彻了国家科技工作方针，深化了医疗改革，提高了农村和基层医疗卫生技术水平和服务质量，从2001年到2010年实施第二轮（称第二轮十年百项计划）。

2003年9月，"卫生部十年百项冠心病血脂干预技术推广项目"得到批准，旨在充分运用胆固醇干预方面的临床研究证据，贯彻我国的血脂异常干预建议，对全国临床医生开展系统的继续教育，提高广大临床一线医生和公众对血脂的认识，改善血脂异常的低知晓率、低治疗率、低达标率现象，提高我国血脂异常和冠心病的防治水平。在执行过程中，该项目强调教学的科学性、针对性和实用性，突出以临床问题为基础、以病例讨论为中心、以教学活动为培训方式。胡老师希望通过该项目建立政府、学术团体、大学和医院的研究机构、各相关学科的专家和专业工作者、企业和媒体的立体合作，探索适合我国心血管疾病预防的新模式。

"卫生部十年百项冠心病血脂干预技术推广项目"是由政府立项、学会主管、专家指导下的推广项目，建立了完整的组织结构：主管单位是中华人民共和国卫生部，项目单位是首都医科大学附属北京同仁医院，项目负责人是胡大一教授，项目顾问是方圻教授、诸骏仁教授、高润霖教授、戴闺柱教授、赵水平教授、叶平教授、陆国平教授、陆宗良教授、赵冬教授、潘长玉教授、鄢盛恺教授等组成的专家指导委员会。为了便于开展工作，项目设立了办公室并有专人负责日常工作。

4. 中国胆固醇教育计划（CCEP）的启动

2004年1月31日，"冠心病血脂干预技术推广计划草案研讨会"召开，会议探讨了项目的宗旨、目的及组织结构，与其他组织的合作形式，项目推广方式，重点讨论了推广的主要选题和教材的准备。2004年2月和3月又召开了两次教材定稿会。2004年3月29日举行的"卫生部十年百项冠心病血脂干预技术推广项目"新闻发布会暨启动仪式，标志着中国胆固醇教育计划的正式开始。2004年4月17~18日，CCEP讲师培训在北京举行，向合格者发放了CCEP讲师证书。项目开展的第一年就在全国20个城市举办了27场学术报告，共计培训一级、二级和三级医院医生近5000名。

胡老师表示，应该每年都召开CCEP年度总结和下一年计划研讨会，并根据实际情况和需要更新教材和授课幻灯片，其间进行了两次"中国血脂异常规范化治疗临床医师状况调查"。活动开展后，CCEP讲师队伍不断壮大，从最初的30余人发展到200余人；接受培训的医生数量不断增加，从最初的几千人到数万人；中国胆固醇教育计划全国培训教材逐年更新，从第一版到即将推出的第四版；培训地域不断扩大，从2004年的以大城市为主逐步延伸到中小城市、城镇；培训级别逐渐扩展，从原先以大医院的心内科医生为主推广到一、二级医院的内科医生，并逐步扩大针对社区医生的教育、针对患者和公众的教育，加大针对中西部地区的教育。

2007年《中国成人血脂异常防治指南》（简称《指南》）发布，胡大一老师进一步提出，以《指南》的发布作为契机，通过学习《指南》、领悟《指南》、贯彻《指南》和宣传《指南》，推动我国血脂异常防治水平迈上一个新台阶。于是，以《中国成人血脂异常防治指南》为教材，我们紧紧围绕它展开了新一轮的中国胆固醇教育，使之成为全国心内科医生血脂异常防治的指针。

截至2010年，CCEP在全国32个省、自治区、直辖市的76个城市，成功举办了300余场城市会议、200余场院内会议，先后邀请了200余位专家主讲，培训心血管及相关专业临床医生近90000名，还通过网络、报刊、杂志开展了大量大众胆固醇教育活动。

5. 中国胆固醇教育计划（CCEP）的未来

CCEP 在中国已经成为一个品牌，也是我国心血管疾病防治的一面旗帜，相比已经开展了近 30 年的美国国家胆固醇教育计划（NCEP），7 周岁的中国胆固醇教育计划才刚刚起步。虽然面临重重困难，但我们不会动摇，一定会坚持不懈，为中国心血管疾病防治事业作出更大的贡献。

十八
社区是持续性医疗和预防工作的主战场

■ 顾问：胡大一

（一）长城会社区论坛

2002年，胡大一医生提出在长城会上设立社区论坛。许多专家都不理解，议论纷纷——长城会是学术会议，不是基层医生培训班，设立这样一个论坛有什么意义？面对此起彼伏的质疑，胡大一医生斩钉截铁地给出了回答："多数基层医生很少有参加学术会议的机会，他们又迫切需要知识，我们有能力也有义务为广大社区医生搭建学习平台。我们一定要办社区论坛，而且一定要办好、办出品牌，费用从总会议里出，还要给社区医生免费提供午餐。"

就这样，社区论坛从无人问津、不能"登大雅之堂"，到不负众望地成为了长城会的品牌论坛之一，得到了广大社区医生的认可和欢迎。从此，长城会不仅仅是心血管专科医生的学术平台，也成为了全国社区医生每年期待的盛会。胡大一医生"把社区医生教育请上厅堂"的想法和做法也得到了业内同行的广泛认同，现在几乎所有的大型学术会议都开辟了社区论坛。

（二）社区胆固醇教育

看到一个个患者患了心肌梗死才想起就医，不得不接受介入治疗，是一件很难过的事情。治病不能只关心下游，必须关注上游，从源头抓起。预防的成本是最低的，美国抓疾病预防，制订国家胆固醇教育计划，使得人均寿命延长。我们国家的心血管医生有责任抓预防、抓（降）胆固醇。社区是开展这些工作的合适土壤。

2005年，胡大一医生申请到了北京市科学技术委员会（北京市科委）的课题：首都社区居民胆固醇教育项目。这是一个既费人力、物力，又消耗精力的风险课题。

该课题从北京市的朝阳区、海淀区、西城区和大兴区共选取10000名社区居民参与，涉及30多个社区站点，首先对这些居民进行全面的体格检查和问卷调查，取得基线资料，然后进行分类，对高危患者还要进行平行对照干预治疗，并开展针对公众的健康教育等工作。

该课题的实施过程，牵动了区县的卫生局、乡镇、社区和居委会的领导干部以及社区卫生服务中心和社区站点的医务人员等数百人，还有胡大一医生的学生，包括硕士生、博士生和博士后数十人。该课题是北京市科委项目中参加人员较多的巨大型项目。

这课题是国内首次进行的社区居民胆固醇教育活动，其结果为政府了解居民健康信息和制定健康干预政策提供了重要依据，也为我国的心血管疾病预防事业作出了巨大贡献。

（三）卫生科技进社区

2007年5月国家卫生部、科学技术部和中国科学技术协会（中国科协）联合发起了"卫生科技进社区"活动，包括中华医学会牵头的"知名专家进社区"，科技发展中心牵头的"适宜技术进社区"和人民卫生出版社牵头的"医学科普进社区"。胡大一医生担任该项活动的心血管专业项目的主任委员。按照卫生部要求，先在北京、河北、辽宁、广西、江苏、山东等省市试点开展。

胡大一医生亲自策划项目活动，精心选择了冠心病、高血压、高血脂、外周血管疾病、双心医学等作为心血管项目的主题和首批向社区推广的适宜技术。他提出开展此项活动要做到"3个统一"：一是统一观念，所有内容要尊重科学，以循证医学为依据；二是统一教材；三是统一课件。在2007年8月北京市朝阳区试点启动仪式上，胡大一医生向参加活动的嘉宾和社区居民做了题为"全面贯彻循证医学指导下的心血管疾病防治原则"的讲演，持续2个多小时，赢得了听众的阵阵掌声。

记得在一次活动中，石家庄市卫生部门的领导说："自从上次胡大一教授来讲课，社区百姓纷纷要求政府定期举办类似活动，因此我们石家庄在人民会堂的燕赵讲堂上开辟了健康大讲堂，这对构建和谐社会发挥了积极作用。"

2010年，卫生部举办第二期"卫生科技进社区"活动，在胡大一医生的主持下，本着"面向基层、经济实用"的原则，选择了"社区医生心电图识图基本技能""社区医生常用药物基本知识""社区医生心脏听诊基本知识""社区医生心肺复苏基本技能"四项社区适宜技术，通过编写教材、现场授课、网络视频等形式，在全国开展社区医生的培训活动。

胡大一医生曾经这样总结社区教育活动："社区是今后医疗卫生和预防的主战场，如果科学的信息不能通过正规渠道传递下去，那么一些非科学的混杂信息就会抢先占领阵地，给社会和百姓将造成巨大的损失。"这句话说出了"医生"这个职业的重大社会责任。

十九
探索三级医院如何在社区医疗服务体系中发挥作用

■ 丁荣晶

探索三级医院在社区医疗服务体系中的作用，我们先从中国胆固醇教育计划（CCEP）说起。中国胆固醇教育计划研究启示，医疗卫生人员对胆固醇相关知识的认知还存在很大差距。2004年，中国胆固醇教育计划对包括北京在内的全国20个大城市的3000余名各级医生进行了血脂异常规范化治疗调查，结果显示：12.9%的医生不了解冠心病LDL-C目标值，43.3%的医生不了解血脂筛查对象，32.4%的医生不清楚调脂治疗的首要目标，26.4%的医生仅依据化验单参考值范围判断血脂异常，20.5%的医生认为血脂达标后即可减量或停药，42.2%的医生不进行疗效监测，这些情况随医院级别和医生科别而不同。基层单位和社区医生对胆固醇的认知差距更大，基层医院和非专科的医生对胆固醇的认知还很欠缺。该调查分析的结果提示我们，需要大力开展针对各级医生的胆固醇知识和治疗进展的继续教育，尤其侧重对基层医生的继续教育。

在我国，社区已经形成了很好的针对高血压和糖尿病的防治网络，得到了政府的各项支持，但胆固醇对心血管疾病的危害并没有获得应有的重视，胆固醇社区防治基本处于空白状态。中国胆固醇教育计划使心血管医生认识到了胆固醇的危害并开始了积极防治，然而这个理念和相关专业技能还没有延伸和覆盖到基层医生和社区医生层面。社区是慢性病防治的主战场，社区医生是对社区居民进行健康教育最重要的一环。如果社区医生不了解或者不重视相应的知识，就更谈不上社区居民获取相应的信息和利用正确的科普知识进行疾病防治了。所以，在中国胆固醇教育计划的基础上，2007年胡大一老师开始进行"北京社区胆固醇教育和控制"的探索。课题组在2008年对北京定点社区医生进行了为期一年的以胆固醇知识宣教为主的培训讲座，在2007年和2009年对社区医生进行的两次调查显示，培训丰富了社区医生的胆固醇知识提高了社区医生的胆固醇干预能力。同期（2008年）对北京定点社区居民进行了为期一年的以胆固醇知识宣教为主的健康讲座，并分别在干预前后进行了大规模现场调查。2007年北京社区居民高胆固醇血症的知晓率、治疗率和达标率分别为17.99%、34.94%和14.44%；2009年对该人群进行的二次调查显示，知晓率、治疗率和达标率分别为34.76%、46.02%和28.74%。

既往都是政府直接组织对社区医生的各种教育，三级医院的主动性和能动性没有发挥出来。"北京社区胆固醇教育和控制"课题提示，三级医院主动参与对社区医生的教育，能有针对性地提供继续教育课程，获得了社区医生的欢迎，取得了很好的效果。

二十
心血管紧急医学救助模式的探索

■ 孙艺红

在这里我要送大家一句警言——有胸痛上医院。冠心病最常见的表现是胸痛，急性心肌梗死半数以上无先兆，以突发的胸闷、胸痛为表现。从血栓形成到血管供应的心肌组织坏死的时间，动物实验是1小时，在人身上通常是6~12小时。所以，我们心脏科医生最重要的理念是"命系1小时"，就是医学上常说的时间窗（即抢救的黄金时间）。抓不住时间窗，患者将付出残疾、死亡的代价。我们要求在最短的时间内开通导致梗死的罪犯血管，在到达医院后半小时内进行溶栓，在到达医院后90分钟（甚至60分钟）内进行经皮冠状动脉介入（PCI）。倘若能在起病1小时内完成溶栓和PCI，即使用最先进的检查技术也查不到心肌梗死的痕迹。抢救所用药物（如溶栓药）或器械（如支架）的成本是固定的，治疗越早，挽救的心肌越多，挽救的生命越多。因此，时间就是心肌，时间就是生命，丢失了时间就是丢失了生命。

——胡大一（2002）

"时间就是心肌，时间就是生命"。急性心肌梗死是可救治的疾病，而实现救治的关键是从患者起病到救治的时间，治疗越早效果越好。如果起病后1小时内溶栓，每治疗1000例患者比传统治疗减少50例死亡；距离起病2~6小时治疗，减少30例死亡；起病6~12小时治疗，仅减少20例死亡；而12小时以后治疗的效果与传统治疗差异无统计学意义。同样，对急性心血管事件，只有有效缩短救治时间，提高救治能力和水平，才能最终降低死亡率。根据美国心脏协会和美国心脏病学会《ST 段抬高急性心肌梗死治疗指南》（简称 STEMI 指南）的建议，全世界 1000 家医院签署协议，共同参与 D2B（Door-to-Balloon）项目。该项目主要针对 ST 段抬高急性心肌梗死的直接经皮冠状动脉介入（PCI）治疗的时间要求（从进医院大门到第一次球囊扩张之间的时间须控制在 90 分钟以内）。

早在 20 世纪 90 年代，胡大一老师在朝阳医院就开始倡导并实践了"急性心肌梗死救治绿色通道"（简称绿色通道），在心脏中心的模式下，组建了 24 小时待命的急诊 PCI 治疗小组，做到心肌梗死患者先救治后付费，有效缩短了心肌梗死的院内救治时间，取得了显著的社会效益。当年的医生很热情、很敬业，夜里值班都是住在导管室里的。现在讲 D2B 90 分钟，那时候朝阳医院绿色通道的处理时间不到 90 分钟，也就 30 分钟。有时医生刚完成一次抢救，准备上床睡觉，刚脱了一只袜子，又来患者了，就马上冲出去开始下一轮抢救，那只脱下来的袜子还留在床上。类似的情况经常发生，那个年代大家就是有一种精神，年轻人想学习，事实证明绿色通道对患者的治疗效果非常好，我们和时间赛跑挽救患者的生命。在我国，介入治疗技术普及得很快，然而没有承载先进技术的服务系统和服务模式，再好的技术也难以发挥最佳的效果。只有科学、先进、合理的服务模式和体系才能缩短救助时间，更加充分地实现技术的价值。很遗憾我们的学会没有美国心脏协会和美国心脏病学会的行动力，不然我们的成就能领先美国很多年。随着近些年美国 D2B 项目的启动，胡大一老师再次号召建立从现场到院内急救的快速救治模式。

要构建良好的救治体系，当前我们面临的问题是：完善医师的培训、机构与设备的评估与准入；组建真正具备一天 24 小时、一年 365 天随时在医院待命的有良好资质的救治队伍。除此之外，还有其他因素：患者发病后不能及时就诊或呼叫急救系统；救护车的无序转运和流动；医疗保险制度的配套措施怎样才能维护急性心肌梗死患者先治病后付费……这些问题不是医疗因素，可它们同样实实在在地影响了患者的生命和预后。怎样有效避免这些因素导致的时间流逝？心血管疾病患者的急救现状不容乐观。

1. 延迟救治的环节在哪里？

在北京市科委的领导和资助下，胡大一老师参与设计和组织实施了北京市心血管急救现状调查。自2005年至2007年，在北京市城区和郊区20家医院连续筛选就诊的STEMI患者，最终809例有效病例入选，其中较晚期就诊（超过2小时到达医院）患者445例，较早期就诊（2小时内到达医院）患者364例，D2B时间达到STEMI指南要求（90分钟内）的患者不超过20%。

救治延迟主要分为两个部分，即院前延迟（从患者发病到被送抵医院，包括患者延迟时间和转运时间）与院内延迟（从患者到达医院直至开通梗死相关血管，所有中间环节占用的时间）。

（1）院前延迟：北京市的调查显示，院前延迟时间中位数为139分钟，患者延迟时间中位数为60分钟，转运延迟时间中位数为50分钟（其中使用救护车转运的时间中位数为57分钟，自行转运的时间中位数为40分钟），仅有约1/3的患者使用了急救医疗服务系统。分析发现，患者就诊较晚与症状的程度较轻或者以往有过类似症状等有关，而选择自行前往医院也会造成更长时间的延迟。不要被先前提到的"57分钟"和"40分钟"迷惑，这2个数字背后的含义是不同的。

①使用急救医疗服务系统可以明显获益，患者能够得到及时的诊断与治疗，并可因此减少死亡率。对于院外心脏骤停或其他致命性并发症，医疗急救人员可以提供挽救生命的干预措施（早期心肺复苏与复律）；使用急救医疗服务系统可将STEMI患者转运至可获得最有效诊治的相关医院；使用急救医疗服务系统转运可引起急诊室医生的重视或通过已有的心电图，减少院内诊断时间，从而最终缩短再灌注治疗时间。

②使用私人轿车转运到急诊科的胸痛患者，每300人约有1人在途中发生心脏停搏。

因此，我们需要在患者中加强对"有胸痛上医院"的宣传和提倡及时呼叫并使用急救医疗服务系统。

（2）院内延迟：接受溶栓治疗的患者，"进门—溶栓"时间中位数为82分钟，其中"完成心电图—决定溶栓"把时间占去了大半（中位数为43分钟）；接受PCI治疗的患者，"进门—球囊扩张"时间中位数为138分钟，其中"决定PCI—球囊扩张"把时间占去一半（中位数为66分钟）。这些数据提示我们，医院内部在"明确诊断后—实施有效治疗"的操作流程上存在不利的因素。

接受溶栓治疗的患者达到STEMI指南要求（到达医院30分钟内开始溶栓治疗）的仅占9%；70%的患者在60分钟后开始溶栓治疗。我们分析发现，就诊较晚的患者、老年人或合并心功能不全的患者往往溶栓延迟。接受PCI治疗的患者达到STEMI指南要求（进医院门90分钟内开始球囊扩张）的不到1/5。患者在节假日或夜班时间到达医院将导致明显的救治延迟，说明多数医院并没有建立有效的急诊救治体系和流程（通道）。

我们进一步分析还发现，如果患者在入院前能够明确诊断或者入院前有心电图（如在救护车上做的心电图）将大大缩短患者的院内救治时间。院前心电图的获得依赖医院与急救系统的有效衔接。理想的救治模式应该是通过救护车上的远程传输系统在最短的时间内将患者的心电图传送到医院，并同时启动导管室。

2. 我国胸痛中心的建设，从专家共识到实践

急性胸痛是常见的临床症状，可涉及急性冠脉综合征（ACS）、肺栓塞、主动脉夹层、张力性气胸等多种致死性疾病，其中ACS所占比例较高，但仍有约70%属于非缺血性胸痛。如何快速、准确诊断和鉴别ACS及其他致死性胸痛的病因，成为急诊处理的难点和重点。

我国 ACS 的发病率和死亡率逐年上升，呈年轻化趋势。ACS 治疗尚存不足，主要体现在 4 个方面：

①患者求治明显延迟。

②诊断流程不规范，20% 的患者出院诊断可能存在错误。

③治疗欠规范，2/3 的高危 ACS 患者并未接受介入治疗。

④ ACS 患者预后差，特别是心力衰竭的发生率高于国际注册研究的数据，二级医院尤为明显。

此外，联诊制和转院制在绝大多数地区尚未建立，基层医院诊治条件较差。

2009 年北京进行了一项"急诊胸痛注册研究"，北京市 17 所二、三级医院的 5666 例急诊患者入选。结果显示，胸痛患者占急诊就诊患者的 4%；在这些胸痛患者中，ACS 占 27.4%，主动脉夹层占 0.1%，肺栓塞占 0.2%，非心源性胸痛占 63.5%；急诊胸痛患者收住院比例为 12.3%；未收住院的胸痛患者在本次就诊的 30 天后随访的无事件率为 75%，其余 25% 包括院外死亡、再次入院和失访等可能为漏诊、误诊的情况。该调查提示，急性胸痛常见原因为非心源性胸痛，而 ACS 在急诊致命性胸痛疾病中占绝大多数，在急性胸痛患者中，可能漏诊、误诊包括 ACS 在内的胸痛疾病比例非常高。

在美国，为降低 ST 段抬高心肌梗死（STEMI）患者的发病率和死亡率，"胸痛中心"应运而生。1981 年，全球首家"胸痛中心"在美国巴尔的摩 St.ANGLE 医院建立，至今美国的"胸痛中心"已发展至 5000 余家，纳入了医保支付范围，并成立了相关学术组织"美国胸痛中心协会"（简称胸痛协会）。全球多个国家的医院相继设立"胸痛中心"。各国的研究显示，胸痛中心的建立显著缩短了胸痛确诊时间、STEMI 再灌注治疗及住院时间，降低了胸痛患者再就诊和再住院次数。与传统住院相比，胸痛中心采用快速、标准化的诊断方案，为胸痛患者提供更快和更准确的评估，提升了救治成功率，而医疗费用只有传统住院 1~3 天的 20%~50%。

目前，胸痛中心已发展为通过急救医疗系统（EMS）、急诊科、心血管内科、影像学科、心血管外科、胸外科、消化科、呼吸科等多科室的紧密合作，为胸痛患者进行快速准确诊断、危险评估和有效分类治疗的模式。这样不仅提高了早期诊断和治疗 ACS 的能力、降低心肌梗死发生的可能性或者避免心肌梗死发生，还可准确筛查出肺栓塞、主动脉夹层及 ACS 低危患者，减少误诊、漏诊或者过度治疗的发生，改善患者的临床预后。

为了建设我国的胸痛中心、提高我国胸痛的诊疗水平和优化、简化、规范我国胸痛救治流程，改善患者预后，节约医疗资源，胡大一老师牵头中华医学会心血管病学分会组织并邀请 EMS、急诊科等学科的专家，根据国外胸痛中心的运行模式，结合我国的实际，共同讨论制订了适合我国医疗现状的《"急性胸痛"救治流程暨"胸痛中心"建设中国专家共识》。

胸痛中心可以是一个由多学科人员共同工作的实体单元，也可以仅是多学科功能上的整合，在急诊室内提供一个能够观察患者的区域。胸痛中心的组织构架至少包括：EMS、急诊科、心血管内科、心血管外科、胸外科、影像学科（超声心动图、放射医学科、核医学科）和检验学科，还可以外延至呼吸内科、消化内科、精神科等。可根据医院具体情况设立 3~4 组人员，每一组成员包括：经过培训的急诊科医生 1 名、护士 1 名和分诊护士 1 名，心内科医生 1 名，心内科介入医生 1 名，放射医学、超声医学和核医学的医生各 1 名或经过影像学培训具有阅片能力的心内科医生 1 名；建议实行 24 小时工作制；胸痛中心不同职责医生应保持电话畅通；对 STEMI 的治疗，心脏介入医生和导管室护士应保证呼叫后 30 分钟内到达医院。

胡大一老师于 2009 年 6 月在北京大学人民医院成立了胸痛中心，在"心血管全程关护"理念指导下，通过全程关护模式，胸痛中心大大缩短了患者在院外的转运及门诊治疗（Door-to-Treatment）的时间，增加了成功救治急性胸痛患者的机会，相应的运行机制为我国胸痛中心的组建树立了典范、贡献了经验。

3. 重视医疗模式和医疗质量的软研究提出的启示

从 20 世纪 80 年代开始，ACC 作为医疗质量控制的领跑者，与 AHA 形成战略合作伙伴，制订和推出了第一个临床实践指南，2009 年是该指南诞生的 25 周年。该指南把最佳临床研究证据转化为临床医生的日常临床实践。ACC 不但制订系列医疗质量控制标准，而且调查不同医院遵循指南的实际情况，落实临床执行状况的评估，推进理想治疗。

药物和支架都是硬技术，这些往往不是影响患者预后的关键，正确、有效地应用这些"硬技术"才是根本。从急性心肌梗死的救治调查以及胸痛中心模式的建立也可以看到，同样的支架、药物、设备只有在科学和良性的医疗体制和运转模式下，才能发挥最佳的作用。

二十一
胸痛中心在中国的建设与发展

■ 丁荣晶

前文已经对胸痛中心做了介绍，然而在讨论交叉学科的发展时，我们有必要重新提到这一话题。

20世纪60年代以前，没有一个真正的方法处理急性心脏事件。对有严重胸痛的急性心肌梗死患者，唯一的方法就是收住院给予吸氧和吗啡止痛。医生所依赖的只有手中的听诊器，主要治疗的是已出现的异常，而不是即将发生的情况，预防性治疗措施几乎没有。60年代中期冠心病监护治疗病房（CCU）的出现，完全改变了这种被动状态。短短几年，CCU就由美国迅速推广到世界各地。床旁监护和体外除颤仪的应用挽救了成千上万患者的生命。

全球第一家胸痛中心于1981年在美国巴尔的摩St.ANGLE医院建立，至今美国已经拥有5000余家胸痛中心，并将其纳入医保支付范围，还成立了相关学术组织"胸痛协会"。全球多个国家，如英国、法国、加拿大、澳大利亚、德国，也相继在医院内部设立胸痛中心。各国的研究一致显示，胸痛中心的建立显著缩短了胸痛确诊时间、STEMI再灌注治疗时间及住院时间，降低了胸痛患者再就诊和再住院次数，减少了不必要的检查费用，提高了患者与健康相关的生活质量和就诊满意度。与传统住院相比，胸痛中心采用快速、标准化的诊断方案，为胸痛患者提供更快和更准确的评估，而医疗费用只有传统住院1~3天的20%~50%。

美国研究数据显示，因胸痛住院的患者中，只有 10%~15% 被诊断为急性心肌梗死，约 70% 的患者最终除外 ACS 或未发现任何疾病。尽管如此，仍有 5% 的 ACS 患者因症状不典型而从急诊出院，其中 16% 的患者因不适当出院导致失去救治机会而死亡。因此，胸痛中心的功能从最初的降低 ST 段抬高急性心肌梗死的发病率和死亡率，已经延伸到目前通过多学科（包括 EMS、急诊学科、心血管内科、影像学科、心血管外科、胸外学科、消化内科、呼吸内科等相关科室）的合作，依据快速准确的诊断、危险评估和恰当的治疗手段，对胸痛患者进行有效的分类治疗，提高早期诊断和治疗 ACS 的能力，减少急性心肌梗死发生危险或者避免心肌梗死发生，并准确筛查出肺栓塞、主动脉夹层以及 ACS 低危患者，以减少误诊、漏诊和过度治疗，改善患者临床预后。

在我国，ACS 的发病率和死亡率逐年增加，且呈年轻化趋势，成为我国居民致死、致残和劳动力丧失的重要原因。中国急性冠脉综合征临床路径研究（Clinical Pathway for Acute Coronary Syndromes in China，CPACS）显示，我国 ACS 治疗存在明显不足：

①患者求治延迟明显，从症状出现到入院诊治在二级医院为 5 小时，在三级医院长达 8 小时。

②诊断流程不规范，20% 的患者出院诊断可能存在错误。

③治疗欠规范，只有 1/3 的 STEMI 患者接受了再灌注治疗，接近 60% 的低危 ACS 患者接受了介入性的检查和治疗，而 2/3 的高危 ACS 患者没有接受介入治疗。

④ ACS 患者临床预后差。ACS 患者院内事件，特别是心力衰竭的发生率（18%）高于国际发布的注册研究数据，二级医院尤为明显。联诊制和转院制在绝大多数地区还没有建立，基层医院诊治条件较差。

2007 年在北京进行的"STEMI 急诊救治现状的多中心注册研究"显示，

我国 STEMI 治疗存在明显不足。北京地区急性心肌梗死患者接受再灌注治疗比例为 80.9%，其中 15.4% 接受溶栓治疗，65.5% 接受急诊介入治疗。平均开始溶栓时间（Door-to-Needle，D2N）为 83 分钟，入门—球囊时间（Door-to-Balloon，D2B）为 132 分钟。接受溶栓的患者只有 7%D2N 时间 < 30 分钟，22%D2B 时间 < 90 分钟，与 ACC/AHA 指南推荐的 D2N 时间（< 30 分钟）和 D2B 时间（< 90 分钟）相差甚远。

2009 年在北京进行的一项"急诊胸痛注册研究"，连续入选北京市 17 所二、三级医院急诊患者 5666 例。结果显示，胸痛患者占急诊就诊患者的 4%，其中 ACS 占 27.4%，主动脉夹层占 0.1%，肺栓塞占 0.2%，非心源性胸痛占 63.5%；急诊胸痛患者收住院比例为 12.3%，未收住院的胸痛患者在本次就诊的 30 天后随访的无事件率为 75%，其余 25% 包括院外死亡、再次入院和失访等可能为漏诊、误诊的情况。该调查提示，急性胸痛常见原因为非心源性胸痛，但 ACS 在急诊致命性胸痛疾病中占绝对多数，在急性胸痛患者中，可能漏诊、误诊包括 ACS 在内的胸痛疾病比例非常高。

综上所述，我国当前临床急性胸痛的诊断治疗存在如下问题：

①急性非创伤性胸痛的鉴别诊断缺乏规范流程。

② ACS 治疗过度和治疗不足现象并存，医疗资源应用不合理。

③各种原因导致 STEMI 治疗延误，STEMI 再灌注时间远未达到 ACC/AHA 的指南推荐的标准。临床常见的延误原因包括：患者对 STEMI 症状认识不足，或因症状不典型延误了早期就诊和早期治疗时间；明确诊断的患者救治流程不通畅。

④心肌梗死患者预后差。心脏监护病房的建立和早期再灌注治疗极大提高了心肌梗死患者的生存率，但最终仍会发生心力衰竭、心源性休克或恶性心律失常。

上述研究数据提示，我国急性胸痛的诊治流程和治疗规范亟待改善。为改善胸痛诊治流程，在我国建设和推广胸痛中心非常必要。胡大一老师致力于在我国建立和推广胸痛中心的想法开始于 21 世纪初。可是，胸痛中心概念在我国很长一段时间并没有受到重视。真正全国范围接受胸痛中心概念是近些年的事情。2010 年《"急性胸痛"诊治规范暨"胸痛中心"建设中国专家共识》发布，2010 年美国胸痛中心协会表示支持该共识并邀请中国加入该十内会，2010 年 6 月北京大学人民医院胸痛中心宣布成立，随后河南胸科医院、广州军区总医院、上海胸科医院等相继宣布成立胸痛中心。

　　胸痛中心的良好运转，需要的不仅是医生的热情和奉献精神，更需要多学科共同合作、医院管理层的积极支持、政府运用行政能力整合资源。例如，院外急救医疗系统与医院急诊的合作，胸痛中心的内部管理及人员、设施等的设置，胸痛中心与检验科、影像科的合作，胸痛中心与绿色通道的合作，胸痛中心与不同科室共同处理有关胸痛的鉴别诊断问题，等等。

　　胸痛中心的建立，使心脏科、急诊科、影像科、检验科和其他相关科室的医生一起为实现心肌梗死的早期干预而共同努力。如果患者在不稳定型心绞痛的前驱期就得到治疗，STEMI 死亡率可以下降 50%。甄别 ACS 患者、早期诊断其他致命性胸痛疾病，是胸痛中心降低胸痛患者死亡率的一个关键策略；为了避免过度诊断和治疗，胸痛中心的医务人员必须采用标准的胸痛救治流程。

　　急性心肌梗死救治的失败应该被视为一个过程和系统的失败，解决的方法不是发明另一种新的溶栓药物或医疗器械，而是比现有策略更有效的组织方法。胸痛中心的建立，注重管理式医疗的理念，开启了为缺血性和非缺血性胸痛患者设立不同临床路径的大门，从而提高临床医生对心肌梗死早期救治的能力、对胸痛诊断和鉴别诊断的能力，促进多学科优势整合，合理利用医疗资源，对未来具有深远意义。

二十二
疾病的完整性干预——疾病管理

■ 顾问：胡大一

慢性疾病（简称慢病）是导致人类残疾、死亡的主要元凶，也是国家重要的公共卫生问题。疾病管理就是组织慢病专业的医生和护理人员，为慢病患者提供全面、连续、主动的管理，以达到促进健康、延缓慢病进程、减少并发症、降低伤残率、延长寿命、提高生活质量并降低个人和社会医疗费用的一种科学管理模式。

胡大一医生在一次学术会议上介绍了美国冠心病管理计划项目（CHAMP）：将入选的大学教学医院收治的急性心肌梗死患者，分为对照组和管理组，比较两组间的治疗率和临床转归。结果：与对照组相比，管理组心肌梗死患者出院后1年的临床事件大幅下降，其中复发心肌梗死降低53.8%，心力衰竭降低44.7%，住院减少48.6%，总死亡率降低57.1%。

看到许多接受了介入治疗和搭桥手术后因复发而反复住院的患者，胡大夫经常真诚地告诫学生们：心内科医生不能只当"导管匠"，心外科医生不能只当"手术匠"，一名合格的医生应该同时会做健康教育、疾病管理，正确掌握术后和出院后患者的长期治疗和随访的方法，应当成为患者终生的健康维护者。

早在20世纪末大家热衷于心脏介入技术时，胡大一医生已经开始关注疾病管理领域。他强调，医生不能只学会做介入和手术，还应该关注术后和出院后的管理，为此他在国内较早引进"生命网"（Heart Care Network）概念。

生命网是一套通过制订最佳治疗方案、定期随访和健康教育，帮助冠心病患者全面控制冠心病危险因素的医疗服务模式。患者出院后，特别是做过介入治疗或搭桥手术的患者，应进入门诊长期随访系统，由经验丰富的专业护士具体负责组织，由资深专科医生定期为患者进行有针对性的健康讲座。生命网是对患者疾病全过程干预的重要部分，是疾病治疗不可缺少的重要环节，是人性化关照的重要体现。

生命网可以大大提高患者对自己所患疾病知识的知晓率和对医嘱的依从性，减少住院次数和经济负担；医生和护士也有收获，不仅改善了医患关系，部分医生和护士还从活动中总结经验撰写论文并申报科研课题获得成果。

二十三
构筑心脏病的最后防线

■ 吴彦

> 由于早期干预的成功,越来越多的心肌梗死和脑卒中患者存活下来。慢性心力衰竭是从心肌梗死逃出者10年至15年后的一个常见归宿。因为慢性心力衰竭预后差、花费巨大,已经成为全球最沉重的医疗负担。
>
> 目前,对慢性心力衰竭有很多新的治疗,药品相对便宜,住院费高,又由于慢性心力衰竭病程相对较长而压床,所以医院不愿收,患者也不愿住。慢性心力衰竭的用药需要逐渐调整剂量,也就对相对固定的医生负责个体化的系统治疗过程提出了要求。我们提倡将患者管到院外,管在社区,尽快培养起一支具有中国特色的心力衰竭治疗管理队伍。我们设想的模式是:在大医院建立心力衰竭门诊,为每一位患者建病例档案,与社区的电子病例联网,设家庭病床,对每位患者的病情实施监控,其治疗费和住院费可控制在最低水平。
>
> 胡大一(2002年)

心力衰竭是各种心脏疾病发展到终末阶段表现出的一种临床综合征,防治心力衰竭成为拯救心脏疾病患者的最后防线。近20年,心力衰竭的治疗策略发生了重大变化,从单一地改善患者症状为目的的治疗,发展到全面评估病理生理状况,通过抑制神经内分泌的激活改善患者长期预后并最终提高患者存活率。我有幸经历了这一重大变革时期,也体会到将新理念落实到临床工作所面临的重重困难。

1. 从"清晰"到迷茫

1982年我带着对医学的崇拜考入北京医学院。图书馆中各种中外文医学图书对人体和疾病的详尽讲解，更使我幻想着通过努力学习，自己将来能成为一名手到病除的高明医生。出于对内科医师学识广博的崇拜，我更加潜心研读疾病的药物治疗。心力衰竭是内科学的重要内容，当时的教科书对心力衰竭的发病机制、病理、病生理和临床表现都有详细描述，还详尽介绍了"强心、利尿、扩血管"等药物治疗的具体方法。我自认为只要精通这些方法就可以拯救心力衰竭患者。

我遇到的第一位心力衰竭患者是我的邻居，一位70岁的患有风湿性心脏瓣膜病的老太太。尽管长期服药，她仍然反复发作心力衰竭。她的家属问我有没有更好的治疗方法，我查遍书本并咨询老师后回答："这种病已经是心脏病的晚期了，该用的药都用了，再犯病就只能住院治疗，继续调整现有的药物。"几年后，老太太因肺部感染导致心力衰竭加重而去世。我第一次感到医学的无力，当时认为很完善的治疗竟不能阻止疾病的发展。

此后，我又遇到一位风湿性心脏瓣膜病伴有心房纤颤以及心力衰竭的老大爷，他的家属对我抱有极大的期望，还多次请我去家里诊治。我给出的治疗方案是洋地黄强心、氢氯噻嗪利尿、消心痛扩血管，再加上阿司匹林预防血栓，其家属咨询了几位老专家，都说治疗方案很好。几年下来病情还算稳定。突然有一天，其家属打电话说患者昏迷倒地，救护车到达时患者呼吸心跳已经停止，请我想办法救人。我无奈地回答如果心肺复苏不成功，就没有救了。我再次感到困惑，针对这些患者真的没有更好的治疗方法了吗？还是因为我太年轻，缺乏临床经验？

当时许多医生都认为那些心脏明显扩大的心力衰竭如同恶性肿瘤，患者最多存活3~5年。面对扩大的心脏和心力衰竭的诊断，许多患者认为这就是被判了"死缓"，从此情绪低落，对治疗采取消极态度，更加速了病情进展。

已有一百多年用药历史的洋地黄也不能阻止心力衰竭患者的死亡，心力衰竭的治疗方法变得更加迷茫。

2. 曙光再现

目前，人们已经广泛接受"神经内分泌细胞因子系统的长期、慢性激活促进心肌重塑，加重心肌损伤和心功能恶化，是心力衰竭发生发展的基本机制"这一观念。该结论却来之不易。早在 20 世纪 60 年代，就有人将慢性充血性心力衰竭的治疗焦点集中于儿茶酚胺类药物的作用上。动物试验证实，起搏器或去甲肾上腺素可加快心率，诱发心肌病。相反，儿茶酚胺和去甲肾上腺素对心肌的作用被去除或减少后，则会对心肌产生保护作用。此后，心肌能耗被医学界关注，多数人认同正性肌力药物可通过血流动力学途径改善心力衰竭症状，但无法改善患者的长期预后，而对使用 β 受体阻滞剂通过代谢途径改善心肌能量负荷而改善患者的长期预后的观点表示怀疑，担心其负性肌力作用加重临床症状。直到 80 年代中期，一些观察性研究和单中心、小样本量、随机对照研究提示，β 受体阻滞剂可能对扩张型心肌病（DCM）患者有益。

血管紧张素转化酶抑制剂（ACEI）治疗心力衰竭的进程则更快一些。20 世纪 80 年代初 ACEI 上市后迅速成为重要的降压药物。80 年代末和 90 年代，人们进行了一系列 ACEI 治疗慢性心力衰竭的临床研究，均证实该类药物可以降低总死亡率以及心力衰竭住院率等硬终点事件。这些激动人心的结果给心力衰竭的治疗带来了新的希望。

CNSENSUS 研究在 253 例严重心力衰竭（NYHA Ⅳ级）患者常规抗心力衰竭治疗基础上，比较加用依那普利（40mg/d）与安慰剂的疗效。结果显示，依那普利组各种原因的死亡率明显降低，心功能显著改善，心脏形态缩小，其他治疗需要药物亦减少。血管扩张剂—心力衰竭试验Ⅱ（V-HeFT Ⅱ）研究证明依那普利比肼苯达嗪与硝酸盐联用进一步提高 2 年生存期。在左心室功能障碍研究（SOLVD）治疗中，2569 例射血分数（EF）≤ 35% 有症状的患者在原有心力衰竭治疗基础上，随机服安慰剂或依那普利（2.5~20mg/d），结果依那普利组死亡率及住院率明显降低，因进行性心力衰竭引起的死亡率降低最多。SOLVD 预防试验研究对象包括无症状性左心室功能障碍及 EF ≤ 35% 但未接受心力衰竭治疗者。结果显示，20mg/d 依那普利治疗使心力衰竭发生率及住院率显著降低，心血管病死亡率也有降低趋势。这些结果提示，对严重心力衰竭患者在原有治疗基础上加用依那普利能够降低死亡率并减轻心力衰竭相关症状。

对这些使用经验的分析结果显示，ACEI 可以缓解症状、改善临床状态和心力衰竭患者的一般状况。另外，ACEI 可降低死亡危险以及死亡或住院的联合危险。不论是有轻度、中度或重度症状的患者，还有无冠状动脉疾病的患者，ACEI 均可显示出益处。最大获益者是 EF 值降低的患者。这些研究结果进一步支持 ACEI 对降低心力衰竭患者死亡率及住院率起着重要的作用，奠定了 ACEI 作为心力衰竭治疗的基石和首选药物的地位。

与此同时，β 受体阻滞剂在心力衰竭治疗中的临床研究也逐步展开。1993 年公布的 MDC 试验是一项较大规模的试验，入选的特发性扩张型心肌病患者病情严重且进行性恶化，需要心脏移植，否则将很快死亡。结果发现，采用美托洛尔治疗的患者，死亡或需要心脏移植的发生率降低了 34%。1996 年美国卡维地洛心力衰竭研究提示，β 受体阻滞剂可明显降低各种心血管疾病所致心力衰竭患者的住院率和死亡率。该研究的重要意义在于，第一次采用大样本量、多中心临床研究的方法，证实 β 受体阻滞剂可以改善慢性心力衰竭患者的预后。

在世纪之交完成的三项临床研究，其结果更是令人兴奋。1999 年公布的比索洛尔心功能不全研究Ⅱ（CIBIS Ⅱ）试验结果显示，与安慰剂组相比，服用比索洛尔患者的总死亡率降低显著，达到 34%。同年公布的充血性心力衰竭美托洛尔随机干预试验（MERIT-HF）是迄今为止规模最大的 β 受体阻滞剂治疗心力衰竭的临床研究。入选了将近 4000 例慢性心力衰竭患者。结果同样显示，与安慰剂组相比，服用美托洛尔的患者总死亡率降低 34%，疗效显著。2001 年公布的卡维地洛前瞻随机累积生存试验（COPERNICUS）研究入选了 2289 例休息时或轻微活动时有心力衰竭症状，左室射血分数（LVEF）<25%（平均 19.8%）的严重心力衰竭患者。在平均 10.4 个月的随访期中，卡维地洛组比安慰剂组总死亡率低 35%。至此，β 受体阻滞剂的应用观念被彻底改变，其在心力衰竭治疗中不可替代的作用被确立。β 受体阻滞剂被写入慢性心力衰竭治疗指南，成为治疗心力衰竭的基础药物。

这些新的治疗策略和方法使心力衰竭患者有了"重生"机会，成为心力衰竭治疗的一场革命。

3. 划时代的 2001 年

基于 ACEI 和 β 受体阻滞剂在慢性收缩性心力衰竭成功应用的循证医学证据，欧洲心脏病学会（ESC）（2001 年 9 月）、美国心脏病学会（ACC）和美国心脏协会（AHA）（2001 年 12 月）很快改写了关于心力衰竭管理的指南。我国医务人员也迅速行动起来，由中华医学会心血管病学分会、中华心血管病杂志编辑委员会主办的"全国世纪之交心力衰竭学术研讨会"，于 2001 年 9 月 21~24 日在我国西北部城市兰州隆重召开。国内心血管界众多"大腕"参加了此次会议。会议回顾了 20 世纪心力衰竭治疗概念的更新、治疗策略的演变和各种治疗方法的成败，总结出当前较合理的心力衰竭治疗对策，并瞻望 21 世纪的发展方向。参会人员从心力衰竭的基础到临床，包括心力衰竭的发病机制，各种药物具体实践应用的认识和存在的问题等进行广泛深入、切合实际的讨论，并由有关专家作专题讲座。会上还展示了《中国慢性心力衰竭治疗指南》供大家讨论。该指南于 2002 年 1 月正式发表在中华心血管病杂志。

国内外新指南均指出，慢性心力衰竭治疗从短期血液动力学／药理学措施转为长期的、修复性的策略，目的是改变衰竭心脏的生物学性质。心力衰竭的治疗目标不仅仅是改善症状、提高生活质量，更重要的是针对心肌重塑的机制，防止和延缓心肌重塑的发展，从而降低心力衰竭的死亡率和住院率。

从此，慢性心力衰竭的治疗进入了一个新的时代。

2001年，对我个人职业生涯来说也是划时代的一年。那年春季，我们的科主任胡大一教授敏锐地观察到心力衰竭治疗将有新的突破，号召年轻医生应当关注该领域。我因此受到启发，当天表示愿意致力于关于心力衰竭的各项工作。我的积极回应得到胡教授的认可。于是，我们的心力衰竭临床和研究工作开始了：建立了北京市首个心力衰竭门诊，探索心力衰竭患者管理的新模式；胡教授的"慢性心力衰竭规范治疗技术"成为卫生部十年百项计划推广技术之一在全国宣讲；我们编写的《心力衰竭的现代治疗》得到广大医生认可；我们创建的心力衰竭管理模式、理念和流程渐渐被国内同行接受……至撰写本文时整整十年，在胡教授的带领下，我逐步深入探索了心力衰竭领域。

4. 从心力衰竭门诊探索心力衰竭管理新模式

有了指南，有了明确的治疗方法，如何落实？我们大力推广的神经内分泌抑制剂留给患者的初次印象往往不佳。特别是β受体阻滞剂在开始使用阶段（一般为6周）有可能加重患者的症状。有的患者认为医生"医术不高"或"开错了药"，拒绝复诊或频繁更换医生、医院。因此，这段时间正是需要医患配合，共同度过的艰难时期。"难"就难在需要不断进行药物调整。医生需要根据病情开始用药并逐步增加药物剂量，患者需要密切观察并记录病情变化，配合治疗。直到药物达到充分有效的剂量，病情稳定后才可长期维持稳定的治疗。

在这段艰难时期，会遇到很多问题。有些患者服用 ACEI 出现干咳、血压偏低、肾功能暂时恶化，有些患者服用 β 受体阻滞剂出现水肿、胸闷加重等。这些不良反应使患者感觉还不如应用以往的药物见效快。再加上调整剂量阶段每隔 1~2 周就需要到医院复诊一次，这对心力衰竭患者来说是多么不容易呀。另外，这些药物的价格也高于以往的强心、利尿药物，算起来每月需要数百元药费，也令一些患者望而却步。但是无论如何，正是这些药物减少病情复发，降低再住院率，可以使长期总的医疗费用显著降低，而生命的延续更是无法用金钱衡量。

正是由于这些问题，普通门诊的医生难以对患者进行规范的治疗，很多慢性心力衰竭患者不能受益于最新的医学成果。怎么办？开设心力衰竭门诊是解决该问题的有效方法。心力衰竭门诊架起了医患沟通的桥梁。心力衰竭门诊由经验丰富的临床医生值班，这些医生熟悉心力衰竭的规范治疗方法，可以根据病情开始用药并逐步增加剂量。更重要的是，患者在相对稳定的医生处就医，看病有了连续性，医生更容易掌握病情变化，便于药物调整。

世界各地的实践证明，心力衰竭门诊的规范治疗可以改善治疗状况及预后。据国外报道，心力衰竭患者出院后足量使用 ACEI 者占 34%~35%；在普通门诊治疗一年后仍只有 38%；而经过心力衰竭门诊治疗，其使用率可以提高到 84%，并使一年死亡和住院率由普通门诊的 42% 降低到 21%。重症患者和经常需要住院的患者更有可能从心力衰竭门诊的治疗中受益，而且相对于病情来说，医疗费用显著降低。通过心力衰竭门诊还可以对患者进行登记，督促患者定期复诊；为患者发放科普资料，组织患者进行健康教育，促使患者能够更好地配合医生进行有规律的治疗。总之，心力衰竭门诊是心力衰竭患者的第二个家，可以使患者获得新生，使心力衰竭不再是顽症。

1996 年我遇到一位 60 岁男性患者，他发生了两次心肌梗死（分别为前壁和下壁），并出现心脏扩大、心力衰竭。患者不同意介入检查和治疗，要求使用药物治疗。我开始尝试用美托洛尔和福辛普利治疗，2001年改为比索洛尔并加大剂量至 10mg/日和福辛普利 20mg/日，坚持使用 10 余年。该患者一直在我的心力衰竭门诊随访，现在他的心腔大小和心功能均恢复正常，进行日常活动也没有症状，患者感觉如同没有发生过心肌梗死和心力衰竭一样。

还有一位扩张型心肌病心力衰竭的老年女性患者，13 年前在多家医院被诊断为心力衰竭晚期，当时有医生说她最多再活 3 年。当年我接手该患者的治疗时也心存疑虑，怀着试试看的态度开始使用 ACEI 治疗，她的病情逐步稳定。以往该患者每年住院 2 次，1999 年后未再因心力衰竭住院。从 2001 年起，患者坚持使用比索洛尔和缬沙坦治疗并定期到我的心力衰竭门诊就诊，心功能恢复至 I 级，日常活动不受限制，还可从事体育锻炼。

这样的病例还有很多，显著的疗效连我自己都感到意外。

5. "十年百项计划"足迹遍神州

2001 年，胡大一教授的"慢性心力衰竭规范治疗技术和急性心肌梗死静脉溶栓治疗技术"被卫生部列入十年百项计划，目的是将这两项成熟技术推广到广大基层医疗单位，应用到更加广泛的临床实践中去。宣讲初期的主要形式是举办培训班。第一期培训班于 2002 年 5 月 18 日在郑州举行，学员达到 400 人，胡大一教授亲自授课，受到热烈欢迎。此后的十余期培训班每次都有数百人参加，几年内到达的城市还有北京、邢台、南宁、沈阳、天津、银川、重庆、海口、长沙、济南、呼和浩特、西宁等，接受培训的医生达 4000 余人。

此外，胡教授还多次组织召开全国心力衰竭门诊经验交流会 / 总结会 / 专题会、心血管病综合会议等多种形式的会议，进一步加深广大临床医生对心力衰竭指南的理解和应用。

同期，我们编写了多种出版物，例如，2001 年编写的《慢性心力衰竭规范治疗和急性心肌梗死溶栓治疗全国培训班讲义》发行量达到 4000 余册，由人民卫生出版社出版的《心力衰竭诊治问答》（2002 年 12 月）和天津科技出版社出版的《心力衰竭的现代治疗》（2003 年 1 月）也成为卫生部十年百项计划技术推广用书。我们还组织多家医院共同制作全套心力衰竭规范治疗幻灯片，成为心力衰竭课程的标准教材。

6. 创建双向管理新模式

循证医学使许多疾病的治疗形成了临床试验—临床指南—临床实践的三部曲模式。在前一过程中，专家们主要根据临床试验的结果、证据的强度等因素，结合专家们的意见，制订或修改临床指南，并尽量避免偏袒有争议的观点或编写人员的个人观点，使临床指南成为大多数慢性心力衰竭患者治疗的指导性文件。此过程涉及的人员较少，完成起来相对容易。

然而，从临床指南到临床实践则需要各级专家等医务人员、患者及其家属的配合，是一个需要长时间地教育—实践—再教育—再实践的过程。我经常遇到长时间复诊的患者停药或减少原来已经调整好的药物剂量。究其原因，患者说有些医生担心血压太低或心率太慢而嘱其停药，患者也把这些药物当成降压药来使用，认为血压不高就不用吃了。

许多调查显示，上述明确有益的治疗药物尚未得到充分应用，原因是多方面的。其中主要原因是慢性心力衰竭患者分布广泛，在各级医疗单位诊治，仅仅依靠高级医疗单位实施新的诊疗方法远远不能满足广大患者的需要；基层单位或全科医生又难以很快更新自己关于心力衰竭专业进展方面的知识，难以达到心力衰竭专业诊治水平；在治疗的初期，患者常常因症状没有改善甚至恶化而不能坚持治疗；慢性心力衰竭规范治疗药物剂量调整较繁琐，使许多临床医生也难以坚持。

慢性心力衰竭需要采用"专家↔基层医生↔患者"的双向管理模式，并建立一套新的体系来完成对患者的全面管理。在此过程中，实施对患者病情和治疗状况的监控可以起到重要作用。因为规范化治疗可以显著改善预后，对患者进行治疗监控可以及时发现并纠正非规范治疗。对患者进行治疗监控包含两个方面：一是专家直接监控基层医生是否对患者采用了规范治疗，即实现专家→基层医生→患者的**正向管理**；二是帮助患者对自身治疗是否规范进行自我评价，积极主动地要求进行规范治疗，即实现患者→基层医生→专家的**逆向管理**。其实质是从专家和患者两个方向对基层医生的治疗进行监督。

在双向管理模式中，从临床指南到临床实践这一过程分为宣讲指南—实施规范治疗—患者监控—纠正非规范治疗—实现全面防治五个步骤。其中，宣讲指南和实施规范治疗是正向管理的主要内容，患者监控和纠正非规范治疗则是逆向管理的主要内容。

7. 建立心力衰竭监控干预网

对心力衰竭患者进行治疗监控的最终目的是进行干预。将心力衰竭门诊和心力衰竭治疗监控网结合起来，可以形成一个完善的心力衰竭监控干预网（简称监控网）。制订患者登记制度，统一制订表格，数据共享，明确社区管理的患者范围。可以通过行政干预成立心力衰竭监控干预网，请媒体参与患者教育及医护人员培训，相关企业提供最新资料及经济支持。实现由政府机构、专家、基层医生、护士、患者等共同组成的疾病管理和社区干预系统。这是连接治疗指南和临床实践的桥梁，在这个平台上，不论心力衰竭患者是住院、门诊或在家治疗，均能得到连续的、规范的并且应该是因人而异的治疗。

（1）监控网配合心力衰竭门诊进行干预治疗：慢性心力衰竭双向管理模式尚处于探索阶段，应当根据各个地区的具体情况制订适合当地实施的干预模式。一般认为，该模式要求以居民居住社区或医疗管辖区为单位组织监控协作组，培训并指导基层医疗机构对慢性心力衰竭患者进行登记、随访、观察病情变化、监督治疗情况、组织患者宣教、咨询；与当地各级医疗机构的心力衰竭门诊配合，通过设立家庭病床等方式，进行规范治疗；实现对所管辖地区所有心力衰竭患者的监控和干预，使患者长期处于该系统的监控下，医生随时掌握患者的病情和治疗情况，及时纠正不规范的治疗行为，从而有效减少病情反复，降低再住院率和死亡率，减轻医疗负担；进行基层医生和心力衰竭专业护士的培训，培养一支心力衰竭专业医疗队伍。

（2）正确评价治疗状况：这是纠正不规范治疗，改善治疗的前提。可以通过四种方式进行评价：

①心力衰竭门诊医生在患者就诊时进行评价。

②监控网医生对患者进行治疗状况调查时进行评价，每两个月一次。

③专家审核患者监控登记表时进行评价，每半年一次。

④对患者宣教，使患者随时进行自我评价。

后三种方式可以认为是对医生实施治疗情况的监督。对没有得到规范治疗的患者可以建议其到相应的心力衰竭门诊就医，帮助患者预约就诊医生，通过加强医患沟通和宣传教育调动患者积极性，使其更主动地参与治疗。

（3）心力衰竭的全面防治：心力衰竭是一种临床综合征而不是独立的疾病，心力衰竭患者往往伴有多种疾病和危险因素，例如冠心病、高血压、糖尿病、肾脏病、脑血管病等，应当与相关学科医生建立广泛联盟。心力衰竭是老年疾病，增加了诊治困难，而特异症状体征少也增加了诊断的困难。患者存在伴发疾病多（如呼吸系统疾病）、体力活动减少、收缩与舒张功能不全、多种原因相互作用和参与因素多、药代动力学有差异、肾功能变化复杂、伴随治疗多、依从性差等问题。因而社区医院很难独立对心力衰竭进行诊断、明确病因和开始进行规范治疗。这就涉及专科医生和全科医生的联防模式，上级医院进行诊断、明确病因和制订治疗计划，制订住院及转院标准，由社区医院具体实施、随访，患者定期到上级医院复诊，重症患者可采用家访形式。政府机构、医疗单位、医药企业、媒体、患者以及各个相关学科联合，建立广泛的心力衰竭联盟，做到对心力衰竭的全面防治。

二十四
心血管疾病防治的综合管理——糖代谢异常

■ 孙艺红

这些年,很多概念出现了革命性和颠覆性的改变:糖尿病是心肌梗死的"等危证",心血管疾病是代谢性血管病。在临床实践中,大量的冠心病患者存在不同程度的糖代谢异常。于是,糖尿病与心血管疾病防治的关系从疾病的管理模式上对临床医生提出了新的思路,人是一个整体,各系统不可能只是单一分工,以人为本是广大患者和公共健康的需求。

1. 重视冠心病患者糖代谢异常的筛查:中国心脏调查

由于糖尿病与心血管疾病具有共同的病理生理基础,心血管疾病患者中存在着大量隐匿的糖代谢异常者,尽早检出这部分患者并进行干预,不但对糖尿病有良好的防治效果,还可显著降低心血管事件的发生风险,对糖代谢异常的早期干预应该提到与干预高血压和高血脂同样重要的地位。在日常的临床工作中,心血管科医生如果不查血脂、不测量血压是不可思议的。仅测定空腹血糖将会漏诊大量的糖代谢异常患者,因此在临床上应重视血糖的筛查工作。糖代谢异常作为心血管病变的重要危险因素不容忽视,我们不能放任糖尿病患者和其大量的"后备军"成为"漏网之鱼"。

糖尿病前期即糖调节受损阶段,是指所测的血糖值已超过正常血糖范围,但还未达到糖尿病的诊断标准,也就是患者处于正常与糖尿病的中间状态,将来很有可能发展成糖尿病。口服葡萄糖耐量试验(OGTT):口服75

克（或根据体重来计算糖量）葡萄糖粉后，测 30 分钟、60 分钟以及 180 分钟的血糖值。根据 OGTT 的诊断标准糖代谢异常有糖调节受损和糖尿病两种状态。对糖尿病前期（糖调节受损）患者早期及时用药治疗，不仅可以阻断病情向糖尿病发展，还可以使血糖恢复到正常状态。OGTT 可以发现餐后高血糖，是早期发现糖代谢异常的重要手段，应成为常规检查项目。

2005 年，胡大一老师与内分泌科专家共同倡导进行的中国心脏调查项目，汇集了全国多位心血管领域和内分泌领域的专家共同参与，在北京、上海等 7 个城市 52 家医院的心脏内科（中心）开展，收集了 2005 年 6 月 1 日至 2005 年 9 月 30 日 52 家中心所有被诊断为慢性稳定型心绞痛、陈旧性心肌梗死或急性冠脉综合征等冠状动脉粥样硬化性心脏病的住院患者共 3513 例。调查内容包括患者的一般情况、冠心病诊断情况、危险因素以及糖代谢状况。对已确诊糖尿病的患者收集空腹、餐后或随机血糖资料，未确诊糖尿病的患者均接受简化的 OGTT，急性冠脉综合征患者需在出院前 3~4 天进行 OGTT，病情稳定的患者 OGTT 仅检测空腹和糖负荷后 2 小时血糖。

中国心脏调查项目的研究结果显示，冠心病住院患者中糖尿病患病率为 52.9%，糖耐量减低的患病率为 24.0%，超过 3/4 的冠心病患者存在糖代谢减低，其中通过 OGTT 诊断为糖代谢减低的患者占 1/3，说明如果不进行 OGTT 而只测定空腹血糖，所有糖耐量减低的患者将被漏诊。

随着对中国心脏调查项目结果的广泛宣讲和推广，国内医院的心内科开始逐渐确立了将 OGTT 作为冠心病患者临床评估的重要手段，促进了针对冠心病患者糖代谢异常的早期发现、早期诊断和早期干预，进一步减少了心血管事件。随着中国心脏调查项目的结果受到国内外的重视，筛查血糖情况成为了心内科的常规工作。

2. 血糖的管理：强化干预还是一般干预？

在过去的 5 年中，国际上陆续公布了数个大规模的全球多中心临床试验，这些研究设计的共同点是在具有一定糖尿病病程的患者中，比较强化控制血糖和一般控制血糖对糖尿病患者大血管事件的影响。所有的研究均没有发现强化控制血糖能够明显降低大血管事件，某些研究中强化组的死亡率还较高。这些研究一度引发了心内科和内分泌科医生关于血糖控制标准的争议。

例如，控制糖尿病心血管危险行动（ACCORD）研究中降糖分支研究被提前终止，因为强化组的全因死亡率显著高于常规组，心血管疾病死亡率亦较高。研究者对体重增加、应用某种特殊药物、联合用药及低血糖等进行了分析，可是这些都不能解释强化组死亡率增高的原因。无论是强化组还是常规组，发生过严重低血糖事件的患者死亡率均更高。然而，低血糖和死亡率之间似乎存在某种复杂的交互作用：在至少发生过一次严重低血糖事件的患者中，常规组的死亡率较高；在未发生过严重低血糖事件的患者中，强化组的死亡率较高。

在 ACCORD 研究中，两组在很多方面可能存在差异，如低血糖发生率、胰岛素使用率、噻唑烷二酮（TZD）等药物的使用率、药物的联合应用、体重增加等，这些因素可能在统计学方面与较高的死亡率有关，也可能并不存在因果关系。从生物学角度而言，严重低血糖增加心血管疾病死亡风险，对低血糖的感知能力降低（尤其是合并心脏自主神经病变）等因素会使这种相关性更加复杂；由低血糖引起的死亡很可能被误诊为冠心病死亡，这也使情况变得复杂。此外，对死亡率增加的合理性解释包括体重增加、药物之间可能具有的相互作用及干预强度（在一天多次注射胰岛素的同时口服多种降糖药物，频繁调整治疗方案，对病程较长、合并症较多的患者也采取同样的强化治疗）等。

同一时期发表的英国前瞻性糖尿病研究（UKPDS）后续 10 年的研究结果显示，与常规治疗相比，强化治疗显著降低心肌梗死死亡率（磺脲类或胰岛素治疗组降低15%，二甲双胍组降低33%，均有统计学意义）和全因死亡率（分别减少13%和27%，均有统计学意义），这提示在2型糖尿病早期进行血糖控制可使心血管疾病患者获益。与血糖控制对微血管并发症的作用类似，血糖控制的作用可能在大血管病变的早期阶段比较显著，当病变比较严重时则作用较轻微甚至无效。

糖尿病控制和并发症试验（DCCT）研究的受试者相对年轻，且无心血管疾病危险因素，研究结果显示强化治疗使心血管事件减少57%，这也证实了上述观点。

对于病程较长的2型糖尿病患者，强化的降糖治疗策略对心血管疾病可能存在反作用，如引起低血糖、体重增加或其他代谢改变。一些尚未结束的研究应用某些特殊降糖药物、强化生活方式干预、外科干预等，试图了解这些手段对长期心血管疾病预后的作用，其结果将进一步阐明这个问题。

对于病程较短、尚未出现动脉粥样硬化的2型糖尿病患者，其心血管可能从强化血糖控制中受益（ADA-B级证据，ACC/AHA-C级证据）。

对于病程较长、有严重低血糖史、动脉粥样硬化程度较高、年老的患者，强化血糖控制可能弊大于利，因此对这类患者不必苛求达到正常的糖化血红蛋白（HbA1c）水平（ADA-C级证据，ACC/AHA-C级证据）。

应该看到，三大研究的结果并不说明应该改变强化血糖控制的目标，而是告诫我们要注意治疗的个体化；对这些研究的反思，又提醒我们应该在疾病的早期阶段给予积极的干预，对糖代谢异常的患者应该力争做到早发现、早干预与综合管理。

3. 制订指南，强化我国心血管疾病患者的血糖管理

在胡大一老师的积极推动下，30余位心血管疾病和糖尿病领域的知名专

家于2006年共同制订了《冠心病患者合并高血糖诊治中国专家共识》。该共识发布后，引起医疗领域的广泛关注，在很大程度上提高了我国心内科医生对血糖、糖代谢异常的关注程度，为心血管医生的临床血糖管理工作提供了行为指南。

2009年，胡大一老师又组织了对该共识进行更新的工作，其主要内容跟2006年第一版相比，前两部分是关于冠心病患者的高血糖和流行病学趋势、流行病学状况和高血糖对心血管疾病形成的危害，这两部分变化并不大；最主要的变化在第三、四部分，第三部分主要对2008年以后揭晓的大型临床试验的结果进行解读，第四部分根据最新的研究结果对心血管疾病患者的血糖管理策略进行了简单描述。

概括起来，该共识形成了四个理念：第一积极筛查，第二早期干预，第三平稳降糖，第四综合防控。积极筛查就是倡议医务人员对冠心病患者常规检测血糖，及时发现糖代谢异常；早期干预是对发现糖代谢异常的患者，要及时会同糖尿病专家进行合理的干预；平稳降糖是要明确由于心血管疾病患者对低血糖更为敏感并有一定损害，所以对这一人群要采取相对平稳的治疗策略；虽然降糖非常重要，但是仅仅降糖是不够的，还要综合防控，对糖代谢异常的患者，除了控制血糖以外，还须积极地控制血压和胆固醇，干预其他危险因素，包括控制体重、增强运动、戒酒戒烟。在新的共识中，推荐的糖化血红蛋白水平目标值是6.5%~7%，但是对于一个已经发生严重心血管疾病的患者，应强调高度个体化的干预目标。患者预后比较差、心血管疾病比较严重或者高龄，这些情况都提示在血糖控制上需要更加谨慎，应该更缓慢、更平稳地达到目标值。

病例 一名50岁男性患者，因"发作性胸痛2小时"入院，诊断是"冠心病，不稳定型心绞痛"。既往史、家族史患者有10年高血压病史，否认高脂血症和糖尿病病史，患者的父亲患有糖尿病。患者入院后 3 天行冠状动脉造影检查并于前降支植入 2 枚支架，住院 8 天后出院。入院常规检查血生化，空腹血糖为 5.6mmol/L。

分析：该患者被明确诊断为冠心病，不稳定型心绞痛，从常规的临床和实验室检查中未发现其有糖代谢异常。然而从中国心脏调查的结果中我们知道，空腹血糖正常的人，在糖负荷后往往会出现血糖异常，只有通过 OGTT 才能发现糖代谢异常。

是否有更简便的方法可以发现这些糖代谢异常的高危患者？目前有一些量表可以作为初筛的工具，譬如芬兰的 2 型糖尿病危险评估表，包括年龄、体重指数、腰围、运动和饮食、是否服用降压药物、是否有过高血糖以及是否有家族史等，从而预测患者未来 10 年中发生糖尿病的危险。但是，目前还没有更多的证据来验证这些危险因素在冠心病患者中预测糖代谢异常的准确性。WHO 关于糖尿病的定义要求其诊断应该是在非应激状态下，而因不稳定型心绞痛或心肌梗死住院的患者往往存在应激，因此建议尽量在患者全身情况稳定时进行 OGTT，通常在患者接受 PCI 治疗后，出院前进行评价，而更准确的可能是在患者出院后 3 个月进行评价。如果发现患者为糖尿病，则应给予恰当的药物治疗；如果患者为糖代谢异常，则首先进行生活方式的干预，包括控制体重、控制饮食、规律运动、定期监测血糖，是否给予药物治疗目前还没有明确的建议。

4. 冠心病患者何时干预血糖：ACE 研究

前面提到，现在还不知道冠心病合并糖代谢异常的患者是否需要进行药物干预，一些小规模的研究提示，早期进行药物干预可能延缓糖代谢异常的患者进展为糖尿病，但是否能够减少大血管事件并进而降低死亡率还不清楚。为此，胡大一老师携手英国牛津大学糖尿病试验中心共同设计和实施了阿卡波糖心血管评估（ACE）研究，该研究是中国心脏病患者血糖干预循证之路的第一步，也开启了心血管与糖尿病交叉领域国内外合作的先河。

ACE 研究是在中国进行的多中心随机双盲对照研究，旨在评价阿卡波糖对伴有糖代谢异常的冠心病患者进行高血糖风险干预的价值。该研究目前在全国 150 家医院全面展开，预计纳入 7500 例伴有糖代谢异常的冠心病患者，随机分别接受阿卡波糖或安慰剂治疗，观察疾病转归状况。ACE 研究为在我国心脏内科普及血糖管理经验提供了实践机会，并有望在心血管疾病患者的早期血糖干预方面提供新的临床试验证据。

二十五
双心医学和医疗从明确疾病的全貌和关心患病的人开始

■ 胡大一（2010年）

1. 从头谈起

45年前，当我刚刚走进北京医学院（现北京大学医学部）的校门，成为一名医学生时，我以为将来当外科医生就是学习开刀，当内科医生就要学会用药。到了20世纪80年代，我从美国学到一些介入技术回国后，觉得这些技术很神奇，比如经导管射频消融，不需要开胸手术，就可以根治心律失常，让患者告别药物。

1987年，我收到一位陕西教师的来信，他讲述了自己20年的疾病。20年间患者再没上过班，再没上过讲台，卧床不起15年，到处寻医问药，反复住院、静脉输液。

直到1987年7月，一次偶然的机会，患者发现了我写的一篇科普文章《室性早搏不等同心脏病》。我在文章中强调无明显器质性心脏病的室性早搏预后为良性，不能仅据此诊断心肌炎，"心肌炎后遗症"更是既无明确定义，也无诊断标准的"莫须有"帽子。后来患者在给我的来信上说，他看到我的文章前已卧床15年，觉得活着没任何意义，想自杀又缺乏勇气。读过我的文章感到自己在波涛汹涌的大海中即将被吞没时，突然眼前出现了一条木板，但仍不确信这是否真是救命稻草可以使他化险为夷。因此写信问我他的室性早搏是否为良性。我看了信中寄来的多年的检查资料，除心电图显示室性早搏外，一切正常。我回信告诉他，他没有器质性心脏病，20年的时间就是预后为良性的最好证据，给他做了详细的解释，鼓励他解除顾虑，逐渐恢复日常活动。2个月后他回信讲，接信后顾虑全消，精神振奋，逐渐恢复行走，病情大有好转；半年后回信讲，他已完全恢复体力，可以给家里挑水了。

2000年我到北京同仁医院工作，在门诊遇到了一位由丈夫推轮椅，自感痛不欲生的中年女性患者，她12年前因体检发现心电图上有ST段下移和T波低平，被医生诊为心肌缺血，是"隐性冠心病"，长期休假治疗，2年后坐上了轮椅，体验了小品中的"卖拐效应"，患上重度抑郁。经治疗，这位女患者3个月后能下地行走，半年后登上了八达岭长城，安全恢复了正常生活。

我还经常遇到平时无症状、无先兆突发心肌梗死的患者，虽然得到了及时抢救，成功接受了介入或手术治疗，效果很好，但术后症状并未减轻。甚至有患者生动地讲，术前有痛苦，术后却痛不欲生。医生又让做造影，结果还是正常。医生关注的是躯体的疾病，往往忽略了这种突发重症对患者造成的巨大精神心理创伤。

生活中，每个人都会遇到这样或那样的不痛快。诚然，这些不痛快通常给生活带来的影响是微乎其微的，但有时却可以直接损害我们的身体健康。

比如不同性格导致不同的人在处理同一件事情上存在差异。荷兰蒂尔堡大学的心理学家约翰·德诺莱（Johan Denollet）制订了一个14个问题的简单人格测试问卷，用以测定D型人格。经过多年的临床研究，Denollet发现压抑和疾病是一对"兄弟"。一个在40~70岁人群中进行的调查显示：正常人群中，D型人格的比例是19%；冠心病患者群中，D型人格的比例是27%；高血压患者群中，D型人格的比例是54%。该调查的结果还进一步表明了，D型人格所引发的社会和情感问题能够增加心脏病的发病机会。

人格特点是专业人员的研究手段，那么"情绪"本身呢？譬如，20世纪80年代进行的诸多大规模研究并没有找到A型性格与心血管疾病之间的确切联系。但人们还是达成了共识，那就是：忧虑、敌意和无望，这些情感确实有害于身体健康。就好像英国著名生理学家亨特（性情急躁，冠状动脉供血不足）曾经说过，自己将死在惹他真正动怒的人手里。一语成谶，在一次医学会议的争论中，他受到精神刺激，盛怒之下，心脏病突发，当场身亡。

诸葛亮气死周瑜、骂死王朗的故事人尽皆知。尽管罗贯中对故事的情节做了某种程度的夸张，但今日看来，这些事件也合乎病理生理学逻辑。周瑜本来心胸狭窄，嫉贤妒能，再加上赔了夫人又折兵的精神刺激，加速死亡自在情理之中。魏将王朗，年逾古稀，在"动脉粥样硬化"的基础上，经诸葛亮一骂，一时气愤摔下马来。这些事例说明，情绪应激、忧郁怨恨在一定情况下可导致人们生病甚至死亡。

★ 来心脏内科就医的患者存在的精神（心理）问题，通常分为以下几类：

（1）患者对自身病情不了解，所以担惊受怕。应该说，这一类患者有的是对疾病感到困惑和恐惧，通常问题解释清楚了，也就没事了。然而，在这种情况下，往往是医生使问题复杂化了，即所谓的"医源性疾病"或加重疾病的"医源性因素"。文章开头提及的两个病例就是这一问题的鲜明写照。但反之就会有相反的效果。有这样一位患者，在当地医院明确诊断为冠心病，医生告诉他要做冠状动脉旁路移植术（即搭桥手术）。他不清楚手术的具体操作方式，也不知道自己是不是能够耐受手术，又怕不做手术病情会继续加重，因此心情异常低落。后来经过医生详细地解释手术方式和可能的风险，他很快就打消了顾虑。医生的耐心解释和与患者充分、平等地沟通有时比先进的诊疗技术更重要。

（2）患者关注自身所患疾病和相关知识，阅读了大量资料，然而不能完全理解医学专业知识，反而受到误导，导致过度紧张。

（3）疾病（如长期患病或反复手术）给患者的心理造成了伤害。

（4）由心理打击引发的心血管疾病。例如，一位歌唱演员由于丈夫突然去世，精神上遭受了巨大打击使她患上了严重的高血压。

（5）家属对患者产生的影响也会给患者造成精神（心理）压力。我的门诊中就有这样一对母女，母亲比女儿的心理压力更大，孩子也在母亲的恐慌中受到了惊吓。这些年，我接诊了来自全国各地的室性早搏患者数百名，尤其一些儿童患者，孩子本人几乎都无自觉症状，体检时意外发现室性早搏，就被"戴上"心肌炎或后遗症的"帽子"，继而住院、免体[①]和休学。早搏出现在孩子身上，急在家长心上，独生子女一人有早搏，二代长辈心神不安宁，到处寻医求治，不但浪费大量医疗卫生资源，而且越看病越痛苦。

（6）由于共同的生理表现，患者因为单纯的精神（心理）症状来心内科就诊，如惊恐发作的常见症状为胸闷、胸痛、气急。

（7）患者确实有精神（心理）症状甚至疾病。毕竟，精神疾病患者也有可能同时有心脏病。

（8）不要忘记那些还躺在病床上的患者。他们由于身体状况的恶化和周围环境的突然改变而产生不适感是很难避免的。即使出院以后，当重新面对生活的时候，他们也往往需要鼓励和帮助。

2. 心脏科是双心医疗的主战场

随着当医生的时间推移，在大量的医疗实践中，我逐渐意识到来心脏科（心内科）就医的大量患者存在不同程度的精神（心理）问题，如焦虑、惊恐、抑郁……这使我清晰地认识到了身心全面健康的意义。我开始摸索作为一名心血管专科医生如何实现患者的身心全面健康，至今已经8个年头。

有人说，现在有精神（心理）专科医院，综合医院内部也有专门的科室。我也曾想，把在心脏科就医的有精神（心理）问题的患者转给这些机构或部门，问题也就解决了。但事实并非如此。

---

①免体：全名为免予执行《国家学生体质健康标准》。

（1）有时候，没有心脏病的人会来心内科就诊。譬如，无心血管危险因素和家族史的中年女性，在体检时发现心电图有 ST-T 改变，和（或）平时有胸痛、胸闷症状，按人之常情当然会首先考虑心脏问题。即使被转到精神、心理专科门诊或医院，那里的医生也难以针对心电图改变或室性早搏给患者一个满意的解释和结论。简单一句"你没有心脏病"往往不能消除患者的疑虑、紧张和恐惧。如果转诊，又将面临 2 个问题：

①患者不接受，反而认为医生是庸医，不负责任。

②精神（心理）专科门诊或医院也不敢接收，因为无法把握患者心脏健康的确切状态，担心造成重大医疗过错。此类情况真实地发生过：患者被心内科转到心理科，心理科不敢确诊又将患者转回心内科，于是患者站在医院楼道里不知所措，询问到底自己应该去哪个科室看病。

（2）有些患者由于疾病（如心肌梗死）的困扰和折磨导致自己不能乐观，甚至不能正确地面对生活。然而他们大多不愿在心内与精神（心理）两个科看病；精神（心理）科的医生也不清楚心肌梗死后患者应该达到的相关生理指标。我们来看一个病例，这种情况发生时精神（心理）科医生应如何解决？不假思索地把患者的精神（心理）问题摘出来，推给其他专业科室是不负责任的想法和做法。

病例 1 没有临床症状，心电图 ST-T 改变导致患者焦虑。

从某省来就诊的一位老奶奶，70 岁，有高血压，平时没有任何胸闷、胸痛症状，可胜任一般体力活动，偶然做了一次心电图发现 ST-T 改变，于是询问当地医生。医生回答："这说明有冠心病心肌缺血。"

老人家一听非常紧张，问医生冠心病都有什么症状。

医生耐心解释，并开具治疗冠心病的药物处方，嘱咐患者回去不要进行剧烈活动，以免发生心肌梗死和猝死。

患者回去后很听话，按时吃药，不敢剧烈活动，但逐渐出现胸闷、胸痛症状，于是更加不敢活动、不能干活，因为有胸痛症状，吃药也不见好，反复去医院看病，有的医生认为她的心绞痛症状不典型，排除了冠心病的诊断。老人家不信，问医生："没有冠心病怎么我的症状越来越重？我的心电图 ST-T 怎么会有改变？我肯定有很重的冠心病了，我是不是没有多长时间了？"最后老人家做了冠状动脉造影，结果显示病变仅是轻度，不超过 50%。

分析：对没有医学背景的患者来说，医生的诊断是具有权威性的，而且大多数人更容易接受"有病"的结论，因为会去医院看病的人不是身体确实难受，就是客观检查结果有异常。所以医生根据心电图报告中的异常直接诊断"心肌缺血"，患者马上欣然接受，并认为自己得了"心脏病"。

（3）来心内科就医的患者的精神（心理）症状大多为轻中度，患者数量大，现有的精神（心理）专业队伍的规模难以应对这种需求。

（4）面对心脏病患者，对其精神心理方面常见问题的第一识别人是心内科的医生。医护人员习惯于传统的单纯生物医学模式，对来诊患者的精神心理问题一是不关注，二是缺乏识别这些问题的基本知识和技能，造成了针对此类患者的识别率低。有人形象地形容心血管疾病患者的心理、情绪问题是"被现代医学遗忘的角落"。一位著名的报告文学作家在国内一家著名医学院校的附属医院住院多日，诊断不明，最终跳楼自杀。事后医生才恍然大悟，患者死于重度抑郁。

（5）单纯生物医学模式容易导致高成本、有创伤与风险技术的不恰当或过度使用。比如，对没有危险因素和家族史的中青年女性不恰当使用多排 CT 或冠状动脉造影，不但无益于诊治，而且放射线照射会给她们带来一些附加的癌症风险。

我坚持将双心医疗实践贯穿于临床，在实施和推广过程中，我们看到患者对医生和医院服务满意度有了明显的提高，不必要的检查与治疗明显减少了，节约了医疗卫生资源，医患关系更为和谐。很多参与双心服务的研究生和年轻医生感到一种心灵的震撼，感觉到或找到了选择医生职业的神圣之处。一旦有了这种氛围和模式，来院实习和学习的医学生、进修医生们都会受到潜移默化的影响，树立大健康的概念。

毕竟，对于心脏科年轻医师而言，补充必要的精神科专业知识并非多么困难的事情。例如，2006年人民军医出版社出版了《心脏病人精神卫生培训教程》；2008年北京科学技术出版社出版了《帮你的心减压——对心脏病患者心理问题的关注》，该书荣获第四届（2009年）北京市优秀科普作品奖优秀奖；中华医学会和北京医学会分别2次（2008和2010年）和1次（2010年）制作双心医学和医疗继续教育教材。

此外，双心不是形而上学。我们以双心门诊为例，它的真正成功在于形成一种日常操作模式，而非挂上一个牌子说这个时间段或这个诊室才是双心门诊。如果每个医生在日常出诊时都从患者的身心健康出发，按照患者的需要安排回访和必要时通过医院申请联合会诊，那么每个医生出的都是双心门诊。我希望的双心门诊就像当年我积极推广的介入技术一样，不是某家或某几家医院的特色，而是每家医院运营必须要有的。

事实上，心理疾患归根到底是一种个人认知与周围环境的交流障碍。因此，家人和社会的关爱与理解支持很重要。曾经有位患者因为早搏问题非常苦恼，甚至想到用自杀来解脱，但他的家人没有放弃，通过与医生的不断交流，让患者意识到家人始终站在他身边，疾病并没有什么可怕的，从而成功地纠正了患者的错误认知，改变了其对生活的态度。解决问题的关键是寻找心病背后的真实故事。

3. 新的探索和探讨

以上是我在2007年4月写下的感想。随着实践的延伸和深入，一些新的问题又引发了我的思考。这些问题在日常临床（门诊）工作中显露出来，使双心医学和医疗的全貌和线路更为清晰。

（1）关注患者的精神心理健康，首先要做称职的心脏科医生。

从"疾病的全貌"出发，以患者所患疾病为准，而非以医生个人的专业知识范围和水平为限。更简单地说，医生需要明确的是患者得了什么病，而不是自己知道几种病。

前文谈到了一位由于良性早搏卧床15年的教师和体验了小品中"卖拐效应"坐着轮椅的中年女性。最初我关注的只是他们行为能力的部分丧失源于心理作用，而非生理疾患，"心病还需心药医"，这也就是我提出双心医疗观的开端。渐渐地，我开始看清故事的全貌，回到原点，梳理来龙去脉。我们再来看一个病例。

病例2 肥厚型心肌病被误诊为"急性冠脉综合征"，导致患者焦虑并抑郁。

患者为一名73岁男性，发现心电图异常20余年，胸前导联广泛T波倒置，ST段下移，平素有间断胸闷症状，与活动无关，一直被诊断为冠心病，服用抗心肌缺血药物治疗，症状没有改善。他多次因为同样情况就医，每次都被留院观察或住院，最终被诊断为急性冠脉综合征，医生告知家属患者病危。

医生下了病危通知之后，才行冠状动脉CT，又做了冠状动脉造影（并无必要），结果均为阴性，在虚惊一场之后，终于排除了冠心病。

但医生对患者的心电图异常仍然没有结论，甚至就此在当地进行了全市病例大讨论。患者反复进行超声心动图检查没有发现异常，最后经核素心肌显像检查确诊为心尖部肥厚型心肌病。

由于疾病的折磨，诊断的变更，中途被宣判"死刑"然后又"绝处逢生"……患者心情的起落可想而知。患者忧虑、睡眠质量极差、情绪低落，觉得自己已经是一个废人了。

确诊后，为了了解肥厚型心肌病患者看了一些医学书，结论是"肥厚型心肌病最后多发展为心力衰竭，可能发生猝死"，于是他更紧张了。此后，患者仍有间断胸闷发作，几年后被建议再行冠状动脉造影，结果仍然是阴性。

经过仔细询问，医生发现患者对身体状况非常担忧，除胸闷症状外，还有睡眠障碍，食欲不振和轻生的念头。患者被诊断为焦虑、抑郁，胸闷是其焦虑和抑郁的一种躯体表现。通过在双心门诊的诊疗和一段时间的随访，患者胸闷症状明显减轻。

分析：这例误诊给了我们三点提示，一是医生读心电图的基本功不过硬；二是医生忽略了患者T波深倒置已经持续了20多年，而且临床特征持久不变；三是当遇到类似患者时，须先进行超声心动图检查，必要时再行冠状动脉CT或造影，超声科医生应注意看患者心尖部是否肥厚。

（2）如同高血压、糖尿病和肥胖，精神心理问题是心血管疾病的危险因素。

双心医学和医疗不是诊断心脏科患者的精神心理症（状），而是针对不良情绪可能给治疗和预后带来的负面影响进行干预。我一直在努力推广心血管危险因素的综合治理，就像心脏科医生在自己的诊室遇到伴有糖尿病的患者并不稀奇和监测住院患者的血糖一样，患者的情绪应激反应同样贯穿其所患心脏疾病的始终，需要得到干预和控制，以提升治疗效果和完善预后。

紧张是心血管疾病的危险因素。克服紧张可以提高机体免疫力，降低心血管疾病和其他慢性病的发病率，总而言之，可以重塑一个更健康的身体。

（3）我们一定要记住：医生面对的是"患病的人"，而不单是"被患的病"。

医生的工作究竟是"看病",还是"看病人"?我们太习惯于"看病"了,而忽略了得病的人。我时常想,流行病学或者基线调查中的发病率对患者有什么意义呢?他们有多在乎 100 个人里有多少人患上或者死于冠心病?对患者而言,他一个人就是 100%。

每个人都是不同的,所以每一个病例都存在差别。我们可以在书本上学习疾病的共性,而一旦面对患者就需要"活学活用"了,所谓"不合理"的叙述背后是有原因的。

心脏科医生关注疾病中存在的精神心理因素并非对患者的人格或者精神心理倾向做调查研究,而是在交谈的过程中,耐心倾听,对照自身扎实的专业知识和技能,对患者的情绪异常进行及时识别和干预。中国传统医学(中医)强调的"望、闻、问、切",充分体现了医生问诊时也要"用心"。来看下面的例子。

病例 3 一位学历很高的医生,一日清晨,在 CCU 看一位 38 岁陈旧性前壁心肌梗死男性患者的心电监护,发现患者夜间频发室早和短阵室性心动过速,因此推断患者晚上一定很难受。然而患者的回答是:"我夜间睡得很好。"

同一位医生又看到这位患者的超声心动图,发现左心室射血分数(LVEF)只有 35%,对患者说:"你的心功能很差,活动能力一定欠佳,上二层楼就心慌气短。"结果患者说他可以一口气上五层楼。

这两件事使患者对这位医生的信任大打折扣,不再找这位医生看病了。

分析:医生诊病,首先要问诊,绝不可把自己的主观臆断强加给患者,问诊时不要随便打断患者,不能诱导患者按照医生的思路(主观意愿)去描述,也不能不耐心,要倾听患者的主诉,因为病在患者身上。

①住冠心病监护治疗病房(CCU)的 38 岁前壁心肌梗死患者,夜间心电

监护常会见到室早和/或短阵非持续性室性心动过速，这些心律失常大多无症状，这位高学历的医生临床基础知识不扎实，反而把主观的错误推测强加给患者，认为患者会很难受。

②同样，这位前壁心肌梗死患者因有室壁瘤左室射血分数降低，与患者的症状、心功能分级并不匹配。这位高学历医生又因基本功不过硬，自认为患者不能上二楼。

③这位患者在此次查房后马上办理了出院手续，他感到医生不了解自己的感受，继续住下去不安全、不放心。

（4）医患交流时，医生要注重谈话技巧。

①医生在与患者交谈时，应该**避免**使用命令性口吻或直接、突兀地给出负面信息及在做出完全诊断之前透漏阶段性主观看法（病例2中，医生在进行相关检查前就下了病危通知）。例如，"别多问了""和你说了你也不懂""家属留下，患者出去""没有什么特别好的药""你怎么才来看病""你的病不好治""你的手术不好做""听你的还是听我的""你能自己走着来真厉害""没有发生脑卒中真是庆幸""随时可能有猝死的危险""你的心肌缺血面积太大了""血管病变太严重了"，等等。

②与患者及家属讨论治疗方案或向他们陈述检查结果时，**不要**带有主观倾向性和/或诱导性，**不要**夸大疾病或不良预后，即便是出于好意。

病例 4 患者为"广泛前壁心肌梗死恢复期"，自我感觉恢复良好，门诊复诊时做心电图，心电图室的一位年轻医生看完心电图后问患者："你是自己走来的？"

患者说："是。"

医生说："你的心电图都这样了，还能自己走来，真不错。"

患者一听就蒙了："我的病这么重吗，都不能走了吗？"

此后，该患者不敢外出活动，郁郁寡欢，逐渐出现胸闷、憋气症状。

病例5 患者是一位中年男性，剧烈运动后发生胸痛，心电图示 ST-T 改变，其"冠心病（劳力性心绞痛）"的诊断是明确的。药物治疗后，患者没有再发生心绞痛。给他看病的医生比较负责，认为患者应该做冠状动脉造影明确病变，并接受冠脉支架植入比较保险。而患者抗拒有创（即便是微创）治疗，希望维持原有的治疗方案，毕竟药物治疗后活动一切正常。于是医生对患者说："你还是赶快做冠状动脉造影吧，你的血管肯定有问题，如果不放支架，说不定哪天你还会心绞痛发作，也可能很快就会发生心肌梗死，随时都有猝死的风险。"患者听罢，晚上睡不着觉，也不上班了，四处看病。

分析：我们从中得到的经验教训是：欲使患者接受治疗建议，不是告诉患者不采用该治疗方案可能产生的最坏结局，而是应该客观、详细地比较不同治疗方案的优缺点和不同疗效。

③避免采取"宁可信其有，不可信其无"的策略，减少医疗资源浪费。

病例6 患者因为"阵发性胸闷"做心电图，结果显示胸前导联 ST-T 改变，被当地医生诊断为"慢性冠状动脉供血不足"。医生对患者说，"这么多导联都有问题，你的心肌缺血很严重，小心点，随时都可能心肌梗死和猝死，千万不要过多活动。"此后，患者虽然天天吃药，但胸闷症状未缓解，只好四处求医。来到北京大学人民医院后，患者坚决要求全面检查，结果运动试验阴性、冠状动脉造影阴性，排除了冠心病；心脏超声正常，排除了结构性心脏病；又排除了肺部疾病。患者松了一口气，可随后仍然担心："我们那儿的医生说我心肌缺血很严重，是不是还有什么没查到啊？"

病例7 患者没有明显不适，但在体检时发现有早搏，再做动态心电图提示频发室早。医生告诉患者："这么多室早太危险了，一定得治疗，否则有猝死的危险。"结果，患者住院治疗，用了很多药物，室早没有减少多少，但心悸、胸闷症状逐渐加重。患者因担心猝死，夜间不敢睡觉，频繁到医院做24小时动态心电图（Holter心电图），每天都摸脉搏关注自己的室早是多了还是少了。

4. 临床与科研

由于文字限制，我没有描述国内外包括我和我的团队进行的流行病学或基线调查以及获得的数据，例如，"一项最新调查显示，综合医院神经科、心血管科、消化科门诊患者中20%~25%出现抑郁、焦虑症状，这些患者再由精神科医生测评有39%~73%患有抑郁症和/或焦虑症"，而是希望把更多的笔墨放在对患者干预的科研和临床路径的探索上。

（1）垂杨柳医院对2008~2009年住院的200例慢性心力衰竭患者由本院心理科医生进行专业测评发现，抑郁的发生率为57.5%；对200例急性冠脉综合征患者进行测评发现有127例患者合并抑郁障碍，对住院时未伴有抑郁的患者在随后3个月的随访中发现有8名患者出现轻度抑郁。对最终入组的185例急性冠脉综合征患者[15例患者由于汉密尔顿抑郁量表评分（7≤评分<17，可疑抑郁）没有入组]的炎症因子测定发现，在校正年龄、性别、吸烟、饮酒、BMI、合并疾病（糖尿病、脑卒中、血脂异常、高血压）影响因素后，抑郁组CRP、IL-6、TNF-α显著高于非抑郁组（P=0.03、0.031、0.000），提示CRP、IL-6、TNF-α等炎症因子在ACS患者发生抑郁过程中可能发挥着重要作用，其水平升高者并发抑郁的可能性大，并且可能是导致不良预后的主要原因。

对127例急性冠脉综合征合并抑郁障碍的患者除药物治疗及运动康复外，给予如下心理干预：

①住院期间由本院心理科医师对患者进行每周2~3次的支持性和认知心

理治疗；对患者及家属进行心理方面的宣教，告知应对情绪障碍患者的合理方式；针对患者和家属关于情绪方面的困惑和问题，给予解释和帮助。

②责任护士针对患者的情绪特点进行针对性护理。

③心血管专科医生对患者进行心血管疾病宣教。

④对中度以上的情绪障碍患者在精神心理治疗基础上，给予抗抑郁药物治疗。

⑤患者出院后，由社区医生进行定期随访，出现任何负性生活事件均在双心门诊就诊。治疗3个月后，结果显示抑郁组患者汉密尔顿抑郁量表（HAMD）评分较前明显下降，抑郁障碍较前明显改善。而且，CRP、IL-6、TNF-α等炎症因子水平也较前明显下降，与非抑郁组无统计学意义。

（2）对慢性心力衰竭合并抑郁患者进行包括心理干预、运动康复、社区医疗监管在内的综合心脏康复后发现，康复治疗组82%的抑郁患者情绪障碍消失，血浆脑利尿钠肽（BNP）浓度明显低于对照组，6分钟步行距离明显多于对照组，心功能分级的改善明显优于对照组，康复组左室射血分数（LVEF）改善也明显高于对照组，两者比较差异有统计学意义。治疗组患者躯体功能及生活质量都有明显提高。**提示**："关注患者全面身心健康"是改善疾病预后和心脏康复的重要环节。

在心脏康复过程中，改善患者的精神卫生状况包括以下内容：

①及时提供有关疾病及治疗的知识，引导患者正确认识疾病及治疗。与已有的一些研究的结论"老年住院患者文化程度低者抑郁发生率高于文化程度高者"相左，在调查研究了127例急性冠脉综合征合并抑郁患者的文化程度后发现，文化程度高者抑郁发生率高于文化程度低者，校正年龄、性别、吸烟、饮酒、BMI、合并疾病（糖尿病、脑卒中、血脂异常、高血压）等影响因素后，汉密尔顿抑郁量表（HAMD）评分随着文化程度的增高而增加（P=0.000）。考虑可能原因是文化程度高者比较关注疾病的预后，担心疾病有

可能产生的种种不良后果，尤其像急性冠脉综合征这种威胁生命的疾病，因此心理负担较重；并且，文化程度高者愿意自行了解疾病的预后，而在没有专业人员指导下易对疾病产生不解、误解和恐惧。相反，文化程度低者对疾病的考虑相对简单，心理压力也就小。目前随着社会知识层次的提高，患者对健康知识的需求越来越高，并发焦虑、抑郁的可能性就越大，因此，心脏科医生除每日查房为患者解释所患疾病及治疗外，还应为患者及家属定期开办健康教育班，使其更清晰地了解疾病的特点、治疗、预防等知识，减少患者对疾病的恐惧感。

②提高患者对情绪障碍的认识能力，用针对性的方法引导积极情绪，帮助他们用积极的态度改善情绪障碍，增强心理适应能力。绝大部分患者和家属不能识别情绪障碍，有时抑郁或焦虑所引起的不适症状易被理解为心血管疾病的加重，从而再次加重患者的精神心理负担，由此形成恶性循环，导致心血管疾病预后不良。心脏科医生不但要及时发现患者的情绪障碍，还应该及时告知并给予疏导，使患者正确理解和面对疾病；对伴有重度精神心理障碍的患者要与精神科医生配合，共同制订诊疗方案。

③针对焦虑、抑郁等负性情绪的不同程度和个体差异，分别进行松弛训练、自我表述训练、放松技巧的使用，让患者能有效表达自己的情感和情绪反应，很好地宣泄和减缓压力。

④社会支持系统从家庭成员、亲朋好友到医护人员、病友等给予患者广泛的社会支持。定期开展包括家属在内的有关心血管疾病及精神卫生知识的健康教育，指导家属及早发现患者的异常情绪变化，给予支持，并及时反馈给临床医生，以便及早对患者进行干预。曾有一位慢性心力衰竭患者在家中表达了不想活下去的意愿，家人十分重视，及时联系了心脏科医生。医生经过评定发现这是一位重度抑郁患者，有自杀倾向，及时给予了抗抑郁治疗后患者病情好转。

⑤对有明显的焦虑、抑郁症状的冠心病患者进行相应药物治疗。

（3）对社区医生进行"双心医学"方面的宣传和教育。患者出院后，大部分的康复时间是在社区度过，社区医生在患者的康复及随诊管理中起着重要作用，因此在社区医生中普及相关知识（理论和实践）非常重要。社区医生需要了解怎样从病史采集中及早发现患者的情绪障碍，并及时干预或转诊，以避免不良事件的发生。

再来看一个病例，这种现象在心脏内、外科的日常临床实践中都不少见。

病例 8 患者是一名77岁女性。

主诉：住院期间夜间发作意识混乱。

现病史：患者因急性非ST段抬高心肌梗死入住心内科监护室，平素精神状态正常，思维清晰，问答合理，查体合作。白天精神状态正常，夜间出现入睡困难，烦躁不安，意识混乱，不能识别自己的处境，不能识别医生和家人，不配合治疗，问答不合理，查体不合作，但没有肢体障碍，无晕厥、昏迷和生命体征变化。给予苯二氮䓬类药物治疗一般不能缓解。白天可自然缓解。

讨论：Ⅰ.患者的症状是什么？Ⅱ.给予什么治疗措施？Ⅲ.不干预是否存在潜在危险？Ⅳ.能否对此类情况进行预判？Ⅴ.此类现象是否为促进心脏病复发的独立危险因素？Ⅵ.此类现象的改善是否可以并入二级预防体系？

5. 2010年阶段性总结：关于双心医疗的4点强调和3点明确

★ **4点强调**

①在心脏科内部培养双心医护人员，专人专项负责。

②总结和制订切实可行的临床路径。

③将双心医学的科研重点转向对患者情绪障碍的**干预**及其**效果**。

④重新明确医疗行业"为人民服务"的出发点和立足点。

★ 3 点明确

①双心医疗不是在心脏科筛查精神病患者和试图纠正患者的性格，而是针对心脏器质性病变、有创/微创治疗或者疑似心脏病的症状所引起的情绪波动和障碍进行干预，以求提高治疗效果和改善预后。

即便是由情绪变化引起的器质性病变，治疗的起点也是"被引起的"器质性病变。

另外，我们在临床工作中必须要避免的是将患者"被心脏病"。当此类情况发生时，患者的情绪向负面转变是必然的。

②来心脏科就医的患者的情绪变化并非独立存在，它们源于心脏疾病、症状或者是其成因，倘若得不到妥善干预，将在整个病程中发挥负面作用。

假如单纯将患者情绪方面的问题归于院内心理科或者转诊给精神专科医院，那么就会出现由于两个专业的医生对症状的理解不同，你看你的，我看我的，各自有各自的出发点和侧重点，导致患者的不理解，引发患者对医疗水平的质疑，更严重的是对病情的延误，甚至会危及生命。

双心医疗要求心脏科医护人员在日常医疗实践中具备必要的和必需的相关意识和判断能力（无论是出于经验还是书本），继而规范言行和在必要时予以干预（包括寻求外援）。事实上，对疾病和患者特异性的清楚认知反映了医护人员（尤其是医生）的专业技能水平，同时也体现了白衣天使们对工作的态度。

③双心医疗绝非学业不精的借口。

心血管界在 25 年间有了巨大的进步，如先进技术逐渐成熟、精益求精和普遍应用，学科不断纵深发展……但是，我们是否曾经停下来想一想，医生的使命究竟是什么？我们日复一日努力探索，不光是为了治病，更是为了救人。我们最终要面对的是患病的人，世界上没有完全相同的两个人，也就没有完全相同的两个病例。

对生物技术的盲目崇拜和对学历的盲目追求，以及以经济效益为导向，致使医务工作者临床经验的积累被忽视，"只知有心血管病变，忽略了疾病的全貌，忘记了患病的人"，学科发展到今天，确实需要我们反思。

必须强调，双心医疗是对医生专业能力提出的更高要求，绝不是医生学艺不精时的权宜之计。

6. 后人不忘前人之师

在这篇文章的最后，也是最显眼的位置，我感谢许玉韵、邵耕和王静毅三位前辈给予的支持，从 2005 年开始，他们一直陪伴着双心医学的学科建设。年轻人应该向老一辈人学习的是他们对生命的尊重，对人的尊重，这是双心医学和医疗的起点。不要盲目地崇拜冷冰冰的机器，不要不负责任地说"老人们的年代没有先进的诊疗技术，他们的方式方法过时了"。"视、触、扣、听""望、闻、问、切""将心比心"永远不会过时，是一切医疗科技手段得以正确使用的基础。那种"一招鲜，吃遍天"的唯技术主义是医生和医院对民众和社会不负责任的体现。更何况，前辈们花费了几十年与患者和疾病打交道，将见到过的病例存储在大脑里，并随着医学理论的发展和科技的更新加以再分析、补充、调整和修正。

医务工作者用"心"去诊治患者的"心"，这就是我给双心医疗的又一个解释。我们的工作是帮助不适合生存的人变得适合生存。

二十六
21年长城会对中国心血管学科建设的影响

张守彦　高文根

1. 面对基层，构筑学术平台

长城是我国古代最有效的军事防御体系，为抵御外族入侵发挥了巨大的作用。其实，这就是当初胡大一老师为大会取名"长城"的原因和用心——建立心血管系统的全面防线，建立保护人类心脏的长城。

"长城会"是"长城国际心脏病学会议"的简称，"长城会"叫得顺口，除了有特别需要，就不太提那个冗长拗口的全称了。自1990年的第一届会议召开，长城会已经度过了数十个年头，年年如约而至、风雨无阻，经历了起始、发展和壮大三个阶段，已从技术培训、心血管学科大会发展成心血管与交叉学科和边缘学科的学术盛会。创办长城会的初衷是促进学科建设和向基层医务工作者普及、传授医学专业知识和技能。

长城会坚持"学术、开放、引领、传播、服务"的方针，高举"公益、预防、规范、创新"的旗帜，与美国心脏病学会（ACC）、欧洲心脏病学会（ESC）、亚太心脏联盟（APHA）、世界心脏病联盟（WHF）、国际心血管药物治疗学会（ISCP）、欧洲高血压学会（ESH）、日本循环器学会（JCS）等国际最具学术影响力的医学组织和团体展开广泛而紧密的合作和交流，联合万余名来自全国各地各级医院心血管科及相关专业的知名专家、学者，深入交流、广泛探讨，培养专业人才，推出杰出人物，与世界交融、共同发展。如今的长城会，集国际合作、知识推广、专业培训、学术交流、交叉研究于一体，勇于承担并重点推进心血管疾病预防、健康促进和健康教育这一全球化的战略使命，与国内国际顶级学术组织和团体一起，强化医学研究和疾病控制，共同推动世界心脏病学的发展。

2. 播火记

第一届长城会是纯技术培训班，主要是心脏电生理和心律失常的射频消融培训，参加人数不足 100。后来从第二届到第五届，逐渐增加了经皮二尖瓣狭窄球囊扩张成形术、右心导管术、冠脉造影和经皮冠状动脉球囊成形术的培训等，参会人数逐渐增加到 1000，会议的主要内容仍然限于心血管介入技术的交流和应用。五届长城会之后，全国迎来了心血管介入时代。

在那个技术封锁的年代，大家信奉的是"教会徒弟，饿死师傅"的教条，胡老师却义无反顾地开始了他最初的"传教"之路，我们戏称"播火记"，就是排除艰难、削平门槛、普及技术，以射频消融、冠状动脉介入治疗与冠状动脉旁路移植术三大技术为着力点，培养大批技术骨干和学科带头人，实现地市级医院介入治疗的推广与发展，留下不走的医疗队。

这在当时无疑是件费力不讨好的事儿，事实上还得挨骂，但是我们却是受益者。我们这些年龄在 40~50 岁的心血管专科医生，很多人实实在在地在这次医疗技术生产力的解放中实现了自己人生的蜕变，最关键的是这次生产力的解放导致我们的立足点发生了质的变化，令我们有机会接触到医学殿堂中全新的、以前认为是高不可攀的领域。

所以长城会的出现有其深刻的现实意义，它树立起了一面学术旗帜、搭建了一个铲除层级与歧视的学术平台。也正因为这样，长城会并不是全部，而是每一年大家在辛勤耕耘之后的交流与总结和对来年的展望和规划，更具体和更实际的工作是要在 365 天中的其他日子去完成的。在每年招收和培养名额极度有限的研究生和进修生之外，我们团队更多的工作是抛开大医院的优越条件，直接到有实际需要的地方去完成的。平顶山、沧州、临沂、十堰、攀枝花、南通……在很多地方，我们也留下了自己辛勤耕耘的回忆。

3. 学科的全面建设和规范

之后的长城会不但进一步关注心血管病先进诊疗技术的推广和应用，而且还注重覆盖心血管病学学科的各个领域和确立、推广科学的医疗模式。在技术普及初见成效的基础上，胡大一老师提出了技术与人的结合，提倡"关爱生命，以人为本"，要求医务人员在治疗方案的选择上必须从患者和疾病的实际出发，指出先进诊疗技术的价值在于可以给患病的人带回生命和生活的希望，而非可能给医院和医务人员带来业绩、效益和名声的现实。

年复一年，长城会渐渐成为亚太地区规模最大、涉及学科最齐全、最具影响力的心血管病学综合性学术盛会之一。2010年的长城会参加人数是12000人，也吸引了来自世界30多个国家和地区约300名专家进行高质量的学术交流。

然而，我们说"长城会发展壮大了"却是从另外一个角度出发的。一个学科不断产生分支学科，不断向纵深发展，越来越精细、越来越尖端，但是我们对患者和疾病的综合把握反而越来越恍惚。而长城会的存在，我们认为，又在心血管病学发展的这一拐点上证明了其现实意义：为学术研究的不断细化提供了无限纵深的长度，也为实现"大医学"的共荣创造了可能，更为前赴后继的芸芸学子展现了更加高远的天空。

在学科的细分方面，长城会永远在追赶医学界的"时尚"，永远是紧跟国际步伐，甚至引领国际步伐。国际和国内的最新证据、最新技术、最新研究、最新动向……长城会是不会漏掉的。

长城会同样没有漏掉的是临床工作的基础，在诊治过程中各个环节和细节的联合和规范。长城会不再是单一的技术推广会了，也不再是心血管专科医生独享的盛宴了，在这个学术大舞台上云集了心血管科、内分泌科、神经科、急诊科、呼吸科、肾脏科、血管外科、精神科和社区的医学界同仁们，大家共同参与和交流。在疾病防治的理念上，也从先前的以治病作为重点发展到现在的以防病作为重点。医疗工作者应视患者的健康为一个整体，改变"头痛医头，脚痛医脚"和"铁路警察各管一段"的医疗模式，给人们提供"一生所需的连续不断（涵盖预防、治疗和康复）、系统综合的医疗服务"。十年开放技术，在医疗技术足以将人们从生死一线挽回的今天，我们在牢记那些冷冰冰的器械和技术之余，应该更多地牢记"关爱健康，珍惜生命""全面综合的医疗服务"的含义。

还是那句话，长城会的意义不在于开会的那几天，而在于通过那几天我们获得的助益和将其用于临床工作。"规范使用技术，杜绝过度医疗"不仅是长城会的立会宗旨之一，更是提示我们要警钟长鸣。我不知道有多少人和我有同样的感受——现在的我们太依赖高科技了，不如以前的老师和前辈们会看病了。有一次某省的心血管年会邀请胡老师讲课，会议日程上的第一个题目是"挑战左主干介入治疗"。于是，胡老师很严肃地说："不是挑战，应该是规范左主干介入治疗，左主干冠状动脉搭桥治疗的长期预后优于介入治疗。"和前面医生"勇于挑战"的勇气相比，我们应该如何评价接下来的医生呢？在一次心血管病学研究生的毕业答辩会上，无论评审专家提出的问题是什么，受试者竟然给出了下面的回答："现在谁还用听诊器呀？"这个答案并不可笑，我认为很可怕。针对目前一些医生醉心于"一招鲜，吃遍天"的职业梦想，尤其是年轻医生毕业后没有经过大内科和心血管专科基本功的训练，就直接天天操练技术，胡老师在2005年的长城会上做了题为"介入医生，把根留住"的报告，号召年轻医生首先要掌握好基本功，比如查体、听诊、读心电图和超声心动图。在那次长城会上，胡老师还提出了"回归临床、回归大内科、回归基本功"的理念。

4. 回归原点，展望未来

时代在不断前进，和胡大一老师刚刚创办长城会的最初几年不同，现在的心血管科医生（无论内科还是外科）获得参加学术会议的机会（无论是国内的还是国际的）已经没什么好大惊小怪的了。我们每年都面对各地、各单位主办的铺天盖地的学术会议，而哪个会议上究竟去了多少人也成了大家津津乐道的话题，并进一步预测下一场热门大会的参加人数。我听到很多人评价：会一年比一年多，资源就这么多，包括参会医生和经费。去年长城会没开之前，我们还在讨论"不知道今年的情况怎么样，上一场热门单位主办的热门会议去了7000多人，长城会应该会受影响了吧""会议的密集度太高了，咱们今年估计没有他们人多"。而当最终结果出现的时候，我们兴奋地互相通报，今年参加长城会的人数突破了10000，也创下了长城会的历史纪录。

毋庸置疑，长城会是成功的。但是，有一个人对此表示了质疑。在一次长城会期间我抓住难得的机会与老师交流的时候，胡大一老师对21年来取得的成绩做了肯定，同时提出了需要解决的问题：

第一，参会医生的人员构成问题。在我们这些大城市、大医院或者高级别的医生由于每年可选择的学术会议太多而多少有些烦恼的时候，那些乡镇医生、卫生所的医生可以从哪里获取这样的机会？有一年，光是新闻报道出来的基层医生为了评职称出现的学术造假就有不少例。而电视里给出的统一理由就是这些医生没有机会接触学术研究的进展与进步。长城会虽然从2002年起就开辟了"社区论坛"，然而由于人员联系网络的限制，只能作为样板，并不能解决实际问题。

第二，长城会的"一过性"问题。胡老师强调，长城会不是目的，而是方式、方法，是为大家提供一个互通有无的学术交流平台；长城会不是秀场，单纯为大家提供进行展示的舞台，而是希望科学、先进、可推广的医学成就和理念可以通过先行者的介绍和讲解得以大面积普及，切实将先进的科学用于日常生产、转化为生产力；所以长城会不是节点，而是新工作、新发展、新规划的起点。应该在平时的日子里留住长城会，当有人需要索引进行参考或者获得帮助的时候，可以找到清晰的方向。

胡老师说，他认为与网络结合也许可以解决这些实际问题。因为通过网络，只要在有电脑的地方就可以接收到会议内容；而大会内容也可以留在网络上，不至于课讲完了就找不到老师了、会场撤了任务就"完成"了。当然，胡老师也坦诚地说，网络的事情他不懂，把长城会这么大规模的综合性会议一下子搬到网络上也不现实，但可以把某一个或几个论坛作为试点；也希望大家不要抱住固有的程式不撒手，可以多为长城会今后的发展和变革方向献计献策，并勇于尝试。

二十七
我为什么发起医生志愿者服务？

▇ 胡大一医生和北京市志愿服务联合会郭新保秘书长谈话纪要（2011年2月24日）

1965年，我考入北京医学院医疗系，那一届的北医新生中，我的分数是最高的。同年，毛主席作出了"将医疗卫生工作重点放到农村去"的指示。我响应号召，到了农村，开始了从广阔的西藏阿里到河西走廊的千里戈壁，从贫瘠的河北宽城山区到北京密云的基层工作，历时13年。我在公社卫生院、大队卫生所工作过，和乡村医生睡一个炕、吃一锅饭。所有这些令我更清醒地意识到，我国的医疗卫生事业不能忘记和忽略两个群体：基层（广大农村地区，尤其贫困地区）患者和基层医务工作者。

我认为"志愿服务"可以其一帮助医疗资源落后地区的患者解决现存问题；其二培养当地医务工作者，从根本上缓解医疗资源分配不均的局面；其三宣传医学健康科普知识，帮助当地居民加强识别疾病和自救的能力。

实际上，做志愿者可以说是我们母子两代人的心愿。我母亲现在95岁，当了一辈子妇产科医生，现在还在社区工作，一大早到社区卫生站出门诊，每周工作6天，休息1天。我到她的门诊去过几次，来看病的患者真多，更难得的是她每天都有这么多患者。来她门诊的患者各个年龄段都有，最小的也就20多岁。我不明白年轻人为什么也喜欢找老太太看病，她们说我母亲对患者热心，也真心实意，开出的处方实惠有效。河南的一家报纸报道说："她是最老的青年志愿者。"

1. 基层磨砺与西部情结

我过去对志愿服务并没有什么认识。不过，我有着深深的西部情结，对农村、对基层有着深厚的感情。这和我的成长过程有关。

我读着毛主席的"六二六指示"走进了北京医学院，也就是现在的北京大学医学部。当年的合作医疗和赤脚医生政策是一个创举，在当时我们这个大国家、穷国家，用相对较少的费用解决了农村大多数人的医疗保障，实现了医疗的基本公平。在入学教育中，我的老师们都是用在农村的亲身经历和见闻的实际情况对我们进行教育的。

"文化大革命"后期，我开始从事医疗这项工作。当时周总理选派了四支医疗队，第一支是阿里医疗队，第二支是西双版纳医疗队，第三支是河西走廊医疗队，第四支是延安医疗队。我参加了两支。一支是河西走廊医疗队，几乎全部是步行拉练，走完了河西走廊全程。一支是阿里医疗队。阿里当时被称为"屋脊的屋脊，雪域的雪域，高原的高原"。在阿里，我领悟了毛主席讲的"一不怕苦，二不怕死"精神，并领会到了"五个最"精神（最能吃苦、最能忍耐、最能奉献、最能团结、最能战斗）。这是当年支援阿里的解放军和医疗队的精神支柱。去年《人民日报》的一篇文章，又将这"五个最"重新提了一遍。这让我感到很亲切。

我上学期间，一直都是在农村和生产大队、生产队里培养赤脚医生，建设合作医疗站，在自己身上针灸，也体会了"敌百虫"的驱蛔虫效果。因为当时没有驱蛔虫药，吃到头晕了就知道剂量大了。我们经常背着药篓子上山采药，那时候我能认识120多种中草药。建合作医疗站，搭个塑料棚子就能做计划生育、剖宫产、阑尾炎、疝气手术。夜里还背着药箱翻山越岭去老乡家看病。在那样的条件下，没有出现感染的病例。那个时候没有冠心病，大多是一些胆道蛔虫病、敌敌畏中毒、中毒性痢疾等。再就是风湿性瓣膜病、心力衰竭、哮喘、老寒腿等。回到大城市后，我埋头做了很多年的研究，没有再到乡下去。后来再下乡，我发现农村的医疗卫生机构没有了，只剩下破屋子，检验科、放射科只剩门牌，设备都没有了。我认为从医疗建设的持续性发展考虑，这种状况让人很揪心。

2. 令人震撼的"百科全书"

2003年之前我一直在做心血管疾病救治的相关工作，譬如心肌梗死的救治、射频消融根治快速型心律失常等，从2002年开始关注先天性心脏病（先心病）。因为技术发展突飞猛进，过去不可能解决的、疑难的问题现在能解决了。原来需要做开胸手术的疾病，可以通过介入，不开刀就可以治疗。当时，我在北大人民医院和北京同仁医院开设了两个先天性心脏病门诊。然而，2002年整整一年，接诊了不到10个患者。中国400万先天性心脏病患者在哪儿呢？为什么大医院挂了牌子没有人来看病呢？

2003年严重急性呼吸综合征（SARS）之后，安徽太和县中医院李福同院长邀我去谈谈医院怎么发展，能不能帮他们培养人才。我跟李院长说："我在北京看不到先心病患者，你们那里先心病患者分布状况是怎样的？"2004年"五一"长假，我带领一个医疗队去义诊，通过太和县中医院的宣传，7天来了400多人。边红有感而发："胡老师，我这7天看到了中国先天性心脏病的百科全书，也看到了中国医疗卫生状况的百科全书，这是在北京从来没见过的，非常让人震撼。"

我理解她的意思。第一，医生和群众都缺乏基本的知识，本来在孩子几岁时可以根治的病拖成了不治之症。治疗先心病，3岁能根治、13岁变难治、30岁成不治。很多人走进了"不治之症"的行列。第二，这些孩子里面很少有到北京等大城市治病的，因为"钱"。"五一"的时候还不是很暖和，外面地上睡了一地的孩子，他们连最便宜的旅店都住不起。有一个故事像《红灯记》里的情节一样，一个孩子的父母去世了，照顾他的是一个邻居老奶奶，而这个老奶奶本身也很贫困，别说是上北京治病，能养活这个孩子就已经很勉强了。第三，我们遇到了从未遇到过的纯粹的无知。一个孩子由于先天缺陷，血液里感染了细菌形成了败血症，这个孩子的父亲还是一个乡镇的副镇长，居然给这个孩子找了个女孩结婚去冲喜！这确实超出了我们所有人的想象。

亲眼所见和亲身经历，使得大家意识到在办公室之外、在大医院的高墙之外、在大城市之外，还有如此庞大的一群人，他们是多么需要帮助，又是多么无助！医生的社会责任和使命、人生价值和职业价值，值得所有医务工作者深思。

3. 不能"隔岸观火"，毅然发起"爱心工程"

我们的医生研究技术、学习技术、掌握技术，成为专家了，可在城里一年也等不到几个患者；然而，在疾病高发地区，7天看400多个。总结起来，我把这叫"隔岸观火"：河的一岸是先进的技术突飞猛进，很精彩；另一岸是众多等待救治的患者遥不可及，很无奈。技术不能应用于需要治疗的患者，就没有价值。患者总是被高速发展的科技远远地抛在后面，我感觉很悲哀，更谈不上公平。因此我决定发动大城市大医院的专家们到农村、到基层、到西部去发现患者。

2004年"五一"假期在太和义诊之后，我立即开始组织"爱心志愿服务队"，发起"爱心工程"。我只有一个想法，通过"爱心工程"这样一个活动，完成三项任务：

一是走下去，进行筛查，就近就地救治。

二是做加减法。

三是培训，留下不走的医疗队。

那时候是"民间探索"，不知道你们这个组织（北京市志愿服务联合会），也不知道怎么找中国红十字会，就自己探索着做了。做这个事情特别受基层的欢迎。

（1）就近就地救治患者：先心病患者的家庭"因病致贫，因病返贫"的原因多种多样，但是大量先心病患者因没钱去不了大医院是事实，需要就近就地治疗。不只是先心病，急性心肌梗死的患者呢？和田的患者发作急性心肌梗死，别说来不了北京（钱再多也来不了），去乌鲁木齐都不赶趟儿，因为时间不允许。所以说"穷人来不了，富人来不及。慢病呢，又不值得来"。（看）高血压来北京干吗呢？（在）当地就完全可以解决。然而，我们在辽宁阜新农村地区进行的"高血压流行趋势及低成本综合干预预防脑卒中研究"提示，我国一些地方的医疗水平没能解决高血压的问题。所以医疗服务一定要"沉"下去，就近就地治疗。

（2）做加减法：我提倡做"加减法"。什么是加减法？

首先是"减法"，即就近就地治疗，方便群众、减少费用。尽管大病有报销额度，可是先不说大城市的大医院（检查、治疗项目等）的定价高，仅家属带着孩子，几个人的路费加上食宿费用，这些钱花得就"冤枉"，或者干脆又成了看病之前必须解决的难题。

其次是"加法"，就是让更多的孩子得到治疗。我们可以从零星做起，整合各个方面的力量去支持，比如企业可以支持医疗器具，也可以支持医疗费用；发动社会上的各种资源，组织爱心基金。可怜天下父母心，还孩子健康的心脏。

（3）留下不走的医疗队：当年周总理选派四支医疗队的时候，千叮咛万嘱咐："最重要的就是留下不走的医疗队。"当年，很多专家都下过乡，但待上一段时间就走了，包括我自己在内。所以，我理解最关键的是要给当地留下人才、留下技术、留下科学先进的管理和运行模式，才能真正切实地留下不走的医疗队。基层需要这些。

只有就近就地治疗，才能让基层医生跟着摸爬滚打。我就不信基层医生学不会，关键是他们没有机会学。我们手把手地教，一年不行两年，两年不行三年，他们肯定能学会的！这是我当医生以及在北大当老师这么多年的经验。笨到啥都学不会的人考不上医学院，关键是给不给他们机会。基层医生就是要把解决人民最常见疾苦的诊治技巧和技术练到手、记在心。

（4）开设健康大讲堂，送温暖送健康：后来我们在义诊的基础上又开设了健康大讲堂，给公众讲健康和疾病预防知识，倡导健康文明的生活方式，"送健康，送温暖"，让健康走进千家万户。你看在农村和基层，如新疆和田和安徽太和县，"穷病"和"富病"出现交集，诸如瓣膜病、先心病之类的"穷病"，在城里看不见的在基层有很多，同时冠心病、糖尿病、高血压甚至肥胖这种"富病"也很常见。健康大讲堂活动非常受公众欢迎，每次在一个大影院或大会堂举办都座无虚席。由此看得出来大家对健康的渴望。

（5）爱心工程已形成特色：2007年，我们向中国红十字会汇报了"爱心工程"这件事情。时任会长彭佩云同志听了之后立即说"非常好"，还当场给了批示。之后她和卫生部马晓伟副部长都出席了"爱心工程"成立大会。当时中国红十字会说不能为胡大一一个人弄个爱心工程。我想很多人也都可以当志愿者，所以在北大人民医院举行的成立大会上就取了"中国红十字会爱心工程——胡大一志愿服务队"这个名字。我们每一次活动都有旗帜，有"百字宣言"，有授旗仪式。这个"百字宣言"有"以公益之心""走长征路""进社区下农村"这样的内容。

现在好多医院和基金都在做先心病的救治。爱心感动了政府，国务院批复了关于先心病救治经费的报告。但我们的"爱心工程"是有特色的，和其他项目有很大区别。目前，先心病救助项目的基本做法是把患者"送上来"，在大城市的（定点）大医院做治疗。我们这个服务队的最大优势在于"走出去"，就近就地救治患者（对患者的诊断是无偿的，治疗时才涉及减免费用问题），并且在当地培养医生。截至目前，已经开展了70余场爱心活动，做了19.9万例先心病的筛查、6120例手术。前几天给中国红十字总会汇报的时候，他们说，爱心活动这么多，要统一。我也特别阐述了我们与别人的不同之处，提出了是不是更应该提倡这种做法等问题。这就是我从先心病救治开始做志愿者的过程。

4. 打破垄断，做强基层

刚才已提到了我们在救治患者的同时，也在积极培养基层医务人员。为什么一定要打破每个人都认为省事的"统一"？原因是行医多年，我对咱们国家的医疗现状有"焦虑感"。大量的优势医疗资源集中在大城市大医院。更不可思议的是，在大城市也是由某几家医院高度垄断。我前面说我们2002年一年才等来不到10位患者，但有些心血管的专科医院是不愁病源的。归属高的重点医院楼越盖越高，床位越加越多，"锅碗瓢盆"通"吃"，疑难杂症"吃"，常见病也"吃"，发烧感冒都"吃"，复杂手术做，成熟技术还不放过。那么基层和全科如何发展？

再来看医院的管理机制。医院比毛收入，科室比放支架、做搭桥的数量。这些技术很好，却不是解决人们健康问题的根本途径。就以北京为例，这么多的大医院，做先心病的寥寥无几；可是别说大医院，就是县级医院，几乎都在做支架植入，"支架一响黄金万两"，像千军万马过独木桥，都在抢着做支架植入。我和几家医院谈过做先心病（的治疗），那时候有的院长问我："这能挣钱吗？"我们是否太执着于自己能做什么、愿意做什么，而太久没有考虑患者需要我们做什么了？

强调健康公平可及、医疗服务公平，就一定要做强基层。基层不强，就永远无法公平，看病难的问题也解决不了。我认为一定要在基层形成网络。基层医院最大的问题是在获取信息和机会方面比较闭塞导致专业人员的资质欠缺。建医院不难，买设备也不难。就拿和田来说，北京、天津都在支持，硬件设施配套不是难事。关键是人，如果不培养出专业知识、技能（技术）和职业操守过硬的专业人员，再高级和先进的硬件设施也只是空楼房和废铜烂铁。只有切实把基层医疗水平提上来，才能解决目前"看病难""看病贵"的问题，才能真正称得上造福一方百姓。我再次强调，医生的社会责任和使命、人生价值和职业价值，这些值得所有医务工作者深思。

5. 做好全民健康促进

当前，咱们国家心血管病的发病呈"井喷"趋势。要实现疾病防控和医疗费用降低两个拐点早日到来，很重要的一点就是做好全民健康促进（这也是美国和欧洲的共识）。在这方面，芬兰为全球提供了很好的样板。

（1）医生要转变观念，做好健康教育和健康促进。

过去我也认为，和患者打交道就是"患者来找我看病，我给患者治病"，医学就是研究疾病的学问。最近七八年我逐渐认识到，医生脑子里装的应该是人们的健康，医学是研究健康的学问，我们是跟患者打交道，而不是和疾病打交道。我认为医生学医的最高境界是如何帮助人们少生病、不得大病、得病后能够得到及时救治。然而现状却是"病前不防，病后不管，得了心肌梗死救治太晚"。原因不是没有诊疗手段，我们现有的诊疗手段太丰富了；不是没有人发现问题，说实话，我没有这么高的水平编出这些顺口溜；是没有科学的配套的医疗模式。我在1995年提出并建立了心肌梗死"绿色通道"。因为得了心肌梗死，时间就是心肌，时间就是生命。现在很多医院都建立了"绿色通道"，这很好，也与美国心脏协会和美国心脏病学会指南建议的、全世界1000家医院签署协议共同参与的D2B（Door-to-Balloon）项目相统一。但是在预防上，我们目前做得还不够。全民健康关乎国计民生，不是一家医院或者几个医生的事，而是我们整个国家的大事。我真诚地希望自己的努力可以广泛发动并促成同行们转变观念和理念，人人讲健康，人人参与健康促进。

（2）公众要有健康知识。

这些年我热忠于向公众宣讲最基本的健康知识，一旦家里有谁不舒服其他人不至于手忙脚乱、不知所措，关心民生三件事：教育、住房和医疗。医疗是一辈子的事儿，实际上也是你我他的事，没有人能逃得了。急性、传染性疾病是阶段性的，但是慢性、非传染性疾病，比如冠心病和高血压，人人都有可能得。英年早逝、英年猝死的遗憾和悲剧太多了。更可叹的是很多人死于无知，而不是贫穷。我也想提醒家长们，健康是要从小抓起的。我看到一则新闻中报道小学升初中的特长生招生，有一位母亲在孩子被录取后泪流满面地说："我跟他一起努力了8年。"可是一望便知，这个孩子体重超标，而且是典型的腹型肥胖。

另外两种情况就更需要人们保持清醒的头脑了。有一次我参加一次会诊，听到某医院的医生说的一句话："你这个腿疼，手术可做可不做，做不做手术你们自己决定。"我当场就很不客气。让不了解医学的人怎么决定做不做手术？我们换位思考，如果患者是这位医生的亲人，不知他还会不会给出相同的意见。第二种情况截然相反，医生们会"力劝"（忽悠）患者接受一些不需要的检查和治疗。遇到这些情况很尴尬。医生已经习惯了模糊的表述方式，让患者、家属拿主意，反正你同意的。遗憾的是这不是个别现象。坦率地说，我的一些学生就在过度治疗的行列当中。

无论如何，人与人之间有没有医疗保健的基本知识差别很大。

6. 感恩和报答社会，医生要争做志愿者

（1）要感恩和报答，学会分享。

我读了北京市志愿服务联合会的章程（以下简称"志愿服务章程"），它强调自愿、无偿为社会或他人提供需要的服务。我们不但要把这个概念搞清楚，还要强调医生应该懂得感恩和报答。季羡林老先生在晚年曾回忆起他从德国回来的想法。当年他在德国有很好的学术发展平台，还和房东的女儿有着深深的感情，而1946年的中国烽火连天。他讲到他毅然回国就是为了报答两个母亲，一个是生育他的母亲，一个是养育他的祖国。这就是感恩和报答。医生能够成长、成名、成家，离不开国家的培养、社会的支持和患者的托付。我们就应该到国家需要、社会需要、患者需要的地方，要学会分享知识、分享技术，使更多的人受益。我想，做志愿者的基本出发点就是要感恩、报答、分享和奉献爱心。这对实现医患和谐、促进社会和谐，都是很有意义的。

（2）大多数医生都有志愿精神。

大多数医生都是有志愿精神的，关键是怎样把它开发出来。做志愿者是一个很好的途径。这个想法形成以后，我就开始了和大家的交流，现在报名的人太多了。北大医院霍勇教授一次向和田捐赠了100个支架。那时和田的卫生局长犯难，询问有没有物美价廉的支架救治心肌梗死。（实际上2000多元的金属裸支架救治急性心肌梗死的效果与1万多元的药物支架同样有效，无明显差别。便宜有好货。）我有一次机会向一起工作的妇产科医生介绍了志愿服务章程，讲了几个关键词。他们也想参与，也想干。

为什么能够一呼百应？一是愿意做，二是能做到。现在北京、天津、上海有这么多医院，聚焦几个点，一个个突破，一片片辐射。很容易办到。

（3）广泛发动专家做志愿者。

要广泛发动专家当志愿者。为什么呢？专家能解决问题。其实，各个医院和科室都有任务派医生去挂职锻炼。我了解到，去的大部分医生都是很想干活的。然而，很多情况是基层医生不会的他们也不会，而他们会的当地医生也会。挂职锻炼的另外一个不足就是期限到了，人回去了，未必留得下什么实际的东西和贡献。

同时，我发现专家深入基层时都很受大家欢迎。上次我们去和田，乌鲁木齐的专家都愿意和我们一起去。我们和当地医生包括挂职的医生会合一处，传授技术，解决问题，和田的医院的心内科医生们觉得有了学科和医疗发展的支柱。我们一起为患者服务，大家都很受鼓舞。

（4）建立志愿服务长效机制。

做志愿服务活动要形成长效机制，要编入我们每一年的工作计划。提前做好安排，我们和当地都不打无准备之仗，工作就更顺畅，也节约了工作对接的时间；提前做好计划，确保我们的热情切实转化为行动，而不至于一腔抱负只能停留在思想层面。2004年以来，"爱心工程"深入开展，从未间断，特别是"走进和田、辐射南疆"的实践。针对和田，我们已经形成了每月的最后一个周末去一次的常态。有哪方面的患者，就去哪方面的专家。北京、天津这么多大学附属医院、三级甲等医院，这么多专家，一个医院一个月，一二年才轮上一回，负担不大，很快就形成了长效机制。

（5）行动起来，重塑医魂。

我今年65岁了。很多人问过我最希望得到的评价是什么。我回答他们："好医生，好老师。"老师和学生的情谊往往是"扶他们上马，再送他们一程"。现在，也到了我送他们最后一程的时候了。我们一起来好好做一件事情，重视自身的精神、文化和素养，重塑医魂。医生要感恩、报答社会，走出钢筋水泥的丛林，走出豪华的高楼大厦，争做志愿者，到西部、到基层、到农村、到社区，为患者服务，解决临床问题，分享医疗技术成果，解决落后地区医疗资源匮乏的问题，推动医疗公平，拉近医患距离，缓解医患矛盾，促进医患和谐与社会和谐。

3月份我们要开年度工作会。第一个议程就是发动心血管医生做志愿者。我准备带我的核心团队来参观一下北京市志愿服务联合会，咱们双方尝试一起组织一个活动。现在医生们太技术化了，看了你们这里，我想能让大家很好地受到熏陶。

我大概汇报了一下我的想法。到目前为止，我认为试点已经取得了成功，我们有成形的模式和成功的案例可以直接拷贝、推广，我们的最终目标是形成"雪球效应"和实现规模。更重要的是，做志愿者这个事情一定要规范。我非常希望在北京市志愿服务联合会的带领下，把我们医生群体的志愿者组织起来，把医疗行业的志愿服务工作开展起来。从心血管科启动，继而影响各界医生，相信这是大家都愿意干的事，所以一定会成功。

二十八
我的新长征——中国心血管学科发展之思考

■ 胡大一（2008年）

现代医疗技术的发展在提高总体健康水平、延长患者生存期、减少痛苦、提高生存质量的同时，也带来了许多新问题。医疗的市场化和社会精神的缺失，使医学渐渐脱离了人文。医学呼唤人文，医学回归人文，这对当下医疗环境的重要性不容置疑。

中国医师协会心血管内科医师分会第一届第六次全体委员会以"变由心生 回归·创新"为主题于2008年9月20~21日在革命根据地江西井冈山召开。这次会议是继2007年8月以"变由心生 推动转折"为主题在贵州遵义举办会议后的又一次探讨学科发展的创新之会，也为第十九届长城会做了清晰的思想铺垫。

中国医师协会心血管内科医师分会在遵义和井冈山的会议突出讨论了心血管医学的人文内涵和哲学思考，提升医生的从业幸福感，以及医务人员与患者的沟通和对社会的理解，将循证医学原则转化为日常医疗实践，关注中国医改等热点问题。

当年，遵义会议标志着中国革命从混沌走向光明，是中国共产党从挫折走向胜利的重大转折。而在技术飞速发展的今天，医学和医生如何自省回归对人类健康的探寻？我们站在历史的转折点，继往开来是我们的历史使命。

1. 变由心生，推动历史车轮

两次会议的主题分别是"变由心生 推动转折"和"变由心生 回归·创

新",其内涵都是号召广大医务工作者高举"公益、规范、预防、创新"四面旗帜,呼吁医学回归人文、回归临床、回归基本功。

回归不是复古,回归本身也是创新。今天的医学技术发展越来越快,但是我们离人文、离临床、离基本功越来越远。只有回归人文、临床与基本功,才能规范医疗行为,促进医患和谐。

"以人为本,坚持科学发展观,构建和谐社会"正指导着中国社会和经济的发展与转型,因此做好中国心血管医生的队伍建设,尤其做好学科带头人的综合素质培养,一定要"有所为,有所不为",是中国医师协会心血管内科医师分会的第一要务。

2. 二次创业,创新发展的必然

我在这里提出的"创新",不是指药物和研发、引进新技术的创新,而是我国疾病防控模式的创新。过去 20 年,心血管学科以导管为基本技术的治疗手段,人工心脏起搏、经导管射频消融治疗心律失常、二尖瓣球囊扩张和经皮冠状动脉介入治疗等被引进中国并普及与发展。中国一大批心内科的学科带头人,都是从掌握这些技术开始走上了科主任的岗位。在那样的历史时期,这样的过程是需要的,也是我们学科的第一次创业。

著名作家托马斯·弗里德曼在《纽约时报》发表了一篇题为《来自华南的明信片》的文章,他写道,中国广州一直以来是全世界的加工厂,从服装到玩具一应俱全,而由此带来的一系列污染问题,都留给了中国。现在,广州的政府官员意识到了这个问题,并承诺逐渐改变这种局面,承诺要不断创新,真正实现从中国制造到中国创造、中国设计和中国构想的转变。

进入新世纪,中国社会发展和国际医学趋势也对我们提出了崭新的要求,医学教育、医疗卫生和医疗改革面临着挑战,我国心内科的学科带头人们正站在发展与改革的大路上,要继续带领队伍前进。只是握紧手中的"武器"已远远不够,人才的培养是每位科主任必须要面临的课题。单纯技术型人才和综合素质型人才，你们的选择是什么？你们是否应该在规范做好介入技术的同时，回归医学本质，构建预防、康复、慢性病管理服务系统的创业板块，进行二次创业，追求事业常青？

我国幅员广阔、人口众多，当我国居民的生活方式变化急剧的时候，我国的流行病学资料会对全世界的疾病预防发挥重要作用。如果对中国疾病预防和社区管理模式进行探索和创新，会为很多发展中国家、经济转型国家提供参考和借鉴。

3. 回归人文，回归临床，回归基本功，实现人文与医学的统一

科学主义和技术至上是现代医学的致命伤，使我们的队伍离人文越来越远。高精尖的医疗技术，比如现代影像学技术和各种器具，让我们更多地看到的是"病变"，而忽视了面对的是"整体的人"。技术与病变的较量，导致了"两面不是人"的荒谬现象，医生越来越不重视问诊，越来越不善于与患者交流沟通，忽视诊触叩听和读心电图的基本知识和技能。加上趋利性影响下的过度医疗，不但增加了医疗成本，还导致了医疗环境的不安全，降低了医疗队伍的素质和医生的从业幸福感。

医学要回归本源，医生要插上"人文"和"哲学"这两个翅膀。假如医学离开了人文的内涵，缺乏了哲学的思考，任何技术都很难实现它本来的价值。医疗技术是医生用在患者身上的，所以医生一定要考虑：用了这个技术究竟是对谁好？有没有必要？患者还有没有更好的选择？简而言之一句话，你用的技术真正给患者带来的是什么。

4. 解放思想，开创预防事业的新局面

中国医师协会心血管内科医师分会的遵会会议是一个转折点，我们应该转变观念，推动医学发展，最终实现医学对人类的本质关怀；井冈山会议则是进一步强调解放思想。学科发展的前提是开阔视野、解放思想，我们的事

业才不至于被禁锢和滑向极端。我国的心血管疾病防治事业任重道远，需要发扬红军不怕远征难和愚公移山的精神。让我们共同以保护公众健康为使命，时时考虑患者利益，不断探索预防为主、规范治疗的科学规律，推动中国医疗改革。

公益性一贯是医学最核心的价值观，将一直作为医生的神圣职责和事业的根本，永远不会动摇。医生要尽自己所能帮助患者，保障先进医疗技术能切实使患者受益，避免人们死于无知、无钱，实现保障人类健康的职业价值。

健康从心做起，健康从我做起，健康从改变生活方式做起，健康从控烟戒烟做起。那么，医生从现在做起，为了人民的健康，也为了祖国的强盛。

二十九
落实科学发展观，领跑健康中国，开创心血管疾病防控新局面

■ 胡大一　高文根　丁荣晶（2009 年）

1. 加强多学科沟通，推动探索整体医学模式

现代医学的专业划分越来越细，以发病器官、人体系统、治疗手段和诊疗对象等划分，几乎一个脏器就有相对应科室、中心或医院，还有腔内治疗或微创等以某一具体技术为主的科室与医院。例如，妇科被划分为妇科、产科和计划生育科；骨科被分为骨关节科、骨肿瘤科等。分科过细的优点就是促进了医学技术研发的进步，同时最大的缺点是限制了医生的视野，导致了"见病变不见病""见病不见患病的人"的后果。诊治的关键不是我们能在患者身上做什么，而是患者最需要什么，怎样对每一个患病的人设计、实施安全、有效的诊治方案。针对每位患者都有各种各样的治疗方法，我们要做的就是提供最适合的个体化诊疗方案。

多学科的整合推动整体医学的发展，有利于体现"以人为本，以患者为中心"的理念，保护公共健康和患者利益；有利于推动学科之间的对话和共同发展，如心血管内科和心血管外科整合就实现了互动和共同发展；有利于对医学科学核心的价值观和内涵的理解；同时还非常有利于医学生与医务人员的培养，有利于培养有人文精神、人文内涵、具有整体概念、懂得一些系统论和控制论的医生。

多学科整合和整体医学的发展有多个层面：

①医学和自然科学的融合。

②医学内部学科之间的融合。

③医学和人文、社会科学的融合。

2. 医学和自然科学的融合

医学和自然科学的融合构成了医学发展的强大动力。比如，医学与工学融合产生了"生物医学工程"，医学与物理学融合产生了"物理医学"，医学与力学融合产生了"生物力学"。临床上外科的微创手术器械和内科的冠状动脉造影及射频消融治疗应用数字减影血管造影机，都是医学与工学、力学或物理学的融合。现代医学与自然科学的相互渗透、交叉、融合，促进了医学学科的发展、医学理念的进步和医学超前思维与医学原创性工作的产生。

3. 医学内部学科之间的融合

（1）一级学科的融合：临床医学和流行病学的融合。

临床医学和流行病学的融合是目前我们国家急需做的事情，也是发达国家 20 年前已经完成的事情。由于我国临床医学和流行病学没有很好地整合，不能真正形成一个团队，致使很多重大研究和循证医学体系难以推进。譬如，流行病学专业人员在遇到高血压、血脂异常、吸烟、糖尿病、肥胖等问题时，如果不和临床医生一起讨论、一同工作，建设共享平台，这些领域的临床流行病学研究就很难开展和深入。

做好临床医学和流行病学的融合需要打通两个环节：第一，临床医学与流行病学联合工作团队的重构；第二，临床医生知识、技能的重构。由临床医生发现问题，提出问题；流行病学专业人员根据提出的临床问题设计方案，进行有针对性的流行病学调查。组建我国高水平的临床流行病学团队，建立开放的我参与、我贡献和我分享的可持续发展的临床流行病学研究工作平台，势在必行，刻不容缓。

21世纪，全球慢性病死亡人数迅猛增加，控制慢性病的蔓延成为全球的共同目标。流行病学调查显示，慢性病是一种生活方式病，控制传统危险因素可以极大降低慢性病的发病率和死亡率。预防为主的治疗理念已经贯穿于各种慢性疾病的防治体系。这就对临床医生提出了更高的要求。著名临床流行病学家罗伯特 H·弗莱彻（Robert H.Fletcher）提出：临床流行病学是对单个患者做预测的科学。如果临床医生不懂流行病学知识，没有掌握生物统计学的原理和方法，不能正确解释和观察临床问题，不能对患者整体风险正确评估，不了解公共卫生知识和健康教育的方法，对患者进行疾病的预防从何谈起？在国外，临床医生攻读第二学位——临床流行病学专业学位——非常常见，国外很多出色的临床医生同时也是出色的流行病学医生。美国杜克大学临床流行病学研究所、英国牛津大学临床流行病学研究所均因其临床流行病学研究工作而著名。国外的经验告诉我们，临床医生只有掌握流行病学知识，将流行病学研究结果和基础医学研究结果转化为临床可及的治疗方法，形成以临床医学为主体，流行病学和基础医学为两翼的模式起飞，才能进一步提高临床技能和科研思维能力，才能推动学科的发展和维护患者的利益。

（2）临床医学内部二级学科的融合。

①内外科的融合：同一器官、系统内外科的融合（如心血管内外科、消化内外科等），有助于全面、系统地诊治患者，推动内外科共同发展和医生的培养与成长。如同汤楚中主任在文章中回忆20世纪90年代北京朝阳医院心脏中心时说："果不其然，这里的工作模式确实是全新的，心脏中心四个病房，一层是心律失常病房，九层是CCU，十层和十一层是冠心病和其他疾病的病房。外科主任是肖锋医生，还有5位下级医生，没有固定病房，手术前后的患者管理都是心脏内科医生负责。"心血管内外科医生各司其职、协同合作，这是很好的医疗模式，可以在相当大的程度上规避临床医生只会开药或

只会做手术（介入）的局限性，可以帮助医务人员更透彻地理解疾病个案。还是引用汤楚中主任的一段话："记得有一次，北京同仁医院心脏中心内外科一起讨论某个病例的时候，大家备感为难。内科医师说，病变太弥漫，由外科做搭桥吧；外科医师说，患者年龄大，多脏器功能受损，还是内科做介入吧。最后胡老师总结说：'大家的意见都有道理，缺点是都把注意力集中在技术上了，为什么就不能想一想技术以外的东西呢？药物治疗怎么样，大家考虑了吗？'"目前，不仅心血管内外科，消化内外科也在尝试进行学科整合。

②临床医学与精神医学的融合：长久以来，我国的医学研究停留在疾病的理、化、生物学，即单纯局限的生物医学模式上，而忽视了社会、环境和精神心理等因素对患者的影响。虽然现在的国际趋势是生物—心理—社会医学模式，强调了精神心理和社会因素对疾病的影响，但由于生物医学模式观念的沉淀和专科化的发展，养成了医生见病变不见整体、看病不看人的思维模式。到医院求医的患者除了机体疾病外，经常伴有精神心理（情绪）方面的障碍，其中一部分原因是医生与患者的无效沟通、不正确解释或者不当治疗引起患者的精神心理负担加重（甚至恐慌）。

（3）临床医学内部三级学科的融合：内科各专业的融合。

在医学发展过程中，为了便于对器官功能进行深入研究，医学体系按不同器官、系统进行划分，现有的医学各专科是人为划分而成的。然而，人体本身是复杂的，一种症状可以由多种不同的病因造成，一种疾病可以导致多个器官受损，不同器官之间的相互影响和相互作用又使疾病不仅仅局限于某个单一器官。临床上有多种症状不能用单一的一种疾病来解释，需要进行鉴别诊断，如黄疸、发热、腹痛、胸痛、紫绀、晕厥等。以胸痛的鉴别诊断为例，心肌缺血是胸痛最常见的原因，可是有许多患者的胸痛是由消化系统的胃食管反流引起，胸痛的原因还有肺栓塞、肋软骨炎、颈椎病等。再比如，从心脏中心到心肺中心。肺组织及肺血管疾病可造成心脏负担过重，从而引起右心乃至全心衰竭。同样，原发的心血管疾病也可能造成肺血管的改变，继而反过来影响右心乃至全心功能，比如先天性心脏病引起的肺动脉高压等。

中医学讲"诸血者，皆属于心""诸气者，皆属于肺"。心与肺，你中有我，我中有你，是气和血的相互依存、相互利用、相互制约。血的运行有赖于气的推动，而气的输布也需要血的运载。如果得了肺部疾患，就会影响心脏推动血液运行的功能，从而导致肺瘀血，临床上出现胸闷、气促、心率改变、口唇青紫等症状体征。反过来，心功能低下的患者，血液运行不畅，也将影响氧气和二氧化碳的运输，出现咳嗽、气促、青紫等临床表现，从而进一步加重心力衰竭。这就是心与肺的联系。

人体是一个多脏器的统一体，心脏中心的建立，打破了心脏内外科的技术壁垒，回归医疗，回归人文，是心脏疾病治疗的一大突破，实现的是疾病与技术的横向联系。心脏中心的概念就是将心血管内科多学科包括高血压、高脂血症、心力衰竭、瓣膜疾病、先天性心脏病内科、电生理、心导管室以及心脏外科整合。心肺中心，顾名思义，就是实现心脏与肺的合二为一，将二者作为一个整体来研究与发展，乃至进行技术的发明创造。从心脏中心到心肺中心，实现的是疾病与技术的纵向联系。如果说心脏中心已被成功运用于实践，那么心肺中心则正处于被认识与研究的阶段，需要我们投入更多的精力去研究。

因此，内科学中的三级学科间有许多交叉融合的平台，各专业间的融合在很多方面都有很大的发展空间，例如代谢异常与血管生物学的研究平台（糖尿病是心血管病，是冠心病的等危证；心血管疾病是代谢性疾病）。长城会心血管病学论坛就是这些平台中的一个，数年来一直开设多学科交流的平台，如心肺论坛、心肾论坛和心脑论坛。心内科与肾内科的专家还合作撰写了《心肾综合征诊治中国专家共识》《造影剂肾病的中国专家共识》。近年来，各学科达成的共识是：不能单独运用自己的专业知识而发展。大内科联合查房、一站式的服务技术、老年医学和心肾综合征的提出等则是整体医学发展的综合体现。现在有的医院仍然强调专病专治，这就背离了医学发展的需要。

4. 医学和人文、社会科学的融合

人文精神和人文内涵是医学的重要组成部分。医生人文素质的培养体现在医疗服务过程中能否以人为本，以患者为中心，坚持公益性，医生是否真正尊重生命、尊重患者的人格和权利。当医生面对患者时，一定要清醒地意识到我们面对的是和我们一样的活生生的人，而不是一个冷冰冰的生物体。有两个词我觉得用在这里很贴切，我们面对的是人（human being），而不是身体（body）。

30年前，一些医学界的有识之士在广州医学新模式大会上提出了由生物医学模式向生物—心理—社会医学模式的转变。遗憾的是，30年的时间我们不但没有实现先驱们的理想，反而出现了医学与人文、医学与哲学分道扬镳、渐行渐远。我国的医学研究和医疗服务在很大程度上还停留在疾病至上的理、化、生物学层面，关注和强调疾病的生物学属性，而忽视了社会环境、个人行为（包括医生和患者）、生活方式和精神心理等诸多因素对疾病发生发展的影响。

不容置疑，现代心血管疾病的诊断和治疗无论在药物方面，还是在技术、设备方面，都取得了巨大的成就和成功。但是，在大家大干快上的同时，是否停一下想想自己的人文素质？我们究竟是技术工人，还是医生？到底是我们驾驭技术，还是技术驾驭我们？就如著名作家巴金在散文《灯》中的一句话："我们不是只靠吃米活着。"这是值得我们认真思考的问题。

5. 现代医学教育需要整体医学教育模式

整体医学的探索要从教育做起，培养医学生和年轻医生学会分析机体不同器官之间的相互作用和影响，培养他们学会分析外界环境、心理、社会对疾病的影响，培养他们的合作精神和人文素质。

纵观历史，任何科学的进步都是一个盘旋式上升的过程。在这个过程中，科研探索从宏观到微观，再从微观到宏观，经历了综合、分化、再综合。临床流行病学正是这种综合的产物，多学科整合也将帮助临床医生区分"治病救人"和"治疗病变"。医学多学科整合和整体医学模式体现了科学分化之后再综合的发展趋势，也体现了"科技服务于人类"的以人为本的治疗理念。

图书在版编目（CIP）数据

一路同行：胡大一医生与年轻同行共勉 / 胡大一主编. -- 北京：华夏出版社有限公司，2024.8

ISBN 978-7-5222-0682-0

Ⅰ．①一… Ⅱ．①胡… Ⅲ．①胡大一—传记 Ⅳ．①K826.2

中国国家版本馆 CIP 数据核字(2024)第 051553 号

一路同行：胡大一医生与年轻同行共勉

主　　编	胡大一
责任编辑	梁学超
出版发行	华夏出版社有限公司
经　　销	新华书店
印　　刷	河北宝昌佳彩印刷有限公司
装　　订	河北宝昌佳彩印刷有限公司
版　　次	2024 年 8 月北京第 1 版 2024 年 8 月北京第 1 次印刷
开　　本	710×1000　1/16 开
印　　张	21.75
字　　数	287 千字
定　　价	68.00 元

华夏出版社有限公司　地址：北京市东直门外香河园北里 4 号　邮编：100028
网址：www.hxph.com.cn　电话：（010）64663331（转）

若发现本版图书有印装质量问题，请与我社营销中心联系调换。